CROIX DE BOIS, CROIX DE FER,
ÊTRE PARENT C'EST PAS L'ENFER !

Caroline Sagory

Originaire de Bretagne, j'ai grandi entre la région parisienne et l'Alsace avant de travailler dans l'humanitaire au Mali, puis dans le secteur pharmaceutique, et je suis aujourd'hui coach personnelle à Lyon. Je suis aussi formée en psychologie et praticienne en PNL.

Quand j'ai compris que le monde serait meilleur si les parents étaient mieux accompagnés, j'ai décidé d'allier mes apprentissages en tant que maman, mes connaissances sur le fonctionnement de l'être humain et ma posture de coach pour écrire un ouvrage qui s'adresse à toutes et à tous.

Remerciements

Merci à tous les Chatounes autour de moi qui m'ont inspirée, et à tous les grands autour d'eux, parents, amis, inconnus de la rue ou du square…

Merci aux bôôôtés, au Codev, aux Prat'PNL, qui m'ont encouragée et ont cru en moi.

Merci aux équipes de Dunod : vous êtes formidables !

Et merci à mon Chatoune, devenu aujourd'hui Rominet, qui par sa venue au monde, a donné un sens à ma vie.

Responsable d'édition : Ronite Tubiana
Édition : Florian Boudinot
Fabrication : Gaëlle Cannavo
Direction artistique : Élisabeth Hébert
Maquette intérieure et mise en pages : Antartik

Illustrations intérieures : p.36, 40, 53, 63, 92, 113, 146, 149 : Adobe Stock ; p.20, 46, 64 et p.133 : Freepik. Toutes les autres illustrations sont de l'auteure.

Photographies de couverture : *en première,* © Sunny studio – Shutterstock.com ; *en quatrième, de haut en bas,* © Mediteraneo ; © goodluz ; © Andy Dean – stock.adobe.com. Illustration du post-it © cheremuha – stock.adobe.com.

InterÉditions est une marque de Dunod Éditeur
11 rue Paul Bert, 92240 Malakoff
www.dunod.com
ISBN 978-2-7296-2077-6

CAROLINE SAGORY

CROIX DE BOIS, CROIX DE FER, ÊTRE PARENT C'EST PAS L'ENFER !

INTERÉDITIONS

TABLE DES MATIÈRES

MISSION (IM)POSSIBLE : *être parent*

Dès le début de ma carrière de Maman, je me suis fait la réflexion suivante : « Parent est le métier le plus difficile qui soit, et pourtant, personne ne nous l'apprend. »

Quelle ironie ! C'est comme si l'humanité était faite pour ça : faire des enfants et les élever. Après tout, c'est le cycle de la vie, c'est naturel, alors c'est à croire qu'éduquer ses enfants coule tellement de source qu'il n'y a pas besoin qu'on nous apprenne comment faire.

Seulement, revers de la médaille, si vous n'êtes pas doués pour ça (enfin, que vous avez l'impression de), la société va s'amuser à vous culpabiliser et à vous montrer du doigt. « *Ouh, les mauvais parents ! Vilains, pas beaux* ».

Alors, certains diront « mais si, on a nos propres parents pour modèles, on voit ce que font les copains avant nous et les erreurs à ne pas reproduire, on a vu nos oncles, tantes, grands-parents… » Oui, un joli méli-mélo de plein de choses, qu'on pioche par-ci par-là en se disant « *moi, je ferai mieux qu'eux* ». Et puis quand ça nous arrive, comment dire… finalement ce qu'on a vu marcher chez les autres ne fonctionne pas pour nous. Ou encore, on rencontre des problèmes différents et on n'a pas de modèle pour savoir comment gérer. Pour certains, à un moment, le découragement est plus fort que tout et c'est la chute. « *Je ne sais plus quoi faire, je suis dépassé·e, j'ai tout essayé, rien ne marche.* » Ou encore « *C'est bizarre, avec le premier ça a bien fonctionné, mais avec le deuxième, rien à faire. Pourtant, on les élève de la même façon* » (une idée reçue tenace).

On invoque aussi bien sûr le fameux instinct maternel, fichu carcan qui culpabilise et vient appuyer là où ça fait mal, qui n'autorise pas le moindre écart de conduite de la part de Maman, et vient lui rappeler qu'être une bonne mère est dans les gènes, alors si ça ne lui vient pas naturellement, tout le monde est mal barré…

Donc, élever un enfant, si on en croit la société, serait simple et naturel. Alors pourquoi sommes-nous si nombreux à nous interroger sur notre façon de faire, à paniquer à l'idée d'être parents, ou même à galérer une fois qu'on est dans le grand bain ?

Cet ouvrage n'est pas un manuel, ni un guide. Il n'est pas non plus un essai psychologique.

Cet ouvrage n'est pas un donneur de leçon, ni un culpabilisateur qui va pointer du doigt ce que vous faites de maaaaal !!!

Cet ouvrage est votre ami. Il est là pour apporter de la légèreté dans un quotidien qui peut être stressant pour certains, pesant ou même anxiogène pour d'autres. Il s'adresse aux parents de jeunes enfants qui cherchent encore leur voie éducative et aussi aux futurs parents désireux de bien faire. Dans tous les cas, à tous ceux qui ont à cœur le rôle le plus important de leur vie, et qui ont besoin d'astuces bienveillantes et dénuées de jugement.

J'aimerais que vous abordiez ce livre en gardant à l'esprit qu'il ne se veut pas moralisateur.

Tous autant que nous sommes, nous faisons du mieux que nous pouvons, avec les moyens que nous avons. Et si vous avez été attirés par ce livre, c'est que, justement, vous avez mesuré l'importance de votre rôle de parent et que vous souhaitez donner le meilleur de vous-même. Voici bien la preuve que vos intentions sont bonnes.

Alors, soyez le·la bienvenu·e, nous allons commencer une petite épopée sympathique je l'espère, entre parents désireux de faire de leur mieux.

Dans ce livre, l'enfant est surnommé Chatoune. Fille ou garçon, le nom est volontairement mixte pour vous aider à vous projeter.

Vous constaterez que j'utilise l'écriture inclusive. C'est un coup à prendre à la lecture, mais j'y tiens beaucoup. Car parfois, l'éducation se fait à deux, et parfois elle se fait seul·e.

QUELQUES DÉFINITIONS POUR SAVOIR *de quoi on parle*

Comme pour l'éducation, dans un ouvrage, il faut des bases.

Afin que nous parlions le même langage et que je sois comprise au fil des pages, je vous propose cette liste de mots et ce que je mets derrière. Il se peut que vous ayez une définition différente, alors prenez quelques instants pour vous poser et réfléchir à ce que ces mots signifient vraiment pour vous et quelle importance ces notions revêtent pour vous dans votre vie en général, et dans votre rôle de parent en particulier.

AUTONOMIE

Être autonome, c'est savoir faire seul·e.

C'est le but ultime de tout bon éducateur, accompagnant, parent : transmettre les clés dans le but de rendre l'autre autonome. En tant que parent, notre mission, que nous avons acceptée en accueillant Chatoune, est de faire tout ce qui est en notre pouvoir pour qu'à 18 ans, au regard de la loi, l'enfant devenu grand soit un adulte en capacité de s'assumer.

AUTORITÉ

C'est à la fois la figure (figure d'autorité = personne qui décide), et aussi l'outil dont on va user (et pas abuser) pour tenir le cadre nécessaire en tant que parent, dans l'objectif de réussir à transmettre notre modèle du monde.

Autorité ne rime ni avec colère ni avec violence. C'est la juste expression de la conviction de ses propres principes.

BIENVEILLANCE

Le mot est à la mode ces derniers temps, et devient quelque peu fourre-tout. Quel type de comportement mettez-vous derrière ce mot ? Écoute, non-jugement, gentillesse, politesse ? Tout à la fois ? Demandez-vous quelle attitude vous aimez que les autres aient à votre égard lorsque vous vous exprimez, cela vous aidera à savoir quelle attitude vous pourriez adopter vous-même face à votre progéniture.

La bienveillance est enseignée aux petits Danois dès la maternelle, ils sont très fortiches sur le sujet (et le Danemark est un des pays où il fait le mieux vivre au monde, de là à croire qu'il y a un lien…).

CADRE

Votre meilleur ami en tant que parent : le cadre vous sauvera maintes fois ! Posez-le, rappelez-le, maintenez-le, discutez-en, c'est lui qui soutiendra votre place quand vous serez fatigué·e. Si vous n'en avez pas encore, puissent les pages suivantes vous inspirer.

CAPRICE

Voici un mot que vous ne retrouverez pas dans les pages de ce livre (ou alors c'est que je me suis trompée). Tout d'abord, un enfant ne fait pas de caprice avant 4 ans. Ensuite, si un enfant se comporte comme s'il faisait un caprice, c'est que quelque chose dans son éducation lui laisse croire qu'un tel comportement est admissible.

Or, puisqu'avec votre volonté et vos efforts, vous aurez acquis les clés d'une éducation topissime, le caprice est quelque chose que vous n'expérimenterez pas. CQFD.

ÉDUCATION

Il m'est arrivé d'entendre des parents dire « *Hein ? Mais je n'ai pas besoin d'éduquer mes enfants. Il y a la maîtresse pour ça.* »

Eh oui, on en est là pour certains.

Alors soyons clairs : l'éducation est l'affaire des parents. Pas du personnel enseignant (qui comme son nom l'indique, enseigne), pas des voisins ou des copains ou des tatas, ni même des grands frères et sœurs. C'est le rôle des **parents**.

Éduquer un enfant, c'est quoi ? C'est une affaire de transmission. Transmission de nos valeurs, de nos principes, mais aussi de nos règles de conduite et des règles de vie en société. C'est faire le nécessaire pour qu'il s'adapte à la société, tout en restant intègre dans son mode de fonctionnement. C'est être le garant des apprentissages sur le bien et le mal, ce qui se fait ou pas, c'est aussi apprendre à l'enfant à assumer la responsabilité de ses actes, tout en respectant sa personnalité.

Selon moi, le but ultime de l'éducation et que je garde à l'esprit quoi que je fasse et décide, c'est **donner à l'enfant les outils nécessaires pour devenir un adulte autonome et responsable,** la tête sur les épaules, bien dans sa peau et avec les autres.

EMPATHIE

C'est la clé d'une relation saine et construite. Savoir se mettre à la place de l'autre, comprendre ce qu'il peut ressentir. Contrairement à ce qu'on croit, être empathique n'est pas pleurer lorsque l'autre pleure. C'est comprendre pourquoi il pleure. Qu'est-ce qui, dans la carte du monde de l'autre, provoque cette réaction chez lui ? Être empathique, c'est réussir à mettre sa propre vision du monde de côté, pour regarder avec les yeux de l'autre. Grâce à cette capacité, on prend le temps d'écouter l'autre, et de construire une relation dans laquelle les émotions ont leur place. Cela permet à chacun d'être soi-même et authentique.

FAMILLE

Cet ouvrage n'est ni politique ni religieux, chacun a sa vision de la famille, et elle est respectée. L'usage de l'écriture inclusive est là car dans la société française contemporaine, on trouve une multitude de cas de figure : papa et maman, 2 mamans, 2 papas, 1 maman solo, 1 papa solo, et puis on peut trouver des enfants issus des 2 parents du foyer, d'autres d'un seul des deux, des enfants adoptés, des beaux-enfants, des beaux-parents… J'entends donc la famille au sens large, et que vous soyez 2 ou 7 à la maison, vous constituez une famille.

HP

HP pour « haut potentiel ». Les gens qui ont cette spécificité sont très sensibles aux mots et n'aiment pas en général qu'on les appelle « surdoués » (ce qui voudrait dire qu'ils sont plus doués que la moyenne et sont censés tout réussir, or ce n'est pas toujours le cas), ni « précoces » (ce qui signifierait qu'ils savent tout faire en avance par rapport aux autres, et ce n'est pas toujours le cas non plus).

Vous verrez des encarts « *Oyez, enfant HP* » tout au long de ce livre qui concernent spécifiquement les enfants identifiés (ou soupçonnés si pas encore testés) comme étant dotés d'une intelligence extraordinaire. L'enfant HP fonctionne véritablement différemment et cela mérite que j'évoque avec vous comment vous comporter spécifiquement avec cet enfant-là dans certaines situations.

INTELLIGENCE

Voici un mot intéressant. Qui va avec un principe de base que vous devez garder en tête tous les jours avec Chatoune : ***votre enfant est un être intelligent***.

MALTRAITANCE

La maltraitance peut être de plusieurs ordres : physique (les coups et les sévices), verbale (les insultes), psychologique (l'humiliation, le dénigrement), physiologique (le non-respect des besoins de base). On peut la subir en tant qu'enfant et en tant qu'adulte. Dans le cercle familial, scolaire, associatif, professionnel… Et on peut la soigner, même quand cela fait longtemps, même quand on croit qu'on n'en a aucune séquelle, même quand on est persuadé de savoir gérer. Et on doit la soigner si on reproduit avec notre enfant le schéma qu'on a subi nous-même. Il n'est jamais trop tard.

MODÈLE

Modèle ? Qui ça ? Nous, bien sûr ! Gardons toujours en tête que Chatoune aime ses parents d'un amour inconditionnel, et que nous représentons à ses yeux tout ce qui doit être fait, et tout ce qui est autorisé. Il est évident que vous êtes d'ores et déjà irréprochables dans votre conduite quotidienne (je ne parle pas que de votre façon de tenir le volant), mais il est bon, je pense, de se rappeler de temps en temps que ce que nous faisons, Chatoune le reproduira.

Alors montrons le bon exemple.

POLITESSE

Bonjour, au revoir, Monsieur, Madame, s'il vous plaît, merci !! Aïe, c'est malheureux de voir que ces mots si simples et qui véhiculent tant de savoir-vivre ont tendance à se perdre dans les oubliettes. On oublie que ce ne sont pas que des mots, ils alimentent tout un système de valeurs, de respect, d'écoute, de partage. Ce n'est pas qu'une tradition de vie en société, c'est aussi un lien très fort dans notre rapport à l'autre. Il suffirait parfois de mieux les utiliser pour éviter certains conflits.

RELATION

Parent-Enfant ne suffit pas. Parent Au Top-Enfant Heureux, c'est mieux. Dans une telle relation, il y a de l'écoute et de la complicité, du rire et de la joie, des souvenirs heureux et des ambitions.

Chacun a son rôle à jouer et a sa place.

RESPECT

Respect des règles de vie de la maison, respect des règles de vie en société, respect du bien-être des autres, respect de son corps et de celui des autres, respect des idées de chacun… Le respect est un véritable cercle vertueux : si chacun y met du sien, le respect peut se répandre comme le pollen.

1

ENTRE AUTORITARISME ET LAXISME, *Mon cœur balance*

Autoritarisme et laxisme, ou quand on aimerait bien que le cœur ne balance plus entre les deux.

Petites définitions de départ, selon mon dico de chevet :

- *Autoritarisme* : **tendance de quelqu'un à abuser de son autorité.**
- *Laxisme* : **tolérance excessive.**

Point commun entre les deux : ils sont tous deux l'expression exacerbée d'une tendance, soit de l'autorité, soit de la tolérance.

ÉTAIT-CE VRAIMENT MIEUX AVANT ?

Dans les années 1950-1960, et toutes les décennies qui ont précédé, la place de l'enfant était claire : on lui demandait d'obéir.

Pas de penser, pas de s'exprimer, pas de se rebeller. On exigeait de lui qu'il respecte les règles, les adultes, qu'il travaille à l'école et qu'il soit sage. En gros, qu'il fasse ce qu'on lui disait de faire.

Lorsque j'imagine une famille française typique du temps jadis, je me représente le tableau suivant : le père de famille, en costume même le dimanche, figure d'autorité suprême au sein du foyer, ne souffrant aucune critique ni aucune rébellion. La femme, à sa place d'épouse telle qu'on l'appréhendait à l'époque, au service de son mari et de sa famille. Et les enfants, bien élevés, ne parlant que lorsqu'on leur en donnait l'autorisation. Rappelons que les châtiments corporels étaient monnaie courante, frapper un enfant était considéré comme naturel dans la mesure où les droits de l'enfant n'existaient pas (ils ont été adoptés en 1989). Tu parles sans y avoir été invité ? Une raclée. Tu désobéis au maître ? Un coup de règle sur le bout des doigts. Tu te plains ? Une tarte dans ta tronche. Tu chipes une pomme chez l'épicier ? Dix coups de martinet. Etc. Pas drôle d'être un enfant tous les jours dans ces conditions.

Et puis on ne leur demandait pas leur avis. L'enfant devait rester à sa place d'enfant. L'enfant avait un maître, l'adulte : père, mère (accessoirement), instituteur, curé… L'enfant devait obéir et se tenir à carreau.

Puis Mai 68 est arrivé, les hippies, la non-violence, la tolérance, la psychologie… Les mentalités et la conception de l'enseignement ont changé… Et il y a eu Françoise Dolto. Grâce à ses ouvrages et de nombreuses interventions radiophoniques dès les années 1970, les parents ont pris conscience que leur rôle ne se limitait pas à inculquer des principes à l'enfant et à s'assurer qu'il filait droit. Elle a mis au grand jour les bienfaits de communiquer avec son enfant. Car si l'enfant parle, bouge, écoute, il pense aussi, et il ressent ! (Petite parenthèse effroyable : dans les années 1970, on opérait encore les nouveau-nés sans anesthésie car on pensait que leur système nerveux n'était pas assez abouti pour avoir mal, et qu'au pire, ils ne s'en rappelleraient pas ! Bienvenue dans la vie…). Ainsi naît la conscience que l'enfant est un être qui pense, et qu'il est important de parler avec lui, de le laisser s'exprimer car il a des choses intéressantes à dire, et de tenir compte de ce dont il a envie. « *L'enfant est une personne.* »

Les enfants nés dans les années 1970-1980 ont été élevés par des parents nés de la génération 1950-1960. On peut supposer que ces parents ont souffert d'avoir eu si peu de place en tant qu'enfants, mais qu'ils ont aussi gardé les notions de respect des règles qu'ils avaient reçues en intraveineuse. Je dirais que les enfants nés pendant les années 1970-1980 n'ont pas eu que la chance d'être bercés par de l'excellente musique (si, si). Ils ont hérité à la fois de la rigueur de leurs parents, et en même temps, ils ont bénéficié du fait que cette rigueur excessive ait laissé un souvenir suffisamment douloureux pour que leurs parents sachent aussi lâcher du lest. Cette génération a goûté aux plaisirs d'être un enfant, tout en recevant des valeurs de leurs parents en héritage. On laisse l'enfant regarder le Club Dorothée, écouter Chantal Goya (un poil plus rigolote que Tino Rossi), l'enfant commence à avoir accès à plus de culture, il a un mange-disque pour écouter sa musique, il fait des activités extrascolaires, l'accès aux magazines se démocratise.

En même temps, cet enfant respecte les directives parentales, les professeurs font encore figure d'autorité, et la société est encore sévère sur le statut des enfants.

Puis arrive la génération des enfants nés dans les années 1990, 2000 et 2010. Et là, c'est le drame.

On n'a jamais autant choyé les enfants dans la société française que ces vingt ou trente dernières années. Dans les années 1950, ils avaient leur émission, *Le Club du jeudi*, comme son nom l'indique, une fois par semaine ; dans les années 1980, ils ont eu leurs émissions tous les matins, et tous les soirs ; aujourd'hui, ils ont leurs propres chaînes de télé, avec des programmes adaptés à leur âge en continu. Ils ont leurs propres artistes, leurs spectacles, leurs concerts, leurs films au cinéma, leurs centres de jeux, leurs parcs d'attractions, leurs marques de vêtements, leurs chaînes de magasins de jouets, leurs outils connectés… Le marketing est gigantesque autour de nos enfants. Et les parents ont compris ce que voulait dire Françoise Dolto quand elle disait « *L'enfant est une personne*. » Et c'est tant mieux ; que de progrès accomplis grâce à l'analyse intelligente de cette psychanalyste. Mais.

Mais. L'enfant est une personne, mais est aussi, juste après, un enfant. Et à ces enfants de ces dernières années, on a souvent laissé le champ libre à tout. Certains parents ont basculé dans la tendance inverse des générations passées : bienvenue dans l'ère du laxisme. Voici venus les parents qui autorisent tout ce qui fait plaisir à l'enfant, qui lui transmettent de moins en moins de principes, de moins en moins de limites, qui ne savent pas dire non. Cela peut s'expliquer par l'envie de certains parents d'être « amis » avec leur enfant, d'avoir une relation d'égal à égal, où le parent a peur « d'étouffer » la personnalité de l'enfant. Peut-être est-ce un revers de la médaille de ce virage éducationnel initié dans les années 1980, et peut-être a-t-on confondu « prise en considération des besoins de l'enfant », et « oubli des responsabilités parentales ». Car en préférant laisser des choix à l'enfant sur certains principes importants, l'adulte responsabilise l'enfant dans les décisions à prendre, et par là même se déresponsabilise lui-même. L'enfant perd

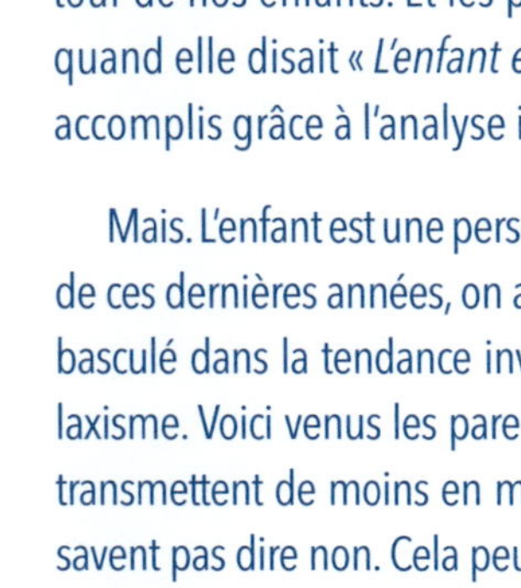

sa place d'enfant et l'adulte perd sa place d'adulte. Cela donne des enfants-rois, parfois même des enfants-tyrans (nous y reviendrons), et les parents ont perdu toute autorité au profit d'une pseudo-harmonie où les enfants décident de ce qui est bon pour eux. Dans certaines familles, le laxisme a mis les enfants, même tout petits, au pouvoir. Ils sont véritablement aux commandes de leur vie, au risque de perturber leur équilibre alimentaire, leur sommeil, leur sécurité.

QUI DÉCIDE QUOI DANS CETTE FAMILLE ?

Alors dans tout ça, où est la bonne conduite si on veut être un bon parent efficace ? Peut-être entre les deux ? Il y a du bon et du moins bon dans toute chose. Alors, que souhaitez-vous conserver ? Quelle méthode souhaitez-vous appliquer ? Quel serait le juste milieu ?

Par exemple, est-ce envisageable de déterminer que ce sont les parents qui décident et que, dans certaines situations, les enfants ont un avis consultatif ?

Voici quelques situations. À votre avis, lesquelles, pour un bon équilibre des rôles et responsabilités de chacun, nécessitent une décision de l'adulte (un point c'est tout), et lesquelles peuvent potentiellement recourir à l'avis consultatif de Chatoune ?

QUELLE SITUATION ?	LES PARENTS DÉCIDENT SEULS	CHATOUNE PEUT DONNER SON AVIS
Le repas du soir	○	○
La sortie du dimanche	○	○
Le montant de l'argent de poche	○	○
L'heure du coucher	○	○
La tenue vestimentaire du jour	○	○
Pour qui vous devez voter	○	○
Quand être poli et avec qui	○	○
Le lieu des prochaines vacances	○	○
Combien de temps regarder les dessins animés	○	○
Mettre son casque à vélo	○	○

Où avez-vous mis vos petites croix, et pour quelle(s) raison(s) avez-vous fait ces choix ? Si vous êtes en couple, je vous invite à en discuter avec votre partenaire. Définir des lignes de conduite sur ces exemples de sujet peut véritablement consolider la ligne éducative que vous souhaitez appliquer ensemble. Cette liste étant non exhaustive, vous pouvez ensemble réfléchir à d'autres situations ou décider lorsqu'une se présente (de préférence, discutez-en loin des oreilles de votre enfant).

Si vous êtes parent solo, demandez-vous alors quelle option vous facilitera vraiment la vie, à vous. Car autant vous profitez seul·e des moments de tendresse, autant c'est vous seul·e qui devrez rattraper les éventuelles erreurs que vous commettrez. Pour cela, vous avez le devoir, envers vous-même, d'être tout à fait OK dans votre mission parentale. Alors, décider vous-même et avoir le contrôle, ou confier *votre* rôle à Chatoune ?

LE P'TIT TRUC EN PLUS

Expliquer une décision ou une consigne, c'est très bien et c'est absolument nécessaire. Dans le cas contraire, l'enfant peut n'y voir qu'une interdiction à enfreindre puisque vous n'avez donné aucun sens à votre consigne. Alors qu'en expliquant pourquoi, il peut comprendre les conséquences d'une infraction à la règle posée.

Cela dit, ne tombez pas dans l'excès. Certains enfants vont tenter de négocier, de tester votre conviction et voir s'il n'y a pas moyen de vous faire changer d'avis. De quoi vous mettre les nerfs en pelote. Si vous argumentez à outrance, à justifier sans cesse pourquoi ceci ou cela, Chatoune comprendra très vite que vous manquez de confiance en vous, et soyez sûr·e qu'il apprendra rapidement à en jouer, en user et en abuser. Et pour vous, cela deviendra rapidement très fatigant. Vous avez le droit, de temps en temps, de dire « **parce que je l'ai décidé** ».

Et puis c'est tout.

UN AUTRE P'TIT TRUC EN PLUS

C'est KIKI commande ? Ben, c'est vous, et en même temps c'est pas vous.

La famille n'est pas l'armée. Donc, vous ne commandez pas, en revanche, vous dirigez.

Apprendre à votre enfant à respecter vos décisions et à vous obéir lui apprend aussi à respecter l'adulte, les personnes plus âgées, son futur chef… En gros, vous lui rendez service pour son intégration dans la société en lui inculquant qu'il doit respecter vos décisions.

Et justement, pour revenir aux options que je propose dans le tableau précédent, vous aurez remarqué que l'option « Chatoune décide tout seul » n'existe pas. Zut alors, un oubli de ma part ?

Évidemment, l'âge de Chatoune est primordial dans ces situations. Partons du principe que Chatoune ne décide de rien tant qu'il n'a pas ses 32 dents définitives (nan, je rigole).

RÉCOLTEZ CE QUE VOUS SEMEZ

Vous êtes-vous déjà projeté·e dans le futur ? Imaginez. Vous avez 40 ans, 50 ou 60. Chatoune est adulte. Vous voyez-vous souvent ? Vous téléphonez-vous souvent ? Suffisamment pour vous ? Êtes-vous complices ou pas ?

Vous projeter permettra de prendre conscience de ce que vous attendez de cette relation privilégiée. À partir de cette projection, vous pouvez remonter le fil et voir comment vous devez vous comporter aujourd'hui pour arriver à ce résultat. Si vous constatez que les conséquences de votre comportement d'aujourd'hui prennent le bon chemin, alors c'est OK. Mais ne perdez pas le contact avec votre objectif. En revanche, si vous faites des choses qui vont à l'encontre de votre objectif dans le futur, il est temps de rectifier le tir. Posez-vous les bonnes questions sur votre pratique passée et présente, et remettez votre comportement sur les rails.

Un jour, Samantha, une jeune maman de 24 ans, m'avoue tout raconter à sa fille Noélie de 4 ans, Chatoune au comportement turbulent en moyenne section de maternelle. Quand Samantha me dit qu'elle lui raconte « tout », je cherche à savoir quoi exactement. La maman me dit alors raconter ses déboires sentimentaux à sa petite fille, ses difficultés financières, ses rapports compliqués avec sa propre mère, et lui raconte en détail ses journées. Quand je lui demande pour quelle raison elle raconte tout à sa fille, voici sa réponse : « *Parce que je rêve d'une belle relation d'amitié avec ma fille.* »

L'intention de Samantha est belle, mais pensez-vous qu'elle arrivera à ce résultat en se comportant ainsi ? Elle dénigre les hommes « égoïstes et menteurs », elle insécurise profondément sa fille en parlant de ses problèmes d'argent, elle lui confie des soucis que la petite n'est pas en capacité d'intégrer, elle lui donne un rôle de consolatrice qui n'est pas de son âge, etc. Que de dégâts qui, d'une part, génèrent chez Noélie un comportement agressif à l'école (expression de son incompréhension et de son sentiment d'insécurité) et, d'autre part, ne combleront pas l'objectif ultime de Samantha. Le poids trop lourd à porter par Noélie va aboutir en un éloignement, voire une rupture, qui viendra de la jeune fille, quand elle ne pourra plus ou ne voudra plus endosser ce rôle de « sauveuse » de sa propre mère. Et Samantha sera malheureuse.

QUEL PARENT VOULEZ-VOUS ÊTRE ?

Pour vous aider à y voir clair dans le mode d'éducation que vous souhaitez donner, prenez le temps de vous poser quelques questions. Je dis bien « prendre le temps », car toutes les situations que vous aurez à gérer en tant que parent (également en tant que personne tout au long de votre vie) vont faire écho à vos valeurs, vos idées, vos principes, vos envies... C'est ce qui déterminera votre comportement. Si vous avez pris le temps de vous interroger au préalable, vous saurez ce que la situation en question évoque pour vous, et vous aurez de meilleures clés pour agir à ce moment-là.

Pour ce faire, les questions à vous poser sont les suivantes (cette liste est non exhaustive, laissez les pensées venir à vous) :

- Qu'est-ce que vous aimez de l'éducation que vous avez reçue en tant qu'enfant et que souhaitez-vous transmettre à vos propres enfants ?
- Que souhaitez-vous laisser de l'éducation que vous avez reçue et ne pas reproduire avec vos propres enfants ?
- Quels sont les principes auxquels vous tenez ?

- Quelles sont vos valeurs de vie ?
- Qu'est-ce qui est important pour vous ?
- Quel adulte rêvez-vous que votre enfant soit ?
- Qu'aimeriez-vous entendre les autres dire de votre enfant ?

Clarifier vos attentes, mettre à jour vos principes, respecter ce qui est important pour vous… auront deux avantages majeurs :

- *POUR VOUS* : **vous permettre de trouver le mode éducatif que vous souhaitez et vous conforter à garder le cap ;**
- *POUR CHATOUNE* : **lui donner un cadre fiable et sécurisant.**

Autre fait très important : un enfant ne se sent ni plus aimé, ni mieux considéré, ni plus respecté s'il a le droit (ou s'il doit) décider des choses lui-même. Au contraire ! L'enfant a besoin d'autorité, de cadre, de référentiel, car son besoin de sécurité est absolument primordial ! À 4 ans comme à 10 ans, un enfant n'a pas besoin de reconnaissance, il a besoin d'amour et de sécurité. En lui disant ce que vous attendez de lui de manière bienveillante, il comprend que vous êtes là pour lui, que son bien-être est important pour vous, et qu'il peut compter sur vous pour lui montrer le chemin.

IL N'Y A PAS QU'UNE SEULE MANIÈRE D'ÉDUQUER (OU ALORS…)

Comme ce serait bien, un manuel du parent, avec toutes les réponses aux questions que l'on se pose pour avoir des enfants obéissants, gentils, calmes, attentifs, bons élèves, polis, soignés, qui rangent leur chambre, font preuve d'initiative, apprennent vite, etc. Ah oui, et aussi, qu'ils nous trouvent les meilleurs parents du monde (quel programme). Mais alors, pourquoi personne n'a écrit ce bouquin ? Où est la recette ? Si quelqu'un nous disait quoi faire quand, on aurait plein d'enfants alignés, obéissants, tous semblables et sans personnalité. Bon, pas sûr que ce soit l'idéal.

La vérité, c'est que si on essaie de vous vendre un tel ouvrage, on essaie surtout de vous arnaquer. Car il n'y a pas une seule et bonne manière d'éduquer tous les enfants du monde. Ah si, pardon, je me suis trompée, il existe une seule bonne manière d'éduquer son enfant : **de la manière qui LUI est adaptée**.

Ah ! Cela ne vous arrange peut-être pas cette affaire ! Vous auriez aimé autre chose… Mais alors, comment expliquer que deux parents, ayant 2 ou 3 ou 10 enfants, déclarent : « *C'est bizarre, pourtant, on les a éduqués pareil, mais ils sont tellement différents.* »

D'abord, bien sûr qu'ils sont différents. Même s'ils viennent du même moule, ils ont leur propre histoire, leurs propres expériences, ils ont vécu des choses variées, rencontré des gens aux personnalités diverses, ils ont compris de multiples choses de ces expériences vécues, ils n'ont pas la même sensibilité, les mêmes perceptions, tout simplement.

Ensuite, quand on me dit qu'on a éduqué ses enfants de la même manière, c'est un leurre ! C'est faux ! Sans doute que les principes et les valeurs transmis par ces parents étaient les mêmes, mais les façons de les appliquer et de les faire respecter ont été différentes. Parfois, les parents ont été plus tolérants, plus laxistes, plus présents, plus complices, plus ouverts, plus mûrs… avec le cadet qu'avec l'aîné. D'ailleurs, curieusement, quand on interroge les enfants, ils ont rarement cette vision d'avoir été élevés de la même manière…

L'enfant a une personnalité. Chacun de nous a un parcours de vie personnel, ce qui fait de chacun de nous **un être unique au monde**. Il peut donc apparaître grotesque de penser qu'il n'y a qu'une seule manière d'éduquer les enfants.

VOTRE BEAU RÔLE

En conclusion sur le sujet : VOTRE rôle de parent est un rôle à très haute responsabilité. Et qui dit responsabilité dit décision.

Or, votre mission de parent n'est que décisions toute la journée, et pour au moins 18 années. Les décisions se font de plus en plus délicates ou compliquées au fil des ans, alors prenez les rênes dès le début, car il sera difficile de rectifier le tir plus tard et de vous faire respecter en tant qu'autorité parentale si vous n'êtes pas clair·e dès le début.

Faites-vous confiance. Je ne le répéterai jamais assez. Vous êtes le parent, vous êtes l'adulte. Vous êtes celui ou celle qui détient l'expérience. Vous avez quelques années de plus que Chatoune au compteur, et vous connaissez la vie mieux que lui. Et heureusement, puisqu'il attend de vous que vous lui appreniez ! Vous savez ce qui est bon pour votre enfant, et vous voulez le meilleur. Ne doutez pas que vous en êtes capable, car vous l'êtes.

Tout ce qui concerne l'éducation de Chatoune, le respect de son rythme (sommeil, repas…), sa santé (miam, les bons choux de Bruxelles qui favoriseront son transit…), son bien-être (activités culturelles, extrascolaires, extérieures…), sa sécurité (mettre son casque à vélo, traverser dans les clous…) sont de votre responsabilité. C'est ainsi, c'est un package qui arrive tout en même temps que Chatoune.

Le plus grand service à lui rendre, c'est d'assumer pleinement ce rôle. L'adulte, c'est vous. Et pour son bien, et parce que vous avez l'expérience, et parce que vous savez beaucoup de choses mieux que lui, et parce que c'est votre mission, c'est vous qui prenez les décisions. Et Chatoune, dans certaines situations, est le bienvenu pour dire ce qu'il préfère entre les options que vous aurez déterminées. Ainsi, chacun a sa place au sein de la famille, tout en étant écouté et respecté.

LE P'TIT TRUC EN PLUS

Pour que votre enfant vive sa vie d'enfant, soyez à votre place de parent.

Situation

QUOI FAIRE À MANGER ?

C'est bientôt l'heure du dîner. Vous êtes fatigué·e, l'heure tourne, mais vous n'avez aucune idée de ce que vous allez préparer à manger.

Option (A)............ Vous demandez à Chatoune ce qu'il veut au menu.

Option (B)............ Vous demandez à Chatoune s'il préfère un tian de légumes ou de la ratatouille (ça marche aussi avec des pâtes ou du riz, du quinoa ou des lentilles, etc.).

Option (C)............ Vous prenez quelques minutes pour vous décider seul·e ou avec Poëlon.com, le groupe de potes sur WhatsApp ou encore votre maman…

Option (D)............ Vous allez au McMickey.

Cette situation vient après le chapitre sur quoi décider avec Chatoune ou non, alors vérifions les bénéfices/risques des options de décision.

Option A.

En demandant à Chatoune ce qu'il veut manger, vous lui laissez le choix de la décision. C'est toi, ô Suprême Chatoune, qui, du haut de tes 5 ans, va décider de ce que la famille va manger, et moi par la même occasion, quitte à réclamer un tournedos

Rossini avec des amandines à la sarladaise. Ben oui, maintenant, vous n'avez plus qu'à vous y coller, parce que si vous laissez le choix à votre enfant, il faut assumer derrière d'exécuter la décision de Maître Chatoune, sinon… la vaisselle va voler…

Vous voyez un peu où je veux en venir : ce n'est pas à l'enfant de choisir le menu. Ou alors vous assumerez de manger des saucisses-purée tous les soirs. C'est plus simple à préparer que le tournedos Rossini, mais bon, tous les soirs, c'est votre équilibre alimentaire qui va vous dire merci. Chatoune n'a aucune idée de ce qui est dans le frigo, de quand vous pourrez retourner faire les courses, de ce qu'on peut faire avec des œufs, de la pâte brisée, des tomates, des olives et les petits lardons au fond du frigo, ni du temps que ça peut prendre de préparer un bœuf bourguignon… alors hop hop hop, on passe aux options suivantes.

Option B.

Vous avez fait une présélection, c'est-à-dire que vous avez déjà réfléchi aux possibilités en fonction du frigo et des placards, et en fonction du temps imparti pour préparer tout ça. D'un autre côté, vous n'avez vraiment pas de préférence et vous avez envie de faire plaisir. Alors c'est OK. À une condition : ne proposez pas « *patates ou haricots verts* ». Ou bien « *pâtes ou brocolis* ». Si votre enfant a tendance à préférer les féculents (pâtes, riz, frites…), il choisira toujours le féculent que vous lui proposez versus le légume. Alors si manger des féculents à ce repas-là convient par rapport à ce qu'il a mangé au repas précédent, vous pouvez lui proposer un choix entre deux féculents. Mais si, pour l'équilibre alimentaire de la famille, il vaut mieux manger des légumes, proposez un choix de légumes : « *haricots verts ou courgettes ?* », « *carottes Vichy ou fondue de poireaux ?* ». Et si Chatoune vous répond « patates ! », ne cédez pas. Le choix est entre haricots verts et courgettes. S'il ne sait pas décider, et si vous ne savez toujours pas quoi faire, tirez à pile ou face !

Option C.

Ne restez pas seul·e avec votre dilemme. Vous avez plein d'options pour vous décider. Il existe des sites qui vous donnent des idées en fonction des ingrédients à votre disposition, vous pouvez lancer un groupe de discussion « *Help ! Des idées pour le repas de ce soir ?* », un coup de bigophone à Maman ou Papa, et le tour est joué. Vous avez le DROIT d'être fatigué·e, de manquer d'imagination ce soir, d'être incapable de réfléchir à ça maintenant… Trouvez ce qui vous donnera un coup de pouce et qui vous évitera la solution de facilité jambon coquillettes, ou l'option D !

Option D.

McMickey, BurgerQueen, FastChicken, Takatacos… Et j'en passe. Ben oui, oh, on ne va pas s'effaroucher quand on cède à la tentation de temps en temps. On n'en est pas des mauvais parents pour autant. Le risque est d'y aller trop souvent. Ce n'est bon, ni pour l'équilibre alimentaire, ni pour votre porte-monnaie, d'y aller toutes les semaines. Mais si c'est de temps en temps, que tout le monde aime y aller et y prend du plaisir, alors allez-y ! Attention toutefois à ce que cela ne devienne pas une solution de repli à chaque fois que vous manquez d'imagination ou de motivation à faire la cuisine. À ce moment-là, trouvez un petit resto qui fait de bons petits plats et qui livre à domicile, ça peut être aussi bon et plus équilibré. Quant à votre bonne conscience de préparer chaque jour de bons petits plats à votre famille, et si vous la mettiez au placard de temps en temps ?

LE P'TIT TRUC EN PLUS

Rendez vos plats « sexy ».

« Carottes fondantes dans du jus de soleil » pour vos carottes en rondelles cuites au beurre.

« Serpents à sonnette de courgettes » pour vos courgettes en lamelles.

« Carabistouilles de sorcière à citrouille » pour votre soupe de potiron.

Redevenez un enfant !

2

LE « CARACTÈRE » DE L'ENFANT,

ou comment faire de l'enfant ce qu'il est

TOUS ÉGAUX DEVANT LES BESOINS

Vous le savez, l'être humain a des besoins. Dans les années 1940, le psychologue Abraham Maslow, Américain de son état, a établi une pyramide universelle représentant la hiérarchie de ces besoins.

À la base de cette pyramide, il y a les ***besoins physiologiques***: comme dormir, boire, manger, éliminer. Ce sont nos besoins de base à combler en tant qu'êtres humains. Tant que ces besoins-là ne sont pas comblés, nous ne pouvons pas monter dans la pyramide pour en combler d'autres.

Ensuite, il a identifié les ***besoins de sécurité***: avoir un environnement stable et prévisible, sans anxiété. Cela passe par pouvoir se vêtir, avoir un toit, pouvoir manger, avoir suffisamment d'argent, un emploi stable, des rentrées d'argent régulières, un conjoint sécurisant…

Viennent alors les ***besoins d'appartenance et d'amour***, ou d'affection de la part de ses congénères. Vous le savez, l'être humain est un animal social, il a besoin des autres pour avancer.

Les ***besoins d'estime*** viennent ensuite : la confiance et le respect de soi, la reconnaissance qui nous vient des autres. Le besoin d'estime ne peut être comblé que si le besoin d'amour précédent est comblé.

Et enfin, ***le besoin d'accomplissement de soi*** : nos actes quotidiens sont-ils en adéquation avec nos valeurs, notre vision du monde, et notre objectif de vie ?

Maslow a établi que si un stade de la pyramide n'est pas pleinement satisfait, la personne ne peut pas chercher à combler les besoins suivants. Autrement dit, pour pouvoir assouvir son besoin de sécurité, il faut d'abord que ses besoins physiologiques soient comblés.

Par exemple, vous arrive-t-il d'être désagréable avec les personnes que vous aimez, juste parce qu'à ce moment-là, vous avez faim ? À ce moment précis, la faim est plus forte que tout, vous avez besoin de combler ce besoin rapidement pour pouvoir profiter de l'instant social, c'est absolument nécessaire pour vous et le reste est secondaire. Ou pensez-vous qu'il est possible d'avoir une bonne estime de vous-même si vous ne recevez aucun amour de la part des autres ? C'est d'autant plus vrai pour l'enfant : il a besoin du regard bienveillant et aimant des autres pour pouvoir s'estimer lui-même. En coaching ou en thérapie, en cas de déficit d'estime de soi à l'âge adulte, on cherche à réparer le manque d'amour reçu dans le passé.

LES ÉMOTIONS : C'EST MIEUX DEHORS QUE DEDANS

Pendant la grossesse, évidemment, les besoins physiologiques doivent être comblés. Le fœtus doit pouvoir manger, dormir et évacuer selles et urines correctement. Cela dit, les besoins du fœtus ne se limitent pas aux besoins de base. Le besoin de sécurité est également très élevé, et le besoin d'amour aussi.

Le besoin d'estime n'a pas encore de raison d'être, car l'enfant croit, jusqu'à l'âge de 4 mois environ, ne faire qu'un avec sa mère, et n'a pas conscience encore d'être une personne à part entière. Par là même, le besoin qui vient ensuite (l'accomplissement) n'a pas lieu d'être non plus.

Dans le cas où les besoins physiologiques, les besoins de sécurité et les besoins d'amour ne seraient pas satisfaits, le fœtus risque de développer un sentiment d'insécurité, qui peut dégénérer en une angoisse (sentiment très handicapant), qui peut se traduire une fois né par un bébé qui pleure beaucoup. Bien sûr, c'est un raccourci. Je ne dis pas là que tous les bébés qui pleurent le font parce qu'ils ressentent de l'angoisse, les causes peuvent être diverses, et notamment médicales. Mais vous éviterez en tout cas d'avoir un bébé angoissé à la naissance si Maman se nourrit correctement et suffisamment, et si l'environnement de Maman est propice à ce que le fœtus se sente en sécurité et aimé.

Pour cela, il est important que la future maman soit sereine. Beaucoup l'ont compris, tant les futures mamans qui déploient une grande vigilance à la tranquillité de cette période, que leur entourage qui met tout en œuvre pour assurer un environnement bienveillant et paisible.

Cela étant, on ne choisit pas les épreuves que la vie peut nous amener pendant une grossesse. Pour certaines, il aura fallu gérer un deuil très douloureux, de la violence, des cris, un environnement stressant, une maladie, des soucis divers… Si vous vous savez capable d'une bonne maîtrise de vos émotions (vous vous estimez « forte »), vous avez réussi ou réussirez à bloquer ces émotions limitantes de colère, de stress, d'anxiété, de tristesse… et à protéger votre futur bébé. Attention cependant, au leurre que constitue la gestion des émotions. **Ce que l'on n'exprime pas s'imprime,** reste à l'intérieur. Et où est bébé, déjà ?

Laissez sortir. Gérer ses émotions ne signifie pas les ravaler pour les enfouir quelque part où elles pourrissent. Cela signifie être OK avec ses émotions. Savoir quoi faire avec, et comment, pour les vivre au mieux. Pour soi et pour les autres.

Gardez en tête que le fœtus est une éponge. Tout ce que Maman ressent, tout ce que Maman vit, tant qu'il est en Maman, il le sent et se l'approprie.

Et puisque personne ne maîtrise ce qui va arriver pendant une grossesse, qu'on ne peut pas toujours accueillir les épreuves avec sérénité, restez attentif·ve à l'attitude de bébé une fois né. Il peut avoir besoin d'être rassuré (besoin n° 2 de la pyramide), pour pouvoir monter dans la pyramide des besoins.

« CARACTÈRE » DE L'ENFANT : INNÉ OU ACQUIS ?

Je me suis posé la question pendant de nombreuses années. Les spécialistes sont divisés à ce sujet, alors je ne peux partager avec vous que mes convictions d'aujourd'hui.

C'est une question qui oppose l'environnement et la génétique.

En considérant que le caractère de chacun est inné, on induit que ce qui fait notre personnalité est inscrit dans notre patrimoine génétique. Par exemple, on remarque que Chatoune est têtu, comme son père. Il tient ça de lui. Il en aurait hérité à la naissance, toute la famille paternelle est têtue. Dites cela à un enfant souvent, et il croira qu'il ne peut pas être autre chose que têtu, puisque c'est imprimé dans ses cellules. Du coup, à moins de se faire opérer et de se faire enlever le gène de l'entêtement, il en a pour la vie. Et hop, une étiquette ! D'un autre côté, on note parfois des traits de caractère similaires à un grand-parent disparu. Comme se fait-il que Chatoune soit aussi persévérant que Papy, pourtant décédé avant sa naissance ? S'il n'a pas pu reproduire un schéma observé, c'est qu'il a cette capacité dans les gènes ? Oui, ou bien qu'il l'a observée ailleurs.

Ma conviction aujourd'hui est que l'on fait erreur lorsqu'on parle de traits de caractère, de qualités ou de défauts. Je n'aime pas les étiquettes. Selon moi, dire d'une personne qu'elle est têtue ou persévérante est une erreur de langage. D'ailleurs on dit souvent qu'on a « les défauts de ses qualités ». Parce qu'on peut être à la fois têtu et souple, persévérant et vite découragé, selon les situations. Qu'est-ce qui détermine que l'on est l'un ou l'autre ?

LE P'TIT TRUC EN PLUS

Pourquoi un bébé pleure-t-il ? Soit parce qu'un de ses besoins n'est pas assouvi, soit parce qu'il a mal quelque part. Alors j'aimerais apporter une autre façon de voir quel genre de Chatoune nous avons en face.

*Dans tous les cas, oui, tous les cas, lorsqu'un enfant pleure peu, sourit, est calme, sympa... on nous dit « **il est cool, ton bébé, il a un caractère facile, t'as de la chance, il obéit direct.** » Comme si les parents n'y étaient pour rien.*

Euh, pardon, mais pour une fois qu'on peut se jeter des fleurs, on en profite : si bébé ne pleure pas, c'est parce que vous vous en occupez bien.

Ben oui.

Nous avons des comportements, nous faisons des choses, nous agissons, tous les jours, des dizaines de fois par jour, nous adoptons tel ou tel comportement. Et nous agissons en fonction de la situation, de la personne en face, de notre humeur ou état interne sur l'instant, et de notre environnement. **Nous ne sommes pas ce que nous faisons.** (Je le répéterai plus tard pour que ça rentre.)

Les comportements que nous choisissons d'adopter à ce moment précis et dans cette situation donnée découlent de l'éducation que nous avons reçue, des gens que nous avons fréquentés, des leçons et des croyances que nous avons tirées des expériences que nous avons vécues. Pour le jeune enfant, il s'agit même de simple mimétisme. Il reproduit les comportements qu'il a observés autour de lui et qu'il **interprète comme efficaces.**

Ainsi, selon moi, chacun de nous développe des croyances sur des comportements que l'on juge utiles ou appropriés selon des situations diverses. Parce que nous sommes des êtres pensants qui analysent, comprennent, tirent des conclusions, développent et acquièrent des croyances au fil de notre existence, je pense aujourd'hui que c'est la somme de nos expériences, dès la naissance (voire avant), qui détermine les comportements que nous adoptons.

Situation

PARENT AU TÉLÉPHONE

Vous êtes au jardin d'enfants, ou au parc municipal. Chatoune joue près de vous, il vient souvent vous voir, d'ailleurs. C'est pénible, il vient tout le temps vous enquiquiner alors que vous êtes en train de tchater sur votre portable avec Lulu.

Qu'est-ce que cette situation vous évoque ? Peut-être qu'elle vous rappelle vous-même le week-end dernier ; ou peut-être que vous avez observé ce comportement autour de vous.

Précisons d'abord que si ça vous est arrivé une fois ou deux, on n'est pas des machines, ce n'est pas grave ! Les risques de ce genre de situations s'inscrivent dès lors que c'est un comportement répétitif, sinon systématique. *« Chouette, on va au parc, pendant que Chatoune grimpera en haut de la grue, je vais pouvoir passer ma commande Zawanko. »*

Parlons des risques de ce comportement parental.

Tout d'abord, en ayant les yeux rivés sur votre portable, vous risquez de ne pas freiner Chatoune qui s'apprête à grimper en haut de la grande échelle, de ne pas l'empêcher à temps de sauter du toit de la maison des lutins (1 m 50 de haut, quand même, ça peut faire mal), de ne pas le voir quitter le square tout seul (!), etc. Bref, si vous ne regardez pas, vous ne pouvez plus jouer votre rôle de protecteur face à des comportements ou des jeux dangereux. Il peut n'y avoir aucun danger (on est d'accord, les squares sont pensés pour être sécurisés), mais en ayant conscience que le danger existe, on garde toujours un œil ouvert.

Que se dit Chatoune dans ces moments-là, où il aimerait bien que vous le regardiez descendre du toboggan sans les mains mais que vous êtes plus passionné·e par autre chose ? Il peut penser « *je ne suis sûrement pas assez intéressant pour mériter que Papa/Maman me regarde* », « *tiens, je vais faire un truc de fou pour qu'il/elle me regarde enfin* », « *peut-être que si je me fais mal, il/elle va enfin s'occuper de moi* », ou encore « *si je veux attirer son attention, il faudrait que je fasse un truc interdit.* »

De votre côté, peut-être avez-vous remarqué que c'est systématiquement lorsque vous êtes occupé·e à autre chose avec quelqu'un d'autre que Chatoune réclame votre attention ? « *Pourquoi Chatoune est-il toujours dans mes pattes quand je suis au téléphone avec Lulu ? C'est dingue, c'est systématique ! C'est comme s'il faisait exprès !* »

Précisément. Parce qu'à votre avis, que veut Chatoune quand vous l'accompagnez dehors au square, au parc, au jardin ? Parfois que vous jouiez avec lui, ce qui n'est pas forcément votre tasse de thé (et c'est votre droit). Mais il veut au moins que vous le *regardiez* ! Votre enfant veut vous faire plaisir en vous montrant les progrès qu'il fait. Et il a besoin de votre regard pour être encouragé à dépasser ses limites. Il veut aussi que vous le félicitiez d'arriver à monter quatre barreaux quand la semaine dernière il n'en montait que trois ; il veut que vous l'applaudissiez quand il arrive à sauter haut sur le manège où on fait des crêpes (vous voyez ce que je veux dire ?), il veut que vous soyez transiiiiis d'amouuuur quand il fait des roulades dans l'herbe… Bref, vous êtes au square, au parc, au jardin, pour Chatoune ! Pas pour faire votre compte rendu de chaipakoi, pas pour discuter au téléphone avec Lulu, pas pour roupiller non plus. Désolée. Vous êtes là pour qu'il se défoule et dorme mieux la nuit (ça, c'est dans votre

intérêt aussi), et aussi pour lui faire plaisir. Et lui, son plaisir, c'est que vous soyez fier·e de lui.

Bien sûr, si Chatoune joue avec Clémentine pendant que vous discutez avec la maman de Clémentine, pas de problème. Cette situation traite vraiment du portable, car vous êtes accaparé·e par une autre personne que lui, et lui ne peut pas visualiser ce qui vous intéresse tant. Pourquoi ce petit objet est-il plus intéressant que lui ??

On en vient à votre réaction potentielle face à un incident : puisque vous êtes accaparé·e par votre conversation téléphonique avec Super Fantôme, que peut faire Chatoune ? Il peut adopter des comportements dangereux pour attirer votre attention : grimper tout en haut de la grande échelle, sauter de la maisonnette les mains derrière le dos, grimper en haut de la super structure interdite aux moins de 12 ans, etc. (les enfants trouvent toujours des idées)… mais vous ne le verrez pas, etc. la boucle est bouclée.

Si Chatoune a fini par se casser le nez, n'oubliez pas qu'il est une victime (de son comportement et du vôtre), alors inutile de lui reprocher d'avoir pris des risques. Il serait alors coupable (en plus d'avoir mal !). Consolez-le, câlinez-le, rassurez-le, dites-lui à quel point vous l'aimez, il ne veut que ça !

Vous avez le droit de ne pas vous éclater à accompagner vos enfants au jardin, au square… Ce n'est pas épanouissant pour vous, c'est ennuyant, c'est barbant, long, etc. Si vous y allez, que ce soit pour que votre enfant se dépense, prenne l'air, pour qu'il développe ses capacités psychomotrices, pour retrouver vos copines sur le banc, bronzer sur le banc… vous n'êtes pas juste un accompagnant qui fait office de présence. Prenez du plaisir, vous aussi, trouvez une activité qui vous satisfait : discuter avec d'autres parents, lire, tricoter, ouvrir votre courrier… Et regardez votre enfant. Soyez attentif·ve à ses progrès, encouragez Chatoune, montrez-lui que vous êtes là pour lui, il en sera tellement heureux !

LES ÉMOTIONS UNIVERSELLES ET LEURS DEGRÉS

PEUR

angoissé
préoccupé
effrayé
tourmenté
soucieux
inquiet
méfiant
anxieux

TRISTESSE

désespéré
anéanti
peiné
déçu
désolé
navré
blessé

COLÈRE

mécontent
hystérique
contrarié
furieux
frustré
exaspéré
énervé
agacé

maux de ventre

grimace **DÉGOÛT** nausée

réactions physiques comme le rejet

ravi content satisfait

heureux

optimiste **JOIE** euphorique

excité

enchanté joyeux

amusé ravi

SURPRISE

contrarié gêné étonné

paralysé contrit

embarrassé

accablé **HONTE** gêné

(dans la culture nippone)

3

L'ESTIME DE SOI

L'estime de soi et la confiance en soi sont deux éléments capitaux dans notre vie en tant qu'adultes, il est important de ne pas les confondre.

La confiance en soi est la foi en nos capacités et nos compétences pour faire quelque chose. C'est un sentiment, qui va qui vient. On ne se sent pas en confiance à tout instant de la journée, cela dépend de la situation. Par exemple, je sais que je réussirai à préparer le dîner de Noël pour 10 personnes car je l'ai déjà fait et j'ai toujours assuré. Je sais que je peux mener à bien ce projet car il nécessite rigueur et organisation, et ce sont deux compétences dont je suis fier·e. Je suis confiant·e pour le prochain examen parce que je connais très bien mon sujet. À l'inverse, je ne me sens pas en confiance en ce qui concerne la réunion de cet après-midi, car je ne maîtrise pas assez le sujet. Je ne suis pas à l'aise avec untel car il me fait me sentir bête. etc.

L'estime de soi est plus fine car elle se cache dans les méandres de notre être : c'est la valeur que nous nous accordons en tant qu'être humain. Est-ce que je suis quelqu'un de bien ? Est-ce que je mérite qu'on m'aime ? Est-ce que je m'aime ?

Or, cette estime de soi, c'est elle qui nous guide dans nos choix de vie. Si je ne m'estime pas à la hauteur, je ne postulerai pas pour telle école, je ne me porterai pas volontaire pour tel projet, je n'épouserai pas une personne qui me mérite, je ferai de mauvais choix, je me laisserai maltraiter, je me sentirai malheureux·se… Les conséquences sont multiples et peuvent être graves, parfois. À un certain stade de leur vie, certaines personnes se rendent compte que leur vie aurait pu être différente si elles avaient eu une autre image d'elles-mêmes. Elles auraient osé, elles auraient foncé vers leur désir, ou elles auraient fui une situation ou une personne toxique, elles auraient accompli leurs rêves d'enfant, elles auraient aussi propagé cette positivité et leur vie serait différente. Alors ces personnes travaillent à améliorer l'amour qu'elles se portent. Il n'est trop tard que lorsqu'on est mort. Tant qu'on est là, on peut toujours améliorer les choses.

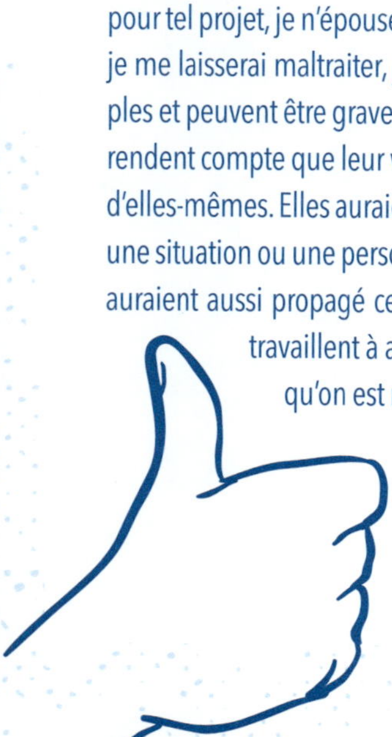

Je vous invite à prendre le temps de vous poser ces questions : quelle estime vous portez-vous sur une échelle de 1 à 10 ? Arrivez-vous à parler de vous de manière positive ?

Vous a-t-on aimé·e, et vous a-t-on appris à vous aimer ? Êtes-vous fier·e de vous ? Savez-vous identifier plusieurs réussites dans votre vie qui ne sont dues qu'à vous ? Êtes-vous capable de citer cinq de vos qualités tout de suite ?

Si vous répondez à toutes ces questions de manière positive, alors super ! Vous avez peut-être reçu suffisamment d'amour, d'encouragements, de félicitations au cours de votre enfance. Vous êtes bienveillant·e envers vous-même et faites sûrement les meilleurs choix pour vous dans votre vie d'adulte.

Malheureusement, ce n'est pas le cas de tous. Pour la plupart d'entre nous, nous avons entendu des critiques, des remarques malveillantes, des moqueries. Nous aurions voulu qu'elles nous glissent dessus, mais elles sont entrées dans notre tête, et dans notre chair. Alors on grandit, on avance, on devient adulte, et parfois on oublie ce qui nous a fait du mal, et ce qui nous conditionne. Mais tôt ou tard, ce manque d'estime revient pour nous empêcher d'avancer. Et alors on peut être pétri de regrets de ne pas avoir écouté ce que notre cœur nous disait.

Les questions posées plus haut sont un bon départ pour travailler votre estime de vous. Ce n'est cependant pas le but premier de ce guide, aussi je vous recommande, si vous en ressentez le besoin, d'entreprendre un travail personnel dès que possible. En attendant, voyons ensemble par quels mécanismes l'estime de soi peut tre conditionnée.

LE P'TIT TRUC EN PLUS

Ne confondons pas estime de soi et arrogance. D'ailleurs, les gens arrogants compensent souvent une estime de soi au ras des pâquerettes. Ils font semblant d'être au top pour éviter d'être attaqués, car au fond d'eux, ils n'ont pas les armes pour se défendre. Là où ils font erreur, c'est qu'en général, on frappe sur les forts. Parce que les autres pensent que cette personne résistera à la critique, ils frappent plus fort. Résultat : en étant arrogants, ils attirent la bataille. Et ils souffrent…

C'est seulement si on est vraiment fort, au fond de soi, qu'on peut gagner contre les gens toxiques.

Gardez en tête qu'on n'a pas « trop » d'estime de soi. Tout comme on ne peut pas être en trop bonne santé.

Si votre estime de soi est à 10/10, c'est OK.

LE TU QUI TUE

Au départ, l'enfant n'est qu'amour. Il ne connaît pas le mal, il est un être pur. On pourrait penser que n'ayant pas encore été corrompu, l'enfant, dès qu'il prend conscience qu'il est une personne, a une estime de lui à 10/10. Jusqu'à ce que son environnement s'en mêle.

Le fameux « tu qui tue », c'est la quantité de reproches que l'on nous fait (et que l'on fait aux autres), tout au long de notre vie. Peut-être, enfant, avez-vous entendu des phrases comme :

> *« Tu n'es pas bon en maths », « tu es méchant », « tu ne comprends jamais rien ».*

Pire :

> *« Tu ne sers à rien », « j'ai dû arrêter de travailler pour t'élever », « ta mère a failli mourir/est morte en te mettant au monde », « tu es un accident », etc.*

Avez-vous oublié le mal que ça vous a fait à l'époque ? Avez-vous ou n'avez-vous pas pris conscience des conséquences que ces injonctions, assénées comme des vérités, ont engendrées dans la valeur que vous vous accordiez en tant que personne ? Avez-vous conscience qu'il vous arrive peut-être de reproduire ce schéma avec Chatoune ? Peut-être avec votre conjoint·e, vos frères, sœurs, ami·e·s, collègues, etc. Car ce « *tu qui tue* » est une façon de communiquer qu'on nous a apprise, et que l'on reproduit dans tous les domaines de notre vie.

On sait aujourd'hui que ces reproches, que l'on a intégrés comme des vérités, régissent 95 % de nos prises de décision. Oui, 95 %.

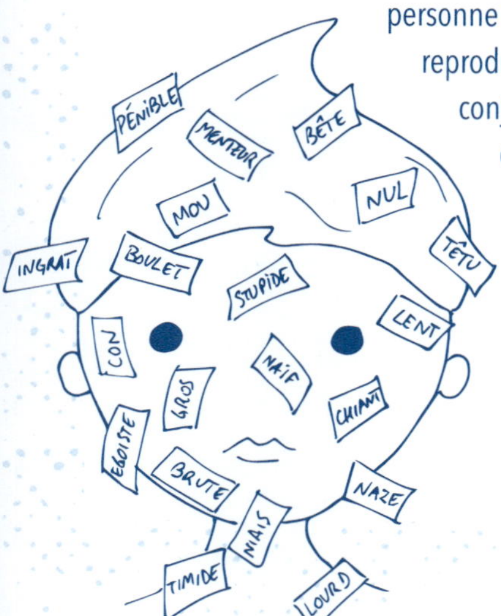

Lorsque je dois décider si je démissionne de ce job qui ne me plaît pas, je me souviens que ma mère me disait « *tu n'es pas persévérant, dis donc, tu ne finis jamais rien de ce que tu commences.* » Alors je reste encore quelques années dans ce job qui ne me convient plus.

Lorsque je dois choisir entre aller faire les courses et m'offrir un moment de détente, je me souviens que mon père disait « *tu ne penses qu'à t'amuser. Tu dois apprendre qu'on ne fait pas ce qu'on veut dans la vie.* » Alors je vais faire les courses.

Ou encore, lorsque je suis déprimé·e et que j'ai une boule dans la gorge, je me souviens que ma grand-mère disait « *ne pleure pas, tu es fort·e. Ce sont les faibles qui se laissent aller.* » Alors je bloque mes larmes, j'accumule de la tristesse pendant des années, voire des décennies, et je me fabrique un ulcère, un cancer, ou autre chose…

Autant d'injonctions qui sont devenues des croyances qui régissent notre comportement face aux événements de la vie.

Il existe ainsi des milliers de reproches que l'on peut s'entendre dire, et malheureusement, ce ne sont pas que ceux que l'on nous a répétés plusieurs fois qui restent gravés en nous : il suffit d'une phrase prononcée une seule fois pour qu'elle nous marque à vie, selon la conviction de la personne qui la prononce, l'influence qu'elle a sur nous, la confiance qu'on a en elle, notre niveau d'estime de nous-même, etc.

LES CASES : VADE RETRO !

Pourquoi est-il néfaste d'avoir été mis·e dans des cases ? Dites à un enfant une fois, deux fois, plusieurs fois, « de toute manière, toi, t'es nul·le en maths » (précisons que les variantes du genre « les langues, c'est pas ton truc », « toi et le sport, ça fait deux », etc., produisent exactement le même résultat), et vous mettez toutes les chances de votre côté d'avoir raison. En lui disant cela, l'adulte met l'enfant dans une case, il lui transmet une fausse vérité. Et l'enfant qui ne veut pas contredire

ou décevoir l'adulte, a fortiori s'il s'agit de son parent tout omnipotent et tout-puissant, fera ce que l'on attend de lui : échouer en maths.

Le « TU qui tue » engendre une fatalité. « *De toute manière, je suis nul·le en maths, c'est comme ça, je suis nul·le et je le serai toujours, je suis condamné·e à ne rien comprendre des identités remarquables et des calculs de probabilité, je dois m'y résoudre, après tout, on me l'a dit, je suis nul·le en maths. Et si j'échoue au bac, personne ne sera étonné ni ne m'en voudra, puisque c'est bien connu, je suis nul·le en maths.* »

Peut-être que cet enfant à qui on a dit que les maths ne sont pas son fort serait devenu un super économiste, un bon gestionnaire de stocks. Peut-être aurait-il choisi une carrière scientifique ? Qui sait combien de rêves ont crevé dans l'œuf parce qu'on nous a asséné de fausses vérités ? Et qu'on y a cru…

Il existe une liste longue comme mon bras + le vôtre de types de messages qui tuent. On les entend de diverses personnes dans notre vie, certains ont plus d'impact que d'autres et sont devenus des croyances sur nous-même.

Quelques exemples (je vous laisse les accorder au féminin) :

- Tu es (trop) petit, grand, gros, moche, maigre…
- Ton nez est tellement gros, elle est bizarre ta bouche, tu louches c'est rigolo, tes dents se chevauchent, tes jambes sont ultra-maigres !
- Laisse, de toute manière, tu ne sais pas faire.
- Tu es lent, impatient, fatigant, mou, pénible, insupportable…
- Tu es sale, tu sens mauvais…
- Tu ne sais pas t'habiller, tu n'as aucun goût, tu as mauvais goût, tu as des goûts bizarres…
- Tu es bizarre…
- Tu es bête, tu es limité, tu ne comprends jamais rien…
- Tu n'écoutes jamais quand on te parle.

- Tu es un incapable, tu n'arriveras jamais à rien dans la vie.
- Tu me saoules, tu m'énerves, tu me casses les…, tu me fais ch…
- J'en ai marre de TOI (toi tout entier, toute ta personne, ce que tu es des pieds à la tête dedans et dehors…).

Je vous propose un exercice à réaliser maintenant ou plus tard (genre dans 2 minutes) : pensez à ce que vous dites de vous en mal, et cherchez-en l'origine. Cette idée de vous que vous êtes étourdi·e, impatient·e, caractériel·le, inutile, pas assez intelligent·e, moche…, d'où vient-elle ? Qui vous a dit ça ? Est-ce toujours vrai ? Y a-t-il des situations où cette croyance est fausse ? Du coup, est-il juste pour vous que vous pensiez à vous en ces termes ? Est-il juste pour vous que vous autorisiez les autres à parler de vous en ces termes ?

LE P'TIT TRUC EN PLUS

Plus on se reconnaît de qualités, plus on se sent ***en sécurité*** *(et non plus on prend le melon).*

ON N'EST PAS UN COMPORTEMENT !

Trop vite et trop souvent, on associe un comportement à un trait de caractère.

Dès que l'on dit un mensonge, on est un menteur. Si on vole un crayon de couleur, on est un voleur. Si on désobéit, on est un vilain garçon ou une vilaine fille. Si on casse un verre, on est maladroit. Si on fait mal à quelqu'un (même sans intention de), on est une brute.

Arrêtons immédiatement : ***on n'est pas un comportement.***

L'apprentissage de la vie est une série d'expériences. Chatoune teste, tâtonne, essaie, se trompe, continue, avance, apprend, pleure, est frustré, a besoin de comprendre… Alors parfois il fait des erreurs à nos yeux. Ne le jugeons pas ! Il a menti, parce qu'il ne sait pas que c'est vilain, parce qu'il n'avait jamais essayé, parce qu'il a besoin de voir ce qui se passe s'il ment, parce qu'il veut voir si la vérité peut se savoir, parce qu'il n'a aucune idée (et c'est normal selon son âge) des conséquences de son mensonge. Certains enfants ont une empathie surdéveloppée (notamment les Hauts Potentiels), et ces enfants n'ont, en général, pas besoin de tester les interdits ou les limites mis en place par leurs parents car ils comprennent les enjeux par leur capacité à se projeter. Mais 98 % des enfants ont besoin de vérifier par eux-mêmes. Ce n'est pas qu'ils sont bêtes (« *m'enfin, il est débile, cet enfant, je lui ai pourtant dit 10 fois que c'était interdit !* »), c'est qu'entre entendre et faire, il y a une énoooorme différence !

Chatoune a besoin de vérifier que ce que vous lui avez dit est vrai. C'est plutôt positif, cela signifie que sa pensée devient indépendante, qu'il développe sa capacité à réfléchir par lui-même, qu'il se pose des questions sur les interactions sociales, sur sa place dans l'univers. Je précise tout de suite qu'il faut différencier les expériences menées par Chatoune à 5 ans, des prises de risque potentielles (avec drogues et autres comportements à risque) de Chatoune à 16 ans. Nous parlons bien là de Chatoune petit.

Oui, vous lui avez dit qu'il ne faut pas mentir, c'est vilain, c'est interdit. Mais ça ne lui suffit pas. « *Et alors, si je mens, il se passe quoi ? Ça fait quoi ?* » Pour le savoir, il va tester.

Pour limiter les passages à l'acte, vous devez dès le début développer le pourquoi de l'interdit. Mettez du sens dans le principe que vous posez. Mentir sur le comportement d'un camarade par exemple (« *C'est pas moi, c'est Enzo qui a cassé le jouet* ») peut causer du tort à ce camarade, il peut être puni, se faire gronder voire pire selon ses parents. Et puis si on ment, ça finit toujours par se savoir tôt ou tard, et alors les personnes n'ont plus confiance en nous, elles pensent que tout ce qu'on dit est un mensonge, et on peut se retrouver sans amis, tout seul à la récré, avec personne qui veut s'asseoir à côté de nous ou qui nous invite à son anniversaire.

Aidez Chatoune à projeter les conséquences possibles des actes. Et n'hésitez pas à utiliser des jeux de rôles : « *Si quelqu'un te ment/t'accuse de quelque chose que tu n'as pas fait, qu'est-ce que tu vas penser de lui, comment vas-tu réagir ?* »

Il peut malgré tout avoir envie de tester. À ce moment-là, ne cristallisez pas ce qu'il a fait avec ce qu'il est ! Si Chatoune a menti une fois, deux fois, même trois fois, c'est qu'il n'a pas encore compris le tort qu'il fait aux autres et à lui-même. Réexpliquez. Faites intervenir un tiers en qui il a confiance. Interrogez le personnel enseignant si nécessaire. Ne restez pas seul·e si vous ne savez pas comment gérer. Mais dans tous les cas, ne lui dites jamais « tu es un menteur ». Car d'une part, c'est faux ; d'autre part, en le mettant dans cette case, vous faites exactement ce qu'il faut pour qu'il recommence. Puisqu'il a maintenant cette étiquette, il va pouvoir mentir sans vergogne, de toute manière il sait que vous savez qu'il ne peut pas s'en empêcher. En prononçant « *tu es un menteur* », si vous ajoutez un ton dédaigneux et affichez une mine de dégoût, c'est le tiercé gagnant pour anéantir une estime de soi. Parce qu'en plus de ce reproche dégueulasse, votre attitude lui dit (et faites-lui confiance, il le comprend comme tel) : « *tu me dégoûtes, je ne t'aime plus.* » (OH MY GOD !!)

N'associez JAMAIS votre amour pour Chatoune et son comportement. « Je *ne t'aime plus car tu as mal agi / Si tu agis mal, je ne t'aimerai plus* » est idiot, contre-productif, et destructeur.

Un jour, une maman m'a dit « *pour m'assurer que mon enfant m'écoute, je lui fais croire parfois que je ne l'aime plus. Comme ça, il flippe et il m'obéit mieux.* » Vous faites comme vous voulez, bien sûr, mais ça, vous ne le faites pas (hein ?).

Voici quoi dire à Chatoune qui a mal agi : « *Quoi que tu fasses, je continue à t'aimer* » (l'enfant est toujours important, il a toujours de la valeur pour vous). « *Je t'aime, tu es une belle personne. Cela dit, ce que tu as fait aujourd'hui ne convient pas.* » Il peut trouver ça louche et vous questionner : « *Tu m'aimes même si je fais de très grosses bêtises ?* ». Et à ce moment-là, même si vous viennent en tête des actes que pourrait commettre votre enfant que vous ne pourriez pas lui pardonner (des trucs très très graves), vous les gardez pour vous : « *Oui, quoi que tu fasses, je t'aimerai toujours. Et c'est parce que je t'aime que je me dois de t'apprendre ce qui est acceptable dans la vie et ce qui ne l'est pas. Et même si je ne suis pas content·e parfois par rapport à des choses que tu fais, je t'aimerai toujours.* » C'est un message positif qui fait que Chatoune changera de comportement : en se sentant important, respecté et de valeur.

Je vais même plus loin : puisqu'on est attachés dans notre société à cette notion de traits de caractère : je pense qu'il serait intéressant de bannir les phrases qui commencent par « *je suis* ». Selon moi toujours, j'estime aujourd'hui qu'il est plus sain de dire « *j'agis en phase avec ce que je crois et selon mes intimes convictions* » que de dire « *je suis sincère* ». C'est plus long à prononcer, mais c'est plus juste.

Sur le même modèle mais en parlant de « défauts », plutôt que de dire « *je suis bordélique* », je préfère qu'on dise « *je me sens bien dans un environnement désordonné* ». Plutôt que de dire « *je suis impatient·e* », je préfère qu'on dise « *j'aime que les choses se fassent rapidement* ». Ou encore, plutôt que de dire « *je suis exigeant·e* », je préfère qu'on dise « *il est important pour moi que les choses soient bien faites* ». En parlant ainsi, on parle de soi de manière plus positive, plus aidante, dans la propre image que nous avons de nous-même, et dans celle que nous renvoyons. En parlant de nous de cette manière, on induit aussi de parler des autres de la même manière. En créant une autre manière de penser, on crée une autre manière de parler, et on peut créer, pourquoi pas, un cercle vertueux.

EMPATHIE, MON AMIE

Nous l'avons vu au début de cet ouvrage, l'empathie, c'est la capacité à comprendre ce que l'autre ressent (et non à ressentir ce que l'autre ressent, qui peut être très gênant pour chacun selon l'état interne ressenti).

> ## LE P'TIT TRUC EN PLUS
>
> *Aidez Chatoune à identifier les conséquences sur lui et sur son entourage lorsqu'il n'agit pas correctement. Demandez-lui de se mettre à la place de l'autre. « Et si on te faisait ça, à toi ? Imagine, tu es tranquillement en train de jouer et un garçon vient te piquer ta voiture préférée. Qu'est-ce que tu ressens et qu'est-ce que tu fais ? » (Utilisez le présent de l'indicatif pour l'aider à se projeter.) Sauf mauvaise foi, Chatoune comprendra très vite ce que son comportement a comme conséquences et retiendra la leçon.*

Un exemple concret : Pierre vient de se faire larguer par sa moitié. Il est dévasté, complètement déprimé, il pense ne jamais trouver l'amour à nouveau, que sa vie est finie… La personne va montrer de l'empathie en se mettant à la place de Pierre. Comprendre, c'est se dire : « *C'est terrible, ce qui arrive à Pierre. Je ne sais pas comment je réagirais à sa place ! Je me souviens avoir ressenti des émotions similaires, j'avais mal, je comprends qu'il se dise ce qu'il se dit.* » Face à Pierre, montrer de l'empathie, c'est lui dire : *« Je comprends ce que tu ressens. C'est légitime, les peines de cœur, ça fait tellement mal. Je ne peux pas guérir ton chagrin, mais tu peux compter sur moi si tu as besoin de parler ou de quoi que ce soit d'autre. »* Pierre se sent alors compris, pas jugé, et peut laisser aller sa peine, l'exprimer pour qu'elle ne s'imprime pas.

(Attention, montrer de l'empathie à Pierre, ce n'est pas lui dire « *mon pauvre, t'as vraiment pas de bol, y a qu'à toi qu'il arrive ce genre de trucs, faut dire qu'Alex était plutôt du genre fada, t'as toujours eu une vie sentimentale pourrie…* » Non, ça, ce n'est pas être empathique du tout, c'est tout le contraire ! Non seulement on ne fait pas preuve de compassion, mais en plus, on enfonce le clou pour qu'il se sente encore plus mal.)

User d'empathie envers un enfant ne sert pas qu'à lui permettre d'exprimer ce qu'il ressent. Cela peut avoir des conséquences très positives et bien plus importantes sur son développement. En effet, un enfant envers lequel on a usé d'empathie, à qui on a appris à se connecter à ses émotions, à les reconnaître et à les accepter, développe considérablement mieux ses capacités cognitives (de réflexion, de mémoire, de créativité).

À l'inverse, un enfant soumis au stress sécrète du cortisol, responsable de la destruction des neurones et du retard sur le développement de diverses parties du cerveau. Un enfant de moins de 7 ans qui ne voit pas ses émotions accueillies et considérées, présentera plus de risques à développer de l'anxiété, sera plus enclin à la déprime, voire la dépression, pourra développer des comportements agressifs, et rencontrera des difficultés à créer des liens sociaux stables et sécurisants.

Ainsi, plus on est bienveillant et à l'écoute d'un enfant, mieux il se développera pour être un adulte bien avec lui-même.

Attention à l'empathie face à la colère. J'entends parfois des parents désarmés face à la colère de leur enfant, et qui, devant une crise monumentale de cris et de violence, disent « *il faut le·la laisser exprimer sa colère* ». J'éveille votre vigilance sur ce point. Oui, laisser s'exprimer la colère, c'est nécessaire. Mais attention aux moyens. On ne peut pas laisser Chatoune exprimer sa colère n'importe comment ! Crier sur ses parents ou sur les autres, hurler, donner des coups, c'est non ! C'est une émotion qu'il convient de savoir maîtriser, c'est une question de survie de la société. Imaginez un monde où personne ne contrôle sa colère et l'exprime à tout va, ce serait insupportable. Convenez alors d'un code, d'une astuce avec Chatoune, mais bannissez la violence ! Par exemple : « *à chaque fois que ta colère monte, va taper dans le punching-ball / prends ta corde à sauter / hurle la tête dans le coussin, tape dans ton oreiller* »... Tout ce qui peut faire sortir l'émotion de Chatoune, SANS que le reste de la famille en pâtisse.

LE P'TIT TRUC EN PLUS

Personne ne vous demande d'oublier vos convictions lorsque vous faites preuve d'empathie et que vous prenez le temps d'écouter l'autre.

Essayez d'écouter quelqu'un. Entraînez-vous avec des amis, écoutez l'autre sans penser à l'argument que vous allez opposer ou à votre réplique pour contrecarrer les idées de l'interlocuteur. Posez des questions, et écoutez les réponses. Juste ça.

OYEZ, ENFANT HP

Il est naturellement hyper-empathique. Soyez d'autant plus attentif·ve avec cet enfant car il s'approprie avec un naturel déconcertant les émotions des autres. Il les comprend, les ressent, les vit. Ce qui peut être dangereux ou handicapant pour lui. Attention, ne confondons pas sensibilité et fragilité. L'enfant HP n'est pas fragile, il est « juste » ultrasensible aux émotions des autres. Cette capacité à ressentir les émotions développe un 6e sens chez lui à détecter le climat d'une pièce en y entrant, à capter l'état interne de son interlocuteur et même à se sentir perturbé face à quelqu'un qui n'est pas sincère. Apprenez-lui à se protéger de ce phénomène (avec un spécialiste si besoin), pour qu'il vive cette hyper-empathie comme une chance et non comme un handicap.

Vis-à-vis de lui, soyez à l'écoute de ce qu'il ressent. Vous êtes capable de voir si votre enfant n'est pas à l'aise. Interrogez-le, car le HP est très sensible à la justesse des mots employés : « Que ressens-tu, là ? ». Il vous répondra : de la contrariété, de la tristesse, du doute, de l'agacement, de la peine, de la suspicion, de l'incompréhension, etc. Laissez-le mettre le mot qui convient à ce qu'il ressent, lui seul le connaît.

Situation

CHATOUNE A MORDU

La maîtresse vous fait part d'un incident survenu aujourd'hui à la récré : Chatoune a mordu un camarade. Elle vous montre même le camarade en question, il porte encore la trace des dents de Chatoune sur le bras.

Option (A)............ Vous mordez Chatoune une fois à la maison pour qu'il comprenne ce que ça fait.

Option (B)............ Vous le mordez tout de suite, là, maintenant.

Option (C)............ Vous proposez au camarade de mordre Chatoune lui aussi, comme ça ils seront quittes.

Option (D)............ Vous lui demandez de se mordre lui-même pour qu'il comprenne ce que ça fait.

Arf… je suis cruelle… Pas une solution dans laquelle Chatoune ne souffre pas… Le fil rouge de ces 4 options est : « si tu sais ce que ça fait, tu ne le feras plus. »

OPTION A.

Le but étant que Chatoune comprenne le mal qu'il a fait, mais dans l'intimité de la maison, afin de ne pas rajouter d'embarras, de gêne ou de honte. Pourquoi le mordriez-vous ? En seriez-vous capable ? Si vous êtes énervé·e, peut-être. Mais attention à ne pas passer vos nerfs sur votre enfant. Vous avez envie de mordre ? « *Chouette, Chatoune a mordu aujourd'hui, je vais faire passer ça pour une méthode éducative et je vais pouvoir assouvir mon envie.* » Alors un conseil, allez plutôt vous acheter une entrecôte. Car non. Évidemment, vous ne mordrez pas votre enfant. De même que s'il arrache les pattes des fourmis, vous n'allez pas lui scier les jambes pour lui montrer que la fourmi souffre.

OPTION B.

Donc, là, vous le mordez pour lui faire comprendre que ça fait mal, et vous le faites bien devant la maîtresse et les camarades, histoire de lui mettre la honte, et qu'il soit bien traumatisé d'avoir pleuré devant tout le monde. Sans parler de l'image de vous auprès du corps enseignant et des autres parents.

Apprentissage : 0 *Colère / Honte / Dépréciation de soi* : 1

OPTION C.

L'heure de la vengeance a sonné, tu vas SOUFFRIR !!! Ou comment faire de la victime un coupable innocent. Et du bourreau une victime consentante. Oh là là, rien ne va plus. Et puis préparez-vous à la discussion avec les parents du camarade quand il racontera le soir à table « *aujourd'hui, on m'a mordu, mais tout va bien puisque j'ai eu le droit de mordre en retour.* »

OPTION D.

Il se mord lui-même. Ou comment s'auto-infliger des châtiments corporels, et lui apprendre qu'il est inutile de respecter son propre corps. Pourquoi ne pas lui proposer de se scarifier aussi, on ne sait jamais, ça peut faire joli autour d'une morsure…

Bien. Vous l'avez compris, il y avait un piège ! Aucune de ces solutions n'est intelligente, efficace, ou bénéfique pour vous ou pour l'enfant.

Dans tous les cas, aucun recours à la violence n'est positivement instructif pour l'enfant. Comme dirait Pierre Mortez dans Le Père Noël est une ordure : *« on n'est pas chez les sauvages ! »*

Pour comprendre le comportement de Chatoune qui mord, il peut y avoir deux explications :

- Il ne sait pas gérer ses émotions. On ne lui a pas appris qu'il existe des émotions différentes chaque jour et tout au long de la journée, et que chacun de nous ressent des émotions en permanence. Il ne comprend pas ce qui se passe en lui lorsqu'il ressent de la colère ou de l'agacement. S'il ne comprend pas ce qui se passe, et si personne ne lui a dit qu'il est normal de ressentir ce qu'il ressent, il peut rapidement être submergé par ses émotions, par quelque chose qu'il ressent fortement et qui le dépasse. Pour l'exprimer, il aura recours à une réaction instinctive, rapide, animale, primaire, qui répond à son besoin immédiat d'exprimer sa frustration. Et cette réaction sera physique : mordre, taper, pincer, tirer les cheveux, etc.
- Il ne sait pas exprimer avec des mots ce qu'il ressent. Soit parce qu'il est encore petit et ne maîtrise pas le langage (cette réaction est d'autant plus vraie à la période de la crèche), soit parce qu'il ne connaît pas les mots qui vont avec ce qu'il ressent. Ainsi, s'il ne sait pas encore dire à son camarade de lui rendre le cube, il va lui faire comprendre différemment.

Vous le comprenez, plus l'enfant est jeune, plus il a recours à ce genre de réaction. Lorsqu'il grandit, il a la possibilité de mettre des mots sur ce qu'il ressent. Encore faut-il que quelqu'un l'écoute.

Pour apprendre à Chatoune à reconnaître ses émotions, il existe de nombreux ouvrages illustrés pour les petits à trouver en librairie.

À la maison, on peut construire une roue des émotions où chacune d'elles est représentée pour permettre à petit Chatoune de faire comprendre à l'adulte ce qui se passe en la pointant du doigt. On peut aussi construire des cartes, avec des visages qui expriment l'émotion si on sait bien dessiner, ou des couleurs pour symboliser chaque émotion.

En tant qu'adulte qui sait manier les mots et qui encourage l'expression des émotions, vous pouvez aussi vous mettre à sa place et exprimer pour lui *« je crois voir que tu es en colère, c'est ça que tu ressens ? », « tu es triste, c'est bien ça ? »*. Vous aurez ainsi mis des mots à sa place et il vous en sera reconnaissant.

Si l'affaire vous dépasse, une ou deux séances chez un professionnel peuvent suffire à désamorcer le problème.

Aujourd'hui, l'école met de plus en plus l'accent sur les émotions, et les enfants apprennent très jeunes à détecter les signes de ce qui se passe en eux et chez les autres.

Un bon pas vers l'empathie et l'écoute de soi.

LES COMPLEXES NOUS VIENNENT DES AUTRES, MERCI BIEN

Nous l'avons vu, avoir menti ne fait pas de Chatoune un menteur.

Outre l'effet de cantonner l'enfant (et même l'adulte) dans une image de lui qui n'est pas bonne, au risque d'inhiber certains talents, ces messages de jugement et de catégorisation risquent fortement de créer des complexes ! Car les complexes que nous avons développés n'étaient pas en nous à la naissance, ce sont les autres qui nous les ont ancrés. Et pour s'en débarrasser, bon courage !

Il existe des méthodes pour arriver à se débarrasser de ses complexes, grâce à un psychothérapeute, un coach qui pratique la PNL, l'hypnose… mais en ce qui concerne Chatoune, vous savez maintenant que les autres ne lui font pas de cadeau à l'école, au collège, au club sportif… alors comme vous êtes informés des conséquences, bannissez dès à présent le « tu qui tue » à la maison, encouragez-le à vous confier ce que les autres lui ont dit dans la journée, et prenez le contre-pied immédiatement.

LE P'TIT TRUC EN PLUS

Si le problème persiste à l'école, et que Chatoune devient la source de moqueries de ses camarades, apprenez-lui à se défendre. Par l'humour, la repartie ou l'indifférence… Je le dis souvent : ***les autres nous font ce que nous les laissons nous faire.*** *Si Chatoune a suffisamment confiance en lui, ça se verra ! Il aura une attitude qui dira « ne viens pas me chercher des noises, je sais ce que je vaux et ta méchanceté ne passera pas par moi. » C'est le meilleur moyen d'éloigner les malveillances.*

Par exemple :

– **Chatoune :** *À la récré, Gabriel m'a dit aujourd'hui que j'étais moche et que je ne trouverai jamais d'amoureuse.*

– **Vous :** *Ce n'est pas gentil de dire ça. Qu'est-ce que tu as ressenti en entendant ça ?*

– **Chatoune :** *J'étais triste. Et puis j'ai pensé qu'il avait raison.*

— ***Vous :*** *Ah bon ?? Parce qu'il est spécialiste en amour, Gabriel ? Genre Môoôôssieur Gabriel, il donne des conférences dans le monde entier sur l'amour, c'est ça ? (Dédramatisez la situation avec un peu d'humour puis contrecarrez la fausse croyance.) Je vais te dire un truc, Chatoune, je pense que Gabriel est jaloux.*

— ***Chatoune :*** *Jaloux ? De quoi ?*

— ***Vous :*** *De ta bogossitude, pardi !*

Si vous vous en sentez capable, pour être congruent·e dans votre message, improvisez un défilé dans la pièce, genre vous êtes sur un podium, demandez-lui de vous rejoindre et défilez ensemble en imaginant des admirateurs. Dites à Chatoune qu'il est beau – ou belle –, dites-lui souvent, saisissez chaque situation pour le valoriser et l'encourager.

Soyez créatif·ve, n'ayez pas peur d'en faire des caisses ! Vous aurez créé un moment de dialogue, de complicité, d'échange. Dans cet exemple, Gabriel est renvoyé dans ses 22 mètres, vous n'avez accordé aucun crédit à ses paroles, et vous avez redonné confiance à Chatoune.

L'APPRENTISSAGE, CLÉ DE L'AUTONOMIE

Vous savez tous que nous avons cinq sens (maintenant la science sait que nous en avons bien plus, mais ce n'est pas le sujet qui nous intéresse). En neurosciences, on parle du VAKOG :

- *Visuel* pour la vue
- *Auditif* pour l'ouïe
- *Kinesthésique* pour les sensations
- *Olfactif* pour l'odorat
- *Gustatif* pour le goût

Ce qui nous intéresse particulièrement c'est le kinesthésique. Le kinesthésique, c'est le toucher, et c'est aussi tout ce qui se passe dans notre corps : notre ressenti, nos sensations externes et internes. En ce qui concerne l'apprentissage, c'est le « faire ». Depuis que l'école existe, on pense qu'il suffit de dire la leçon devant la classe ou de l'écrire au tableau pour que les élèves sachent. Depuis quelque temps, on sait que certains d'entre nous sont plus des visuels, tandis que les autres sont plutôt des auditifs. Ainsi, certains enseignants jouent sur les deux méthodes : ils écrivent la leçon au tableau pour que les visuels la voient, ET ils la lisent à voix haute pour que les auditifs l'entendent. Ils mettent ainsi toutes les chances de leur côté pour que 100 % des élèves de leur classe soient en capacité d'apprendre.

Au Ve siècle avant notre ère, le philosophe Socrate avait compris autre chose : l'homme pense mieux en marchant. Il aiguise sa pensée en entraînant son corps dans une activité similaire à l'évolution de la pensée. Ainsi, lorsqu'il était avec ses disciples à converser d'un sujet philosophique, il le faisait en se déplaçant, convaincu que l'exercice du corps et celui de l'esprit allaient de pair.

> ## ⊕ LE P'TIT TRUC EN PLUS
>
> *Chaque jour, pourquoi pas comme un rituel au moment du coucher, dites à votre enfant que vous l'aimez, faites-lui des compliments. C'est gratuit, inépuisable, disponible, c'est sincère, inconditionnel, cela fait du bien à celui qui donne et à celui qui reçoit.*

De plus en plus d'enseignants ont conscience qu'associer un apprentissage au kinesthésique rend la leçon beaucoup plus efficace et ouvre un champ beaucoup plus large d'application. Une fois à la maison, l'enfant a besoin de s'approprier la leçon : en la voyant (besoin visuel, on parle souvent de mémoire photographique), ou en lisant à voix haute ou dans sa tête (besoin d'entendre). Mais souvent, c'est en la réécrivant qu'il l'intègre le mieux : il fait. Car alors, il satisfait le besoin de kinesthésie complémentaire de son sens de prédilection, et s'approprie ainsi l'apprentissage.

Prenons l'exemple d'une recette de cuisine. On vous explique que pour faire une mayonnaise, il faut des œufs, de l'huile, du sel, du poivre, et que vous devez battre le tout avec un fouet de manière très énergique (ne reproduisez pas à la maison, j'ai synthétisé !). Diriez-vous pour autant que vous savez monter une mayonnaise ? Non, vous savez comment on fait, mais vous n'avez jamais fait, donc vous ne savez pas si vous en êtes capable. En revanche, une fois que vous en aurez réalisé une, vous saurez ce que vous êtes en capacité de faire. Développer une compétence, c'est l'avoir pratiquée, et parfois plusieurs fois. Ce n'est pas parce que l'enfant vous voit faire ses lacets chaque matin qu'il saura le faire tout seul. Pour y arriver, il devra le faire lui-même.

Pour savoir s'il sait faire, et pour gagner en confiance en lui, il devra donc apprendre comment faire **et** faire.

Situation

CHOISIR SA TENUE VESTIMENTAIRE

Chatoune a des envies de grande diva, et à 4 ans, décide de choisir lui-même/elle-même ses vêtements. Et rien à faire, Chatoune pique une crise de nerfs si vous mettez le nez dans ses tiroirs.

Option (A)............ OK, Chatoune veut gérer, je laisse faire, après tout c'est le début de l'autonomie.

Option (B)............ *« Nan mais pour qui tu te prends ? C'est pas toi qui fais la loi. C'est MOI qui décide de ce que tu mets sur le dos, et ce sera comme ça jusqu'à ce que tu aies les moyens de t'acheter toi-même tes vêtements. »*

Option (C)............ *« D'accord, tu choisis, mais je valide tes choix, et c'est moi qui ai le dernier mot. »*

Option (D)............ *« Bon, OK pour que tu choisisses la culotte. L'année prochaine, tu pourras aussi choisir les chaussettes. Dans deux ans, le bas, et dans trois ans, la tenue complète. Mollo, l'autonomie… »*

Option A.

Mayday, Mayday, parent à la dérive, qui confond autonomie et déresponsabilisation. Je sais, pas facile de se repérer car la frontière est mince entre les deux.

Les risques de laisser Chatoune choisir seul·e sa tenue à 4 ans :

- Mettre une jupe ras-la-culotte avec des collants qui descendent aux genoux, un débardeur à paillettes par-dessus le col roulé. Il peut aussi choisir de sortir avec son pyjama en pilou pilou. Bon, après, si c'est pas vous qui l'emmenez à l'école, ça peut passer.
- Vous tendez la perche pour en faire un enfant-tyran. Autant dire que si c'est la crise à 4 ans avec son 1 m 02 les bras levés, bon courage pour la suite.
- Vous n'offrez pas le cadre dont Chatoune a encore beaucoup besoin à 4 ans. À cet âge, l'enfant a besoin de vous sentir près de lui, à l'écoute de ses envies, mais il a aussi besoin de vos conseils, que vous soyez son guide. Faire des choix est hyper compliqué, même pour des adultes. Alors laisser ça à un bout de chou qui sait à peine parler, c'est peut-être un poil trop tôt ?

Option B.

Bon, OK, alors là on prend la tendance inverse. Ce n'est pas non plus nécessaire de l'humilier pour lui faire comprendre que c'est vous qui décidez de ce qu'il doit porter. Peut-être trouvez-vous naturel de choisir les vêtements de votre enfant, et peut-être estimez-vous avoir le droit de choisir jusqu'à sa majorité puisqu'il vit sous votre toit. Mais gare à l'abus de pouvoir.

Un simple « *non, pour l'instant, c'est moi qui choisis tes vêtements parce que je sais ce qui te va et ce que tu peux porter en fonction de la météo pour être à l'aise aujourd'hui.* »

Gardez en tête (et ça vaut même à l'âge adulte !) : **rabaisser quelqu'un n'a jamais servi à le faire progresser. Ça sert à le casser pour mieux le manipuler.**

OPTION C.

Voici une solution intermédiaire. Car parfois Chatoune a un sacré caractère ! L'enfant peut vouloir dur comme fer faire comme les grands et avoir le pouvoir de décider. Mais remettez les choses dans leur contexte : on parle d'un enfant de 4 ans. Il n'a rien à décider à cet âge-là. Il n'a pas à assumer le rôle de parent. Tout ce qu'il a à faire, c'est se laisser porter. Il n'a aucune responsabilité, aucune charge sur les épaules, aucun problème majeur d'adulte. Laissez-le en profiter !

Alors si Chatoune tient fermement à choisir ses vêtements, vous pouvez le laisser faire, mais restez à ses côtés, et donnez votre avis. Le choix peut se faire ensemble. Et restez ferme vous aussi : c'est vous qui validez le choix final, c'est la règle, Chatoune est d'accord là-dessus, pas moyen de moyenner à la dernière minute.

OPTION D.

Ou comment aller progressivement vers l'autonomie. Si Chatoune est un enfant patient, et qu'il est d'accord pour y aller petit à petit, cela peut très bien fonctionner. Pas forcément aller d'année en année, ça peut se faire plus vite !

La vraie question derrière cette option est : à quel point souhaitez-vous que votre enfant grandisse ? Y êtes-vous préparé·e ? Quand l'enfant devient autonome, il se détache d'un comportement passif de « *c'est Papa qui fait/c'est Maman qui fait* ». Mais il ne se détache pas de vous ! Le lien qui vous unit est quand même bien plus fort que des lacets à nouer, ou une tenue à choisir ! Même si Chatoune sait mettre sa doudoune tout seul, elle ne fait pas de câlins, sa doudoune. Elle ne le console pas quand un coup de mou est là, elle ne lui fait pas de bisous pour l'endormir, et elle ne lui prépare pas non plus son gâteau préféré à son anniversaire. Vous êtes ce qu'il a de plus cher. Ne confondez pas autonomie et éloignement. L'éloignement viendra, mais plus tard. Et ça arrivera quoi qu'il en soit, qu'il ait appris à lacer ses chaussures à 4 ans ou à 12. La différence est que la rébellion risque d'être plus douloureuse pour vous dans le deuxième cas.

L'enfant a besoin de faire les choses tout seul, comme un grand. Manger, enfiler son blouson, ses chaussons en arrivant à l'école, nouer ses lacets pour aller jouer dans la cour, s'essuyer aux toilettes, préparer son cartable, faire ses devoirs, rentrer seul de l'école… Tous ces apprentissages le font grandir. Il en a besoin pour se construire en tant que personne. **Vous lui rendez un grand service à le laisser faire.**

Soyez à ses côtés, montrez-lui comment faire, soyez patient·e, expliquez, montrez, faites avec lui, rectifiez, réexpliquez, remontrez… Et quand il saura faire, quelle fierté ! Chatoune tout comme vous !

4

COMMUNIQUONS, *nom de Zeus !*

On ne peut pas ne pas communiquer. L'être humain a besoin de s'exprimer, de contact, d'échange, de se faire comprendre, de partager...

La communication peut prendre plusieurs formes : le dialogue en face-à-face, la conversation téléphonique, l'écriture, le regard, le sourire, l'attitude, les comportements qui expriment des émotions, les hormones, les ondes… Il faut être très à l'écoute de l'autre pour arriver à bien le comprendre. Et parfois, on voit des signes par l'attitude de l'autre, mais on oublie aussi que même si aucun mot n'est prononcé, on peut arriver à exprimer quelque chose.

Si vous avez vu *Seul au monde* avec Tom Hanks, remarquez que son personnage, littéralement seul sur une île déserte, s'improvise un compagnon d'infortune avec un ballon, qu'il nomme Wilson. Cet ami apaise sa solitude, permet qu'il entende la voix d'un être humain (sa propre voix) quand il lui parle, il imagine des dialogues où Wilson lui répond. Ce subterfuge lui évite de sombrer dans une possible folie.

Connaissez-vous l'expérience demandée par Frédéric II, empereur romain germanique, au cours du XIIIe siècle ? Homme érudit, il parlait au moins six langues, fait remarquable pour l'époque (encore aujourd'hui, d'ailleurs). Mais alors, fort de ses connaissances sur les différents peuples et leurs langues à travers le monde connu, il s'interrogeait sur la langue originelle des êtres humains (il penchait pour le latin ou le grec). Il ordonna alors à des nourrices recrutées spécialement pour l'expérience de s'occuper de six nourrissons. Les nourrices avaient deux consignes : la première, de répondre aux besoins physiologiques des bébés, c'est-à-dire les nourrir, les changer, les habiller. La seconde, de ne jamais leur adresser la parole. Elles n'avaient pas le droit de chanter afin qu'ils n'entendent pas un mot qui risquerait de les influencer, pas non plus le droit de leur sourire, ni de les caresser. Aucune forme de communication : ni affective, ni orale. Malheureusement, l'expérience fut un échec : les six enfants ont dépéri petit à petit, et ont tous fini par mourir avant même d'atteindre l'âge de parler.

L'être humain est un animal social, il a besoin des autres pour survivre.

LES FORMES INSOUPÇONNÉES DE LA COMMUNICATION

Dans un message, on accorde beaucoup d'importance aux mots. D'ailleurs, ne pensez-vous pas que c'est ce qu'il y a de plus important dans un message ? Surtout quand on voit le temps qu'on met à rédiger un e-mail professionnel, une lettre de rupture, un texto ?

Et pourtant, il existe trois éléments dans une communication, et l'importance accordée à chacun de ces éléments n'est pas celle que l'on croit :

- ***Le verbal :*** les mots, les phrases, la sémantique : 7 % du message !!! Oui, oui, vous avez bien lu, les mots que nous utilisons pour dire les choses ne constituent que 7 petits pourcents de ce que nous exprimons.
- ***Le para-verbal :*** le ton, le débit, le volume, le timbre, la respiration, tout ce qui « habille » les mots : 38 %.
- ***Le non-verbal :*** l'attitude, la posture, les gestes, les expressions du visage : 55 % !

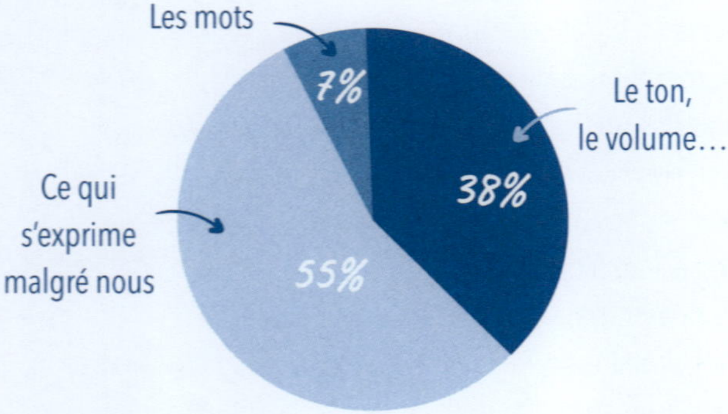

Dans nos sociétés où les e-mails, SMS, chats, prennent de plus en plus de place, on comprend mieux pourquoi on se trouve confronté à tant d'incompréhensions !

SOYEZ CONGRUENT·E, VOUS EN SORTIREZ GAGNANT·E

DÉFINITION DE LA CONGRUENCE : être aligné, cohérent entre ce qu'on ressent et ce qu'on fait ou dit.

En résumé, c'est penser et/ou faire ce que vous dites.

Je partage avec vous cet adage de Ralph W. Emerson qui illustre à la fois les incompréhensions possibles entre le verbal et le non-verbal, et l'importance d'être congruent :

Ce que tu fais parle si fort que je n'entends pas ce que tu dis.

Par exemple, si vous dites « je vais très bien » alors que vous avez une tête de déterré·e, on aura du mal à vous croire. De même, si vous dites « *je ne suis pas du tout énervé·e* » avec les sourcils qui se touchent, désolée, mais, vous êtes grillé·e.

En tant que parent, imaginons que Chatoune vienne vous présenter un joli gribouillis (joli, mais gribouillis quand même) : si vous dites à Chatoune « *ton dessin est le plus beau de monde* » en même temps que vous faites la moue, l'enfant verra la moue, et comprendra de votre communication « *il est pourri, ce dessin* ». Alors, même si le dessin est vraiment naze (ben oui), cherchez en vous vos talents de comédien·ne, et forcez le trait. Un enfant a besoin d'être encouragé, saluez ses efforts, extasiez-vous, faites-en des caisses si vous voulez, mais félicitez le travail de Chatoune ! Vous ne pensez pas vraiment que son dessin soit digne d'un musée,

LE P'TIT TRUC EN PLUS

Pratiquez la cohérence comportementale. Autrement dit, soyez cohérent·e entre vos actes et vos messages.

Donc, NE PAS :

- dire des gros mots et gronder l'enfant qui en dit « j't'ai dit de pas dire de gros mots, putain » ;
- frapper un enfant en criant « on ne doit pas taper les autres ! » (Ne pas frapper un enfant, tout court, d'ailleurs) ;
- hurler « arrête de crier !!! »
- dire à l'enfant « fumer, c'est pas bien, je ne veux pas que tu fumes » en allumant une clope.

vous avez le droit. Et ne vous en veuillez pas de faire semblant, vous rendez service à votre enfant.

Avez-vous déjà eu l'impression qu'une personne n'était pas complètement sincère dans ce qu'elle vous disait ? Sa bouche disait des choses, mais une petite voix intérieure vous mettait en garde contre l'honnêteté de ce qui était prononcé ? C'est votre capacité à repérer les comportements non congruents qui a parlé. Plus qu'une intuition, c'est une véritable machine à détecter les attitudes non cohérentes avec les paroles qui a repéré une anomalie. Alors dites-vous que si vous êtes capable de repérer un manque d'alignement chez l'autre, cela veut dire que l'autre aussi est capable de repérer votre propre manque de congruence parfois. Soyez attentif·ve à l'attitude qui accompagne les paroles de vos interlocuteurs, et faites-vous confiance quand une petite voix vous dit que quelque chose cloche. De même, soyez attentif·ve à votre propre attitude.

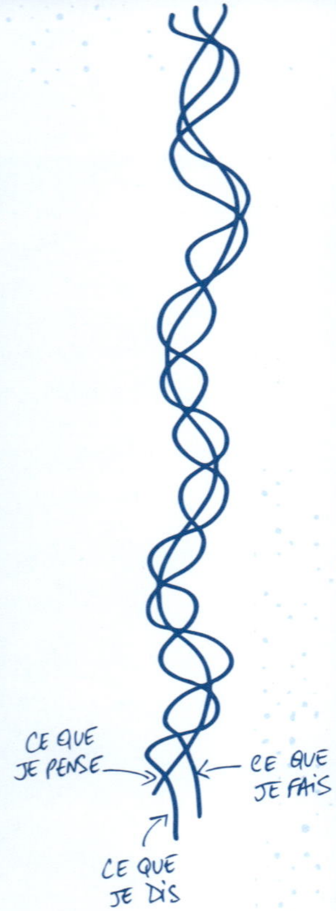

SOYEZ SINCÈRE POUR QU'ON VOUS CROIE

On veut souvent protéger les enfants des inquiétudes des adultes, alors on leur cache nos soucis (et il faut continuer à le faire, inutile de leur raconter votre fiche de paie et le calcul du taux d'imposition), mais on leur cache aussi l'état interne dans lequel on se trouve parfois. Et pourtant, c'est bien connu, « les enfants sont des éponges ». Ils ont une grande sensibilité, et « sentent » quand quelque chose nous perturbe. Si on est en train de chouiner, que l'enfant nous demande « keskivapa ? », et qu'on dit « non, non, tout va très bien, ne t'inquiète pas », vous croyez vraiment que Chatoune vous croit ?

Que se dit-il lorsqu'il voit très clairement que vous lui racontez des salades ?

- ***Papa/Maman pleure, parce que j'ai fait quelque chose de mal*** (l'enfant est très égocentré et ramène tout à lui).
- ***Papa/Maman pleure, parce qu'il ne m'aime plus*** (ça dégénère très très vite dans leur tête).
- ***Papa/Maman ne me dit pas la vérité, parce qu'il·elle n'a pas confiance en moi*** (car je ne suis pas digne de confiance).
- ***Papa/Maman me ment, alors qu'il·elle me dit qu'il ne faut pas mentir*** (alors on a le droit de mentir, en fait ?).
- ***Papa/Maman a de très gros soucis, on va devoir quitter la maison, on n'aura plus rien à manger, et on va se retrouver à vivre avec le monsieur qui sent pas bon sous le pont dans son sac de couchage tout cracra***(alerte ! alerte ! insécurité à son maximum !).

Parfois, même si notre intention est bonne puisque nous voulons les protéger, nous sous-estimons leur capacité à comprendre ce qui se joue autour d'eux. Ils sont tout à fait capables d'entendre que nous avons des choses à faire, des responsabilités, que nous sommes parfois fatigués, soucieux, indisponibles, etc. Alors, quand on a un coup de mou, ne serait-ce que pour le rassurer sur le fait qu'il n'y est absolument pour rien, c'est bon de dire à Chatoune : « *je suis fatigué·e ce soir / ma journée de travail a été difficile / j'ai un·e collègue avec qui je ne m'entends pas bien / je me fais du souci pour un·e ami·e qui traverse une épreuve difficile… ça n'a rien à voir avec toi, tranquillise-toi, je trouverai une solution à ce problème.* »

Ne rentrez pas dans les détails, Chatoune n'est pas SOS amitié, ce n'est pas son rôle d'écouter vos problèmes et encore moins de chercher des solutions. La démarche se veut un échange sincère, une marque de confiance, et un moyen de déculpabiliser Chatoune sur votre état.

Bref, c'est tout bénéf.

JUREZ DE DIRE LA VÉRITÉ, (PRESQUE) TOUTE LA VÉRITÉ

Certaines personnes préfèrent se taire plutôt que d'annoncer une mauvaise nouvelle. Par peur de la réaction d'autrui, par peur du conflit, par peur de décevoir, parce qu'elles ne savent pas comment faire… pour une bonne raison en tout cas, ces personnes choisissent de passer sous silence une mauvaise nouvelle et préfèrent que l'autre la découvre par un autre biais. Curieuse attitude, puisque souvent, la découverte de la vérité se retourne contre la personne. En plus, l'autre se trouve dans une position très inconfortable. Alors que dire la vérité tout de suite, et annoncer à la personne que par exemple, telle sortie n'aura pas lieu, cela lui permet de faire son deuil de ladite sortie, éventuellement de trouver un plan B, voire de trouver un autre moyen de faire quand même cette activité. Personne n'apprécie de se retrouver le bec dans l'eau. Avec un enfant, c'est la même chose. Si vous avez promis à Chatoune que vous iriez au parc samedi après-midi, mais que finalement vous avez un rendez-vous avec un client / vous préférez une sortie shopping avec votre meilleure amie / vous avez un bon pour un massage qui sera périmé dimanche / vous êtes fatigué·e…, annoncez-le dès que vous le savez :

LE P'TIT TRUC EN PLUS

D'une manière générale, même quand la vérité n'est pas agréable à entendre, il vaut mieux la dire à l'enfant.

Trouvez les mots, expliquez d'une manière simple et compréhensible, et toujours sincère.

Si vous craignez une réaction désagréable :

- *commencez par créer des conditions favorables à la discussion (préférez le face-à-face et les endroits calmes) ;*
- *anticipez une possible négociation ;*
- *envisagez un plan B ;*
- *préparez-vous à dégainer l'arme fatale « bisou-câlin » ;*
- *prévoyez des bonbons, le dessin animé préféré, le doudou…*

— **Vous :** *Chatoune, tu sais, on avait dit qu'on irait au parc demain après-midi. Je sais que tu as très envie d'y aller, mais on va devoir reporter notre sortie* *à la semaine prochaine, car j'ai du travail / Lulu est là et on a envie de se voir / j'ai un rendez-vous important / la semaine a été difficile et je suis trop fatigué·e pour une sortie. Je sais que tu es déçu·e, et moi aussi, et je te promets qu'on ira quand même. Et d'ailleurs, je pensais qu'on pourrait proposer à Camille (*meilleur·e ami·e*) de nous accompagner la semaine prochaine, qu'en penses-tu ?*

Une petite contrepartie peut faire passer la pilule. Chatoune perd une sortie au parc demain après-midi, mais il gagne une sortie avec Camille.

LA NÉGOCIATION, À PRENDRE ET À LAISSER

La situation de la sortie au parc vue précédemment est un joli exemple de négociation où chacun y trouve un intérêt.

Mais attention à faire les choses de manière intelligente. Si vous dites « *Si tu ranges ta chambre, on ira au square* » ou encore « *on n'ira au square que si tu as rangé ta chambre* », on va rapidement vous taxer de maître chanteur ! Dans ces deux cas, vous mettez une condition liée à une récompense « si tu fais ceci, tu auras droit à cela. »

Alors que si vous dites « dès que tu auras fini de ranger ta chambre, on ira au square », vous dictez simplement des faits dans l'ordre dans lequel ils vont se produire. L'intention est la même (vous souhaitez que Chatoune range sa chambre), mais la manière diffère.

LE P'TIT TRUC EN PLUS

Dans certains cas, il n'y a pas matière à négocier. Or, l'enfant peut tout de même tenter, surtout s'il a associé qu'en parlementant, il peut vous faire changer d'avis.

Vous avez décidé que Chatoune aurait droit à 3 bonbons pour le goûter, pas 1 de plus (vous avez vos raisons, je les tais volontairement car il n'est pas question ici d'argumenter). Vous êtes bienveillant·e et ferme, car je vous rappelle que vous savez ce qui est bon pour votre enfant.

— **Vous :** *Tu as le droit de manger 3 bonbons.*

— **Chatoune :** *Oh non, steupléééé, 3 c'est pas assez, j'en veux 4 !*

— **Vous :** *2, alors ?*

— **Chatoune :** *Non, non, non, OK pour 3 bonbons.*

Une autre façon de faire (attention à la fine frontière avec la manipulation) : « *tu ranges ta chambre maintenant ou après le repas ?* ». Cette proposition sous-entend que quoi qu'il arrive, Chatoune rangera sa chambre, il n'y a pas matière à discussion (pratique pour ne pas rentrer dans des négociations à rallonge). La question est juste « quand ? ». Attention, cette méthode ne marchera pas longtemps et ne fonctionnera plus quand Chatoune sera un adolescent malin.

DIALOGUEZ

Chatoune ne fait jamais les choses dans le but de vous énerver. Même si ça en donne l'impression, c'est finalement une interprétation que l'on fait du comportement de l'autre et de ses intentions. Et comme souvent quand on interprète les intentions des autres, on est à côté de la plaque.

En programmation neurolinguistique, on dit que « **chaque comportement a une intention positive.** » Alors posez-vous la question (posez-la-lui s'il est en âge de s'exprimer) : quelle est l'intention de Chatoune derrière ce comportement ? Que cherche-t-il à vous dire ? Est-il vexé ? Cherche-t-il à attirer votre attention ? A-t-il un problème à l'école ? Se sent-il mal-aimé ?

Parfois, il vous faudra entendre ce que vous ne voulez pas entendre, parfois affronter des situations plus compliquées qu'il n'y paraît (par exemple si Chatoune vous révèle du harcèlement scolaire ou plus grave), mais voyez le côté positif : vous abordez la situation sous un angle nouveau, vous instaurez ici un dialogue avec votre enfant, vous le traitez comme la personne importante qu'il est, vous avez avec lui une conversation instructive et constructive.

Chatoune saura que plutôt que renverser sa purée ou taper sa sœur, il peut vous dire : « *Papa, Maman, quelque chose ne va pas.* »

DIS, C'EST VRAI QU'IL *EZIXTE* PAS, LE PÈRE NOËL ?

Nous sommes nombreux à nous demander si nous devons faire croire à nos enfants que le Père Noël existe (il n'existe pas, vous le saviez ?).

J'ai deux mauvaises nouvelles : la première, c'est que même si vous avez décidé de ne pas raconter de mensonges à votre enfant, la société s'en chargera pour vous. La seconde, c'est que quand la société lui apprendra que ce n'était qu'un vaste mensonge, c'est vers vous que votre enfant va venir chercher la vérité. J'aimerais donc partager avec vous mon expérience personnelle.

Je n'ai personnellement jamais cru au Père Noël. Même petite. Même toute chtiote. On ne me la fait pas, à moi. Du coup, mes parents, qui n'avaient pas l'intention de me mentir sur le sujet, n'ont rien eu à faire, à part me confirmer que ma vision éclairée de la vérité était correcte.

Lorsque mon fils a été en âge de se questionner sur le phénomène, je pensais que je ne lui ferais pas croire à ce mensonge commercial. Mais aïe… l'école, les copains, le tintouin fait à l'école par les maîtresses, par les magasins, etc. avaient déjà fait des ravages dans la tête de mon Chatoune, et il y croyait dur comme fer. Moi, faible mère au grand cœur, je n'ai pas trouvé le courage de le contredire et j'ai choisi de le laisser rêver et de croire en cette (finalement) jolie fable. Mais. Arrivé en grande section, vers l'âge de 5 ans, la rumeur a commencé à courir à l'école que le Père Noël n'existait pas. Alors un soir, entre la poire et le fromage, voilà que Chatoune met le sujet sur la table.

– **Chatoune :** *Maman ? C'est vrai que le Père Noël n'existe pas ?*

– **Moi pas prête (bordel de…, je l'ai pas préparée celle-là, qu'est-ce que je fais, au secours !… moment de réflexion mais pas trop) :** *Oui, mon cœur, c'est vrai. Le Père Noël est une légende.*

— ***Chatoune (au bord des larmes) :*** *Mais pourquoi c'est pas vrai ?? Pourquoi les adultes inventent des histoires comme ça ?? C'est trop dur !!*

— ***Moi concentrée :*** *Ils l'ont inventée justement parce que c'est une jolie légende, tu ne trouves pas ? Elle fait rêver tous les enfants.*

— ***Chatoune :*** *Oui, mais alors, qui apporte tous les cadeaux que je reçois le matin de Noël ?*

– ***Moi (j'ai l'inspiration, je sens que je vais assurer) :*** *Tu vas voir, mon cœur, la vérité est encore plus belle que la légende. Les cadeaux que tu reçois, ils te sont offerts par tous les gens qui t'aiment. (Chatoune me regarde, ému, je fais une petite pause, et je cite :) Papy, Mamie, Papou, Mamou, ton parrain, ta marraine, Tata Jane, Tonton Nelson, Tonton Franck, Nicolas, Nathalie…*

— ***Chatoune est en larmes, ces preuves d'amour le touchent profondément et il me dit :*** *C'est vrai ? Tous ces gens me font des cadeaux parce qu'ils m'aiment ? T'as raison, Maman, la vérité est encore plus belle !*

Il me fait un câlin, il est aux anges.

LE POUVOIR DIVIN DES CÂLINS

Parfois, on ne sait pas quoi dire. Ou parfois, on ne sait comment dire ce qu'on ressent. Alors on peut user, et abuser d'un super outil, le plus puissant de tous les outils, en fait : LE CÂLIN.

Oyez, oyez, Mesdames et Messieurs, écoutez comme le câlin est indispensable pour les petits comme pour les grands !

- Ils sont gratuits, à la portée de tous, on peut en faire à foison.
- Ils régulent notre système nerveux et nous aident à lutter contre l'anxiété et le stress.
- Ils renforcent l'estime de soi.

- Ils produisent de l'ocytocine (pour l'énergie) et de la dopamine (pour la bonne humeur).
- Ils sont un moyen de communication très efficace.
- Ils nous permettent de combattre les mauvais moments.
- C'est doux, c'est chaud, ça fait du bien par où ça passe.
- Les effets se produisent sur les deux personnes.

Sans compter que vous, pendant le câlin, vous allez en profiter pour respirer l'odeur de Chatoune, dans son cou, là où ça sent la peau de votre bébé. Un coup de mou, et hop, ça repart !

Situation

QUESTION GÊNANTE

Vous êtes au square, sur un banc, au milieu des cris d'enfants, à attendre, attendre… que le temps passe (parce qu'il est temps de le dire : les parents qui s'épanouissent en regardant Chatoune faire du toboggan, c'est un mythe…).

Chatoune, 4 ans, vient vous voir : « Dis, comment la graine du papa arrive dans le ventre de la maman ? »

Option (A)............ *« Je t'expliquerai quand tu seras grand. »*

Option (B)............ *« C'est quoi, cette question ? Qui t'a mis cette idée en tête ? Elle est où, sa mère ? »*

Option (C)............ *« Arf, où est-ce que j'ai mis ma liste de courses ? Bon, Chatoune, t'as fini, là ? On peut y aller ? »*

Option (D)............ *« Ta question est intéressante, je vais t'expliquer. »*

Option A.

Traduction : *« Tu m'emm… avec cette question. »*

Alors, attention à la notion du *« quand tu seras grand »*. Vous êtes partis pour 10 ans de questions quotidiennes du genre « c'est quand que je serai grand ? ». Une fois, deux fois, c'est gérable. Mais tous les jours, mes pauvres, vous allez déguster…

Alors, cas particulier : si votre enfant est HP, bon courage avec cette réponse parce qu'il ne comprendra pas (du tout) que vous ne vouliez pas satisfaire sa soif de connaissances.

En général, en refusant de lui répondre avec ce prétexte de « t'es trop petit pour comprendre », il peut aussi interpréter qu'il n'est pas assez intelligent (aïe). Ou penser que vous (son modèle de vie, la prunelle de ses yeux, l'être adoré suprême) ne le considérez pas assez intelligent (aïe aïe). Ou il peut reposer sa question au premier tordu de CM2 qui passe (aïe aïe aïe).

Gardez bien en tête ceci : **votre enfant est un être intelligent.**

À partir de là, tout est possible.

Un enfant est toujours en capacité de comprendre, si tant est que les mots pour lui expliquer sont à sa portée. Aussi, pour lui expliquer comment on fait les bébés, vous pouvez déjà lui dire comment lui est arrivé dans le ventre de Maman. Inutile de parler de l'utérus, de l'ADN, de « faire l'amour », etc. (Je dis ça pour vous, parce que si chaque mot entraîne une question, vous n'êtes pas sortis de l'auberge.)

Pour mon astuce de réponse à cette question précise, rendez-vous à la fin du chapitre.

Option B.

Alors, là, double effet Kiss Cool : d'abord vous bottez en touche (si vous ne voulez pas répondre, c'est peut-être parce que cette histoire de graine est une histoire abominable !) ; et en plus, vous lui laissez entendre que la théorie du papa qui met un truc dans maman est fausse. Donc, il est persuadé d'avoir dit une énooooormité.

Il va se sentir stupide, il risque de croire que personne ne met de graine nulle part (alors qu'en plus c'est la maîtresse qui l'a dit, elle dit vraiment que des bêtises, cette maîtresse) et il va croire que les enfants sont apportés par la cigogne (mais bien sûr). Et surtout, surtout : il n'osera plus vous poser de questions ! Et là, c'est le drame. Car il va garder toutes ses questions super intéressantes pour lui, parfois il trouvera des réponses ailleurs (tantôt justes, tantôt fausses [si c'est sur Internet, bonjour les dégâts]), ou alors, catastrophe des catastrophes, s'il est rembarré à plusieurs reprises, il cessera d'être curieux.

Option C.

Bon, là, vous ne bottez pas en touche, c'est pire : vous l'ignorez. Qui me parle ? C'est vrai, quoi. Pourquoi prêter attention aux questions insignifiantes de ce petit être insignifiant ? En ignorant sa question, Chatoune entend : *« tu n'es pas intéressant ; tu ne mérites même pas que je t'écoute. »* Et imaginez Chatoune qui grandit avec ce genre de message. Au mieux, il sera un enfant timide. Au pire, ce sera un psychopathe (humour). Plus sérieusement, il peut croire toute sa vie qu'il ne vaut pas la peine d'être écouté, ou il peut adopter des comportements dangereux pour attirer l'attention sur lui.

Option D.

Oh punaise, j'en pleurerais tellement c'est beau ! En disant ça à Chatoune, vous lui dites :

> *Ta question est intelligente / tu es intelligent / ça mérite qu'on en discute / je vais prendre du temps pour toi / nous allons communiquer sur un sujet un peu plus complexe que d'habitude parce que tu grandis et que tu es en âge de comprendre plus de choses.*

Ça fait rêver…

Alors, pour celles et ceux qui pensent « mais comment on explique ça à un enfant de 4 ans ?? ». Pas de panique. Premièrement, **vous avez le droit** de dire à Chatoune : « *Ta question est très intéressante, j'aimerais trouver les bons mots pour t'expliquer correctement. Laisse-moi réfléchir quelques instants.* » Non seulement vous êtes honnête, ce qui crée une vraie relation de confiance, mais en plus vous lui apprenez à être patient. En attendant, il peut s'asseoir à côté de vous, manger son goûter, retourner jouer et revenir plus tard… à vous de voir en fonction de la situation et de la façon dont il gère l'attente.

Autre astuce : vous pouvez anticiper cette question (et plein d'autres) : je ne dis pas de l'aborder avec Chatoune avant qu'il ait demandé, mais de préparer votre réponse pour le jour où la question viendra.

Enfin, prêt·e ou pas, dites-lui la vérité, avec des mots adaptés à son âge. Les spermatozoïdes, les ovules, la fécondation, à 4 ans, on s'en fiche ! Parlez de graine si c'est le mot qu'il a employé, dites-lui que ça ne s'appelle pas vraiment une graine, et s'il a envie de savoir, soyez sûr·e qu'il vous questionnera (« *ça s'appelle comment, en vrai ?* »). Et puis si, trois jours plus tard, il vous demande où sont les astéroïdes de papa, ça vous fera une jolie histoire à raconter à la famille.

Enfin, peut-être que Chatoune vous pose une super question mais que là, présentement, vous n'êtes pas du tout dispo, je vous suggère ce genre de réponse : « *ta question est intéressante (j'y tiens, à celle-ci), mais je n'ai pas le temps de te répondre maintenant. On prendra le temps d'en discuter pendant le bain ce soir.* » Attention, évitez le « plus tard », ça ne veut rien dire ; pour ne pas frustrer l'enfant, proposez-lui un moment concret pour lui.

Cette réponse D est un véritable encouragement à la curiosité. Et là, je crie haut et fort, **encourageons la curiosité !**

Être curieux, c'est avoir envie d'apprendre. Et avoir envie d'apprendre, c'est enrichir ses connaissances. La curiosité des autres et des choses développe l'ouverture d'esprit, la sociabilité et l'intelligence de cœur.

Grâce à ça (oui, juste ça, cette petite chose toute bête d'encourager et de répondre aux questions de Chatoune), vous accroissez ses chances de réussir ses apprentissages futurs !

Alors, ça vaut le coup, ou bien ?

LE P'TIT TRUC EN PLUS

Ayez bien à l'esprit que l'enfant, lorsqu'il naît, et même après, ne sait rien sur rien. Il naît vierge de toute information. Il est donc naturel qu'il pose des questions, même saugrenues, ou dont la réponse est complètement évidente pour nous. Alors prenons garde au ton sur lequel nous répondons à ses questions. Évitons de donner l'impression à Chatoune que sa question est stupide, ou que lui-même est bien bête à nous poser cette question. S'il demande, c'est qu'il ne sait pas. À nous de lui apprendre ce qu'il veut savoir.

OYEZ, ENFANT HP

Évidemment, l'enfant HP est un hyper-curieux de nature. Il pose beaucoup de questions, a du mal à se contenter d'une seule réponse, votre réponse appelle une autre question... car tout va très vite dans sa tête, et en plus, son esprit a besoin d'être nourri. Prenez d'autant plus le temps de répondre à ses questions, même si c'est pénible parfois, même si vous n'avez pas la réponse. Vous pouvez lui dire « je ne sais pas, mais je vais me renseigner pour pouvoir te répondre ce soir », ou alors, « viens, je vais te montrer comment chercher ce genre d'informations ».

5

L'AUTORITÉ JUSTE *et bien placée*

LE TON, PAS LE VOLUME

Commençons par définir les deux termes.

Ton : c'est l'intention qui se cache dans la voix : le ton peut être posé, calme, doucereux, ferme, à l'inverse énergique, vindicatif, agressif, excité…

Volume : comme indiqué sur votre chaîne-hifi (si vous en avez encore une) ou sur votre téléphone portable : c'est l'amplitude sonore. Tout comme pour la musique, le volume de votre voix peut être faible, fort, assourdissant…

Quand on est en colère, vous l'avez remarqué, le volume de notre voix augmente sensiblement. Certains d'entre nous peuvent prendre une octave sur le ton (crier rend la voix plus aiguë), et en termes de décibels, on peut exploser les compteurs. Lorsqu'on veut faire passer un message, et que ça ne fonctionne pas alors qu'on y a mis tout son cœur, c'est souvent parce qu'on n'a mis ni le bon ton, ni le bon volume. Chuchoter ou à l'inverse hurler n'a jamais contribué à passer des messages. La tessiture de votre voix peut aussi contribuer à saper votre message : criez avec votre voix de soprano, et vous serez au mieux ridicule. Criez avec votre voix de ténor, et vous aurez terrorisé votre enfant. Dans les deux cas, c'est plutôt contre-productif.

Alors que si on a le bon ton, et que notre attitude est cohérente avec ce qu'on exprime, notre intention est compréhensible, et on peut faire passer le message.

Donc, conviction + ton = transmission.

Attention, je ne dis pas que vous ne devez pas exprimer votre colère. Si Chatoune a fait une grosse bêtise, qu'il s'est mis en danger ou a mis en danger autrui, vous ne devez pas lui expliquer calmement que ce qu'il a fait est mal, comme si vous lisiez une recette de cuisine. Vous avez le droit d'être en colère, et vous avez le droit de l'exprimer. Reste à savoir quelle est la bonne manière. Et hurler ou crier fort dans les aigus ou avec une grosse voix n'en est pas une. ***Soyez ferme. Intraitable.*** Ce que vous dites est juste et sans appel : « *je ne peux pas accepter ce comportement, c'est intolérable.* » Souvenez-vous de la congruence. La bonne recette pour être ferme et bienveillant :

- penser sincèrement ce que vous dites quand vous exprimez que ce comportement est inacceptable ;
- se rappeler que Chatoune est dans l'apprentissage de la vie, et qu'il fait des expériences ;
- ne pas écarter la possibilité qu'il essaie peut-être à sa manière de vous dire quelque chose.

Je vous rappelle que vous êtes l'adulte, vous êtes le parent, vous savez ce qui est bon pour votre enfant, et vous êtes convaincu·e de votre légitimité à exercer votre autorité juste et bienveillante.

Prenons un exemple concret. Vous êtes en colère car vous venez de comprendre que Chatoune vous a raconté un gros mensonge. Vous avez une excellente raison d'être en colère, vous ne pouvez pas laisser passer ça. Toutefois, vous savez que Chatoune est en plein apprentissage, et que votre rôle est de continuer à lui expliquer et lui transmettre les règles de vie que vous avez fixées. Encore. Et encore. Précisons que si vous aviez déjà expliqué à Chatoune qu'il ne fallait pas mentir, il sait, dans un coin de sa tête, que son mensonge va avoir des conséquences.

Le dialogue qui va suivre est un exemple de discussion que vous pouvez avoir avec votre enfant s'il s'est mal comporté. C'est un dialogue :

- sans violence, ni verbale ni physique ;
- dans le calme ;
- autour d'une table ou sur le canapé ;
- en terrain neutre (ni dans sa chambre ni dans la vôtre).

Veillez à votre ton : ne pensez pas que votre enfant vous en voudra de faire cette mise au point, alors inutile de prendre des gants de-soie-de-satin-de-pilou, car alors votre ton ne sera pas correct : il ne doit pas être doucereux, mielleux, du style

« oh, mon Chatoune, doudougnangnan que j'aime pour la vie. » C'est NON. Vous n'êtes pas content·e, vous devez user d'un ton ferme et sans équivoque.

Veillez à votre volume : vous pouvez, si vous en êtes capable à ce moment-là, parlez au niveau sonore habituel. Vous pouvez aussi monter un peu, mais légèrement pour ne pas l'effrayer.

— **Vous** : *Je ne suis pas content·e. Je t'aime de tout mon cœur, tu le sais, et ça ne changera jamais. Mais je n'aime pas du tout ce qui s'est passé. Je te connais et je vois bien que tu n'es pas fier·e de toi.* (Là, Chatoune fait profil bas. Laissez planer un instant, à la fois pour que votre message rentre bien dans sa tête, et aussi pour vous permettre éventuellement d'adapter votre ton. Inspirez, soufflez). *Je sais aussi que tu as besoin de faire tes expériences pour apprendre, alors dis-moi : qu'as-tu appris de ce que tu as fait ?* (L'enfant ne sait pas pourquoi il a fait ça, inutile de lui demander. Chatoune peut ne pas encore avoir réfléchi à la question de la leçon à tirer ; invitez-le alors gentiment à aller dans sa chambre pour réfléchir à son attitude et à ses conséquences et revenir vous voir quand il aura trouvé la réponse).

— **Chatoune** : *J'ai compris qu'il ne faut pas mentir.*

— **Vous** : *Effectivement. Et pour quelles raisons est-ce qu'il ne faut pas mentir ?*

— **Chatoune** : *Parce que sinon tu es fâché·e.*

— **Vous** : *C'est vrai. Et tu n'aimes pas ça, que je sois fâché·e ?*

– **Chatoune** : *Non.*

— **Vous** : *D'accord. Et qu'as-tu appris d'autre ?* (Il est essentiel que l'enfant identifie des contraintes engendrées par son comportement.)

— **Chatoune** : *Que si je mens, tu n'as plus confiance en moi, et les autres non plus. Et je ne veux pas que les autres ne me parlent plus.*

— ***Vous*** : *Je comprends, moi c'est pareil. Alors que dois-tu faire pour que je ne sois pas fâché·e et que les autres continuent à avoir confiance en toi et te parlent ?*

— ***Chatoune*** : *Je ne dois pas mentir.*

— ***Vous*** : *Bravo, je suis fier·e de toi, tu fais preuve de beaucoup d'intelligence à réfléchir ainsi aux conséquences de tes actes.*

Alors, là, félicitations, vous êtes un super parent, et vous pouvez aussi être fier·e de vous.

En ce qui concerne le volume, posez-vous la question : lorsque vous criez, vos voisins vous entendent-ils ? Si oui, lesquels ? Ceux qui sont les plus proches ou ceux qui sont trois étages en dessous ? Bien sûr, si on vous entend sur trois étages, c'est que vous criez trop fort. Imaginez ce que ça peut faire sur les tympans tout neufs de votre progéniture.

Si seuls les voisins proches vous entendent, j'ai une mauvaise nouvelle : c'est que vous criez trop fort aussi. Je ne dis pas qu'il n'y a pas de raison de crier. Parfois, Chatoune a dépassé les bornes. Tondre le chat, non. Redécorer le mur de l'entrée fraîchement repeint, non. Vider les rouleaux de papier toilette dans le salon, non plus. Mais est-ce que Chatoune n'essaierait pas, par hasard, d'attirer votre attention (on le verra plus tard) ? Alors ne réagissez pas sur le coup. Dites à Chatoune que vous allez revenir le voir pour discuter de ses actes. Mais d'abord respirez. Sortez de la maison quelques minutes, extériorisez la colère avec les conseils qui suivent. Vous serez calmé·e avant d'entamer une discussion avec Chatoune sur les choses à faire et celles à ne jamais faire.

Souvenez-vous : crier ne sert à rien d'autre qu'à vous défouler. Mais vos messages ne passent pas sous cette forme. Chatoune n'apprendra rien de votre colère, à part que ça vous transforme en monstre effrayant, et que ça vous fait plus de rides, là, dans le coin.

Situation

L'INVERSE DE CRIER

À la maison, il est interdit de manger des bonbons sans avoir demandé la permission. Seulement, Chatoune est filou, et dès que vous avez le dos tourné, il va vers le placard et enfourne un max de bonbecs dans sa bouche. Vous avez rouspété, vous avez expliqué pour la énième fois, argumenté, etc. mais vous l'avez constaté, crier comme un·e dératé·e quand Chatoune vous a désobéi, cela n'a pas d'effet déclencheur de changement.

Alors, je vous propose une expérience bizarre : et si vous essayiez l'inverse ?

Oui, je sais, c'est bizarre.

L'inverse de crier, ce serait quoi ?

Option (A)............. Vous ne faites rien, vous quittez la pièce

Option (B)............. Vous parlez gentiment à votre enfant en lui expliquant calmement que ce qu'il a fait est mal.

Option (C)............. Vous lui donnez une correction (la fameuse torgnole).

Option (D)............. Vous lui dites : *« OK, fais comme tu veux, tiens, prends tout le paquet et mange touuuuuuuut ce qui te fait plaisir. De mon côté, je vais vérifier si on a assez de papier toilette pour quand tu seras très malade tout à l'heure. »*

Option A.

Ou « Courage, fuyons ! ». Évidemment, puisque vous êtes un·e pro de l'autorité sans colère, convaincu·e de savoir ce qui est bon pour votre enfant, et bien assis·e dans votre rôle d'autorité bienveillante, vous n'agissez pas comme ça. Évidemment.

Option B.

Oui, vous pouvez commencer comme ça. Seulement, dans cette situation précise, vous avez déjà tenté plein d'autres trucs. Vous êtes à court d'arguments et ne savez plus quoi faire. Rappelons que si vous avez crié, votre enfant ne vous écoute plus. Et rappelons que la menace (si ceci, alors cela) est inefficace et contre-productive. On peut dire que vous jouez votre va-tout. Parler, encore et encore, a de faibles chances de marcher, en tout cas sur le long terme.

Option C.

Bon, là, non, je ne développe même pas.

Option D.

Trèèèèès bien. La solution inverse est bien celle-ci. En choisissant de dire ça à Chatoune, vous acceptez (ironiquement) qu'il ne peut pas changer de comportement, et vous lui dites que vous allez arrêter de vous inquiéter pour son hygiène bucco-dentaire et son estomac. Il peut bien manger autant de bonbons qu'il souhaite ! Qu'il se fasse plaisir ! En revanche, vous insinuez insidieusement (petit·e malin·e !) qu'il risque de passer un sale moment aux toilettes avec les douleurs qui vont avec. Il peut vous demander ce que vous entendez par là : « *Eh bien, ça va commencer par des douleurs atroces dans le bas du ventre, puis plus haut. Et puis après tu vas faire caca mou aux toilettes, peut-être même que ça va piquer ou brûler tes fesses. C'est ce qui arrive quand notre corps n'aime pas ce qu'on a mangé.* » Il se peut que malgré le tableau peu ragoûtant que vous avez dressé, par défi, il mange quand même les bonbons à s'en faire péter le bide. Et c'est tant mieux ! Souvenez-vous, il a besoin d'expérimenter pour apprendre. Mais il le fera une fois, pas deux.

➔ OYEZ, ENFANT HP

Une des particularités des êtres à haut potentiel est l'hyperesthésie. Kezaco ? Il s'agit d'un « extra-développement » des sens. Non seulement ils entendent mieux ou voient mieux que la moyenne, mais ils sont aussi bôôôôôcoup plus sensibles à ce qu'ils entendent, ce qu'ils goûtent, sentent ou voient. Toutes leurs perceptions et les sensations qui en découlent sont décuplées par rapport à la plupart des gens.

Par exemple, un HP peut se sentir littéralement euphorique de sentir une odeur qu'il adore (une odeur d'herbe fraîchement coupée par exemple et il a envie de faire des roulades), ou il peut changer d'humeur brutalement à la simple écoute d'une musique qu'il déteste (et devenir subitement très irritable). Dans le cas d'un parent qui hurle sur son enfant HP, l'enfant ressent mille fois plus la colère exprimée, il la prend de plein fouet et la ressent au plus profond de lui. Toute votre colère fait écho dans ses oreilles et dans son corps. Ainsi, il est encore plus important pour l'enfant que l'adulte arrive à contrôler son humeur. De la même manière, puisqu'il est sensible à l'intention qui est la vôtre, il sera d'autant plus réceptif, grâce à sa spécificité, à la teneur de votre message et à ce que vous attendez de lui. Face à un enfant HP, énoncez les choses sans hausser le ton, expliquez-lui le pourquoi du comment (il a besoin de choses rationnelles et factuelles), soyez clair·e et précis·e dans vos consignes. Son cerveau se chargera d'assembler et d'assimiler le tout.

➕ LE P'TIT TRUC EN PLUS

Plus vous criez, souvent, fort, pour de mauvaises raisons, plus vous jouez contre vous-même. Vous n'êtes plus crédible, vous vous desservez tout·e seul·e. Personne n'écoute quelqu'un qui crie tout le temps.

Apprenez à relativiser. Est-ce que c'est grave ? Est-ce que c'est vraiment important ? Haussez le ton seulement quand ça en vaut la peine : quand la sécurité est en jeu, par exemple.

ENCORE UN P'TIT TRUC EN PLUS

Pour exprimer une intention, on peut avoir plusieurs comportements. Par exemple, pour se détendre, on peut respirer profondément, on peut manger du chocolat, ou encore on peut faire du sport, etc. Lorsque vous exprimez votre colère en criant, demandez-vous :

- *Quelle est la bonne intention cachée derrière cette colère ? (Ça peut être la sécurité de votre enfant, le respect de vos valeurs, une peur de mal faire...)*
- *Quel(s) comportement(s) différent(s) pouvez-vous mettre en place pour nourrir cette bonne intention ?*

***Astuce** : un coach certifié Praticien en PNL a minima peut vous aider dans la compréhension de vos réactions et dans la mise en place de nouveaux comportements.*

LA GESTION DE VOTRE COLÈRE, D'ABORD

Cette gestion est essentielle. Trop souvent, les enfants paient le tribut d'une journée pourrie au boulot, de tensions qui s'accumulent, de problèmes de couple ou bien financiers. Trop souvent, ils paient pour des problèmes qui ne sont pas les leurs et dont ils ne sont pas responsables.

Si vous ne pouvez pas laisser vos émotions sur le paillasson en rentrant à la maison, trouvez un exutoire. Cela peut être une activité sportive, du chant, une activité artistique qui vous permet de vous exprimer, cela peut être aussi prendre un temps avant de rentrer (quelques minutes au détour de la rue pour souffler, vider votre tête et vous connecter à votre vie familiale).

Si votre colère vient véritablement de votre foyer, raison de plus pour vous vider la tête avant de rentrer. Si vous arrivez chez vous la boule au ventre, il est inévitable que ça se passe mal.

Même si on ne vous a pas appris à gérer votre colère, ou votre tristesse, votre frustration, etc., il n'est jamais trop tard. Vous savez que votre état émotionnel peut avoir de grandes répercussions sur votre vie, dans tous les domaines. Alors, ***prenez soin de vos émotions.***

Si vous n'avez pas le temps d'avoir une activité sportive ou autre parce que votre emploi du temps est déjà surchargé, il existe des moyens simples, gratuits et à votre portée pour décharger la tension qui vous habite :

- ***Isolez-vous*** (fermez la porte de votre chambre) et pendant quelques minutes, frappez dans les coussins ! Frappez bien sûr quelque chose de mou, l'idée n'est pas de vous compliquer la vie avec un poignet cassé. Frappez le coussin, il ne vous en voudra pas, et ça vous soulagera !
- ***Une astuce supplémentaire :*** si votre colère est dirigée vers quelqu'un, imprimez la photo de celui qui vous embête et plaquez-la sur le coussin.
- La méthode marche aussi avec ***des fléchettes*** : imprimez le visage de celui qui vous contrarie et affichez-le sur la cible.
- Si vous le pouvez (plus simple à faire si vous habitez à la campagne) : ***criez*** ! dans votre voiture sur le bas-côté, devant un champ vide, devant la mer la nuit, et hurlez ! Sortez cette colère qui vous pourrit les tripes ! Dehors !

- ***Écrivez.*** Prenez des feuilles volantes. La version carnet intime peut fonctionner si c'est pour raconter vos déboires ou vos joies ; mais le cahier ne fonctionne pas si c'est pour vous défouler. L'idée est d'écrire ce que vous avez envie de dire à telle personne qui vous enquiquine, puis de vous en débarrasser (d'où les feuilles volantes). Lâchez-vous, le papier n'a pas mal ! Écrivez-lui tout ce qui vous passe par la tête, les pires mots, on s'en fiche, l'objectif est que la colère sorte de vous. Lorsque vous aurez fini, débarrassez-vous des feuilles. Ne les mettez surtout pas dans une enveloppe à l'attention de l'objet de vos tourments ! Ce qui y est écrit vous appartient et si l'autre les lisait, la situation pourrait empirer. Donc, vous les déchirez allègrement et vous les jetez aux ordures, les brûlez (attention aux règles de sécurité), les enfouissez dans la terre, ou encore vous les froissez violemment en de mini-boules riquiqui. Vous ne mâchez pas le papier pour l'ingurgiter, évidemment, sinon ça reviendrait à ravaler votre colère. Vous ne relisez pas ! Sinon, vous allez vous replonger dans le même état qu'au début. Et vous ne gardez pas non plus. Maintenant que c'est sorti, on n'en veut plus !
- ***Faites des mandalas.*** Non, je n'ai rien fumé, je vous assure que ça marche. Le mandala a une double vertu. D'abord il apaise car il oblige à une concentration. Attentif à votre tâche de respecter les traits du dessin, vous ne conscientisez pas ce que vous faites, en gros vous arrêtez de penser. Ensuite, vous exprimez une émotion à travers le choix des couleurs. En effet, votre cerveau sait de quoi il a besoin. Si vous êtes en colère, soit il choisira de colorier en rouge (noir, violet, rose ou toute couleur chaude et vive), ce qui lui permettra d'exprimer le trop-plein de colère qui l'étouffe, soit il choisira de colorier en bleu (vert, ou toute couleur froide et pastel), pour apaiser cette colère.

LA VIOLENCE, C'EST TABOU, ON EN VIENDRA TOUS À BOUT

Il existe plusieurs formes de violence :

- *la violence verbale ;*
- *la violence psychologique ;*
- *la violence physique.*

LA VIOLENCE VERBALE est la plus banalisée dans notre société.

C'est étonnant de voir à quel point bon nombre de personnes ont du mal à reconnaître que les mots peuvent être de véritables bombes. On en parle depuis quelque temps sur le thème du harcèlement scolaire, qui commence toujours par des moqueries, des sobriquets, des remarques blessantes. Tout ceci est à rapprocher du « tu qui tue », mais pas seulement. On oublie tout ce qui est du registre de l'insulte et de la vulgarité.

Quand on dit à un enfant « *dégage, tu me déranges* », c'est très violent ! Il existe d'autres moyens de dire à un enfant, et même à un adulte, de partir. « *Laisse-moi* » produit le même résultat (la personne s'en va), mais n'a pas la même résonance sur la personne qui l'a entendu. « Dégage » traduit un rejet, par conséquent la personne qui l'entend entend aussi que vous la rejetez. Parfois, ça peut être voulu, si on souhaite blesser l'autre. Mais c'est justement parce que c'est blessant qu'on ne doit pas, en tant que parent, s'adresser de cette manière à un enfant. Cela le met dans une profonde insécurité, et met copieusement à mal son estime de soi.

D'autres phrases violentes dont on n'a pas forcément conscience de l'impact :

- *Tu me fais honte.*
- *J'en ai marre de toi.*
- *Ferme-la (voire : ta g…).*
- *Arrête ou je t'en fous une (qu'on passe à l'acte ou pas).*

- *Vivement que tu te casses de la maison !*
- *Etc.*

C'est irrespectueux de parler ainsi. Pour celles et ceux qui s'adressent ainsi à leurs enfants, peut-être existe-t-il des circonstances atténuantes, il est probable qu'on leur a parlé de cette manière lorsqu'ils étaient enfants eux-mêmes. Mais en ont-ils tiré un quelconque bénéfice ? N'ont-ils pas envie d'autre chose pour leurs propres enfants ?

Les mots font mal, très mal. Les blessures qu'infligent les mots sont bien plus profondes que les autres blessures. Il est difficile de les soigner car on ne les voit pas, elles sont cachées, et se manifestent parfois dans les pires moments ou des années plus tard. En tout cas, elles nous conditionnent à vie si on ne travaille pas dessus. Et il nous faut souvent un temps fou pour arriver à en guérir.

LA VIOLENCE PSYCHOLOGIQUE est une guerre longue et pénible.

Si enfant, vous avez été en proie à un ou plusieurs manipulateurs (pervers narcissique, personne profitant de son statut d'autorité pour vous écraser…), vous savez de quelles atrocités ces individus sont capables. Manipuler un enfant au point qu'il croie n'être qu'un moins que rien, qu'il soit persuadé de ne rien savoir faire, ne rien valoir, n'avoir aucune importance sur Terre, revient à le tuer à petit feu. C'est par le biais de piques quotidiennes, de mauvais traitements, de divers abus de pouvoir, que l'enfant subit cette violence insidieuse. Souvent, l'entourage ne remarque rien. Ce type de violence, qui vient du plus proche entourage, ne peut être écarté qu'une fois l'enfant devenu grand, lorsqu'une indépendance financière lui permet de quitter le foyer toxique. S'il arrive jusque-là.

LA VIOLENCE PHYSIQUE (attention, chapitre moralisateur)

Rappelons qu'il est interdit en France de frapper un individu adulte, qu'il ait 30 ans ou 70, et qu'il est également interdit de maltraiter un animal.

LE P'TIT TRUC EN PLUS

Partons de ce principe simple et idéalement universel :

ON NE FRAPPE PAS. PERSONNE.

En revanche, la France, alors même qu'elle est le pays des droits de l'Homme et qu'elle a joué une part active dans la rédaction de la Déclaration des droits de l'enfant en 1979, n'est que le 56e pays à enfin adopter l'interdiction de la VEO (violence éducative ordinaire, soit les claques, les coups, les fessées…). Pas de quoi fanfaronner, cette adoption date de juillet 2019, et la loi n'a pas encore terminé son long parcours législatif à l'heure de la rédaction de cet ouvrage.

Quelques chiffres :

- 87 % des parents français disent pratiquer la VEO.
- 25 % d'entre eux donnent des gifles.
- 10 % utilisent un martinet.
- 50 % des enfants violentés le sont avant l'âge de 2 ans.
- 700 enfants meurent chaque année sous les coups de leurs parents.

La violence met l'enfant dans une très grande insécurité physique et affective, provoque des troubles du comportement, banalise la violence ayant pour effet que l'enfant utilise la violence à son tour, sans compter que cela fait mal.

Des études réalisées dans les pays nordiques (bien plus en avance que la France sur le sujet) ont démontré que l'interdiction de la VEO a un effet de réduction de la violence en général, par rapport aux pays où le droit de correction envers les enfants est en vigueur. On constate aussi une nette diminution de la consommation d'alcool et de drogue chez ces enfants devenus grands.

Un enfant peut être éduqué sans violence, devenir un adulte construit et inséré dans la société sans avoir subi de sévices pour modèle éducatif.

J'entends souvent des parents répondre « *et alors ? Moi j'en ai eu, des fessées, et je n'en suis pas mort·e.* » Eh bien, ils ont eu de la chance. Certes, on ne meurt pas d'une fessée, mais de trop nombreux enfants meurent chaque année sous les coups de leurs parents maltraitants.

Je m'adresse aux parents qui commettent de la VEO : à votre avis, pourquoi donnez-vous la fessée à vos enfants ?

- Parce que vous-même en avez reçues, alors vous reproduisez un schéma en pensant que c'est le bon ?
- Avez-vous reçu tellement de fessées que vous trouvez ça « normal » ?
- Est-ce que vous ne mesurez pas l'impact que ça a eu sur vous à l'époque ? Souvenez-vous de la toute première fois que vous avez été frappé·e, qu'avez-vous ressenti au fond de votre cœur d'enfant ?
- Ou alors peut-être pensez-vous que c'est le seul moyen pour que votre enfant comprenne ?

Que l'on frappe un enfant parce que c'est un modèle qu'on a soi-même subi, que l'on frappe un enfant parce qu'on croit qu'il ne comprend que ça, que l'on frappe un enfant parce qu'on a besoin de se défouler…, il existe d'autres moyens de l'éduquer.

LE GROS TRUC EN PLUS

On utilise la force pour protéger, pas pour punir.

Situation

L'ENFANT TYRAN

Vous avez préparé des saucisses-purée, c'est rapide à faire et Chatoune adore ça. Seulement voilà, ce midi, il est ronchon, il sent que vous êtes pressé·e ou préoccupé·e, alors il déclare haut et fort qu'il n'en veut pas et repousse l'assiette en hurlant assez fort (voire, il jette l'assiette par terre).

Option (A)............ Vous lui mettez une bonne torgnole, il va apprendre à ne pas gâcher la nourriture.

Option (B)............ Vous lui dites « *pas de problème, Chatoune, qu'est-ce que tu préfères que je te prépare ?* ».

Option (C)............ Vous lui dites « *tant pis pour toi, vu qu'il n'y a que ça à manger, tu vas rester le ventre vide.* »

Option (D)............ Vous lui dites « *mais si, mange, Chatoune, s'il te plaît. Il faut que tu manges / fais-moi plaisir / tu vas voir, c'est très bon / tu adores ça, d'habitude / si tu ne manges pas, tu vas maigrir / il faut manger pour grandir / tu seras trop fatigué pour jouer / tu vas mouriiiiiiir…* ».

OPTION A.

Nous avons vu les ravages de la violence physique sur l'enfant, je ne reviens pas dessus. Mais j'ajoute que frapper un enfant parce qu'il refuse de faire quelque chose peut l'amener à croire que dans la vie, pour être tranquille, il vaut mieux faire ce qu'on n'a PAS envie de faire. Et souvenez-vous de l'influence de nos croyances sur nos choix de vie.

OPTION B.

On rejoint le chapitre sur l'enfant qui décide de ce qu'il va manger, mais en pire. Rappelons qu'il a jeté l'assiette par terre. Vous avez passé du temps à lui préparer quelque chose qu'il aime, il l'a jeté, et vous faites le dos rond en lui demandant ce qu'il veut à la place. En somme, vous dites « *fais de moi ce que tu veux, je suis ta chose, réclame et je t'obéirai.* » En aucun cas, vous n'êtes soumis·e à votre enfant. Personne n'a le droit de vous traiter de la sorte. Vous méritez le respect, vous méritez qu'on respecte votre travail, et vous ne devez pas tolérer ce genre d'attitude. En laissant Chatoune vous traiter ainsi, c'est à vous-même que vous manquez de respect. Alors, redressez-vous, et soyez fier·e de vos magnifiques saucisses-purée.

OPTION C.

Vous avez préparé le repas, c'est ça ou rien. Il n'en veut pas ? Tant pis, il n'aura pas beaucoup d'énergie pour jouer avec les copains, il n'aura pas le droit de se rattraper sur les bonbons, il devra attendre le repas suivant, etc. C'est son choix. Peut-être même que s'il expérimente un après-midi sans avoir rien dans le ventre, il comprendra tout seul qu'il a meilleur intérêt à manger.

Option D.

Un enfant ne se laisse jamais mourir de faim, vous l'avez peut-être déjà entendu. En tant que parent, on est inquiet de la santé de notre enfant : on veut le voir grandir, devenir intelligent, réussir sa vie. Et pour tout ça, il faut qu'il dorme, et qu'il mange. Mais soyons pragmatiques : s'il ne mange pas son assiette là, maintenant, cela n'aura aucune incidence sur son baccalauréat. On met souvent trop d'enjeu dans le repas des enfants. Prenez du recul. Rappelons qu'il a jeté l'assiette par terre ! Vous n'allez pas en plus lui filer 100 balles et un Mars ? Ne rentrez pas dans son jeu. Il vous teste, vous et vos limites. En essayant de le convaincre, il comprend que c'est une corde sensible chez vous sur laquelle il peut jouer pour obtenir ce qu'il veut. Et il saura en jouer, faites-lui confiance !

Dans tous les cas. Si Chatoune a jeté de la nourriture par terre ou ailleurs, c'est à lui de ramasser et de nettoyer ! Même s'il le fait mal, ce n'est pas grave, vous repasserez derrière en douce, mais qu'il le fasse ! Il doit apprendre la responsabilité de ses actes. Si on salit, on nettoie, c'est comme ça. Vous n'êtes pas en plus, technicien·ne de surface pour Chatoune en colère.

Alerte si la situation perdure ! On dit que l'enfant mange les émotions de celui qui lui donne à manger. Si Chatoune, tout petit (jusqu'à ce qu'il sache manger tout seul), refuse les cuillerées que vous lui tendez, interrogez-vous : que ressentez-vous à ce moment-là ? Si vous êtes particulièrement stressé·e, que vous vivez une épreuve difficile et êtes malmené·e par la vie, alors même sans le vouloir et avec tous les efforts du monde pour le cacher, sachez que Chatoune le ressent. En refusant alors de manger ce que vous lui tendez, il refuse aussi votre émotion. Il cherche à se protéger. Dans ces périodes, si vous en avez la possibilité, confiez cette tâche à quelqu'un d'autre.

6

JE RÉUSSIS *ou j'apprends*

ET SI ON S'AUTORISAIT À SE TROMPER ?

Soyons précis. Quand, en tant que parent, je me dis que j'ai mal réagi, cela peut être pour deux raisons :

- *soit je n'ai pas obtenu le résultat que je voulais et je m'interroge sur la bonne mise en œuvre de ma pratique ;*
- *soit je ne suis pas fier·e de la façon dont j'ai géré la situation qui s'est présentée à moi à un instant T.*

Prenons des exemples.

1ER EXEMPLE

Chatoune a bousculé un camarade au square. Je l'ai vu faire, alors je me suis précipité·e et je lui ai demandé de s'excuser. Mais il a catégoriquement refusé. Je l'ai même menacé de quitter le square s'il ne s'excusait pas, mais il a persisté dans son mutisme. Cela dit, je n'ai pas eu le cœur de le priver de toboggan, alors j'ai laissé filer pour cette fois et on est restés au square.

Quelles sont les choses à améliorer dans ce cas ? Nous n'avons pas d'indication sur le ton employé par le parent, ni sur sa posture, ni sur les mots utilisés, mais gageons que les conditions étaient réunies pour que Chatoune comprenne que son geste n'était pas correct, et qu'on attendait de lui qu'il fasse preuve d'empathie et s'excuse. Mais alors, on n'a pas pris en compte l'état d'esprit de Chatoune. Pourquoi a-t-il bousculé cet autre enfant ? Que s'est-il passé avant ? Non qu'il existe une bonne raison de bousculer quelqu'un, mais le comportement de l'enfant peut être une réaction, et non une violence latente chez l'enfant qui s'exprime parce qu'il serait un être méchant. Il n'y a pas toujours de schéma simpliste bourreau-victime. Quant au re-

fus d'obtempérer à votre demande d'excuse, il peut s'expliquer s'il estime que l'autre a mérité (par ce qu'il avait fait avant), selon lui, d'être bousculé. En tout cas, il ne vous désobéit pas pour vous enquiquiner. Si toutefois il vous arrive de le dire ou de le penser, bannissez les phrases du genre : *« il fait exprès pour me mettre en colère », « dès qu'il trouve un moyen de me contrarier, il le fait »*, etc. Si ce genre d'idées est votre intime conviction, je vous invite à vous interroger sur ce qui, dans votre relation, a pu faire que vous en êtes arrivés là. Et s'il cherche véritablement à vous provoquer et appuie là où ça fait mal, qu'essaie-t-il de vous dire ?

Dans ce cas précis, ce sentiment d'avoir mal géré la situation vient du fait que vous avez énoncé une règle (tu t'excuses ou on s'en va), mais que vous ne l'avez pas tenue (Chatoune ne s'est pas excusé et vous êtes restés). Il vaut mieux éviter d'énoncer une conséquence et ne pas l'appliquer, car vous vous pénalisez vous-même. Cela étant, on a le droit de ne pas être toujours au taquet. Attention simplement à ne pas en faire une généralité, et à ne jamais appliquer les règles que vous fixez.

Le jour (le seul) où vous ne ferez pas ce que vous aviez dit que vous feriez (vous me suivez ?), vous pouvez dire à Chatoune : *« j'avais dit qu'on quitterait le square si tu ne t'excusais pas. Nous sommes quand même restés, mais c'était exceptionnel. Une fois rentrés à la maison, nous aurons une discussion sur ton comportement. Et crois bien que la prochaine fois, ça ne se passera pas de la même manière. »*

Lorsque je dis que vous vous pénalisez vous-même, c'est parce que si, systématiquement, vous ne mettez pas les règles à exécution, vous perdez toute crédibilité, et par là, toute autorité. Et vous aurez beau vous fâcher tout rouge, Chatoune sachant que vous ne faites jamais ce que vous dites, il n'en aura cure ! Il serait faux alors de dire que votre enfant est désobéissant. Car en fait, ce serait vous qui lui aurez envoyé un message : *« quand je préviens d'une possible conséquence, finalement je laisse toujours couler. »* Donc Chatoune peut bien faire comme il l'entend, sans danger, et avec votre accord (en fait).

2E EXEMPLE

Vous êtes hyper vénère. À cause d'un malotru qui vous a fait une queue de poisson / parce que vous avez perdu une heure de votre temps dans les bouchons / ce bouffon de collègue vous a fait une crasse au bureau / votre bachibouzouk de patron n'a rien à faire au poste qu'il occupe / le frigo est vide… Bref, vous avez 1 000 raisons d'être dans l'état dans lequel vous êtes.

Et là, Chatoune, super excité·e (vous avez remarqué, parfois, cette synchronisation d'état interne entre eux et nous ?), court tout autour de la table basse et bien sûr, évidemment, c'est sur vous que ça tombe, il renverse le jus d'orange qui était au bord.

Et là, patatras, la goutte d'eau, le ras-le-bol, le pétage de plomb, vous nous faites une belle petite compil de « Tu qui tue » : « *mais c'est pas possible, tu peux pas faire attention au moins une fois dans ta vie ? Tu peux pas regarder autour de toi et réfléchir ? Tu crois que j'ai que ça à faire, ramasser tes saletés ? Tu vois pas que je suis crevé·e et que j'en ai MAAARRRE ?!! J'vais t'foutre en pension, comme ça je serai tranquille !!!* ».

Bon, c'est l'escalade. À ce stade, Chatoune boude ou pleure, vous l'envoyez dans sa chambre et vous nettoyez en râlant. Vous la visualisez, cette scène ?

Un peu plus tard, peut-être sous la douche, pendant le film du soir, le lendemain au réveil, vous vous rendez compte que votre réaction était disproportionnée.

Mince.

Vous avez le choix :

- laisser glisser. Chatoune aura oublié, on ne va pas en faire tout un fromage, après tout vous avez bien le droit de lui crier dessus quand il fait une bêtise. Et puis vous aussi, on vous a crié dessus quand vous étiez plus jeune, vous n'en êtes pas mort·e ;

- à bien y réfléchir, ce n'était pas une bêtise. Chatoune n'a pas fait exprès, c'était une maladresse. Vous lui avez crié dessus parce que vous étiez en colère, mais plus après Michel / Pierre / Paul qu'après Chatoune. Finalement, vous n'avez pas été juste.

Et lorsqu'on a été injuste avec quelqu'un, ou qu'on a mal agi, que fait-on ? On s'excuse (vous l'aviez, la réponse).

Étonnamment, c'est quelque chose qu'on fait rarement avec les enfants. Et pourtant, pourquoi ne méritent-ils pas le même comportement de notre part que les adultes ? Peut-être parce que l'on pense qu'en s'excusant :

- on se rabaisse ;
- on sape nous-même notre autorité ;
- on fait preuve de faiblesse ;
- on avoue une erreur ;
- on met à mal notre fierté.

Et ce n'est pas faux de penser ça. Cela étant, on doit aussi regarder du côté des bénéfices de cette attitude :

- on rétablit la justice ;
- on fait preuve d'intelligence en distinguant la bêtise intentionnelle et provocatrice de la maladresse ;
- on enseigne, par notre exemple, l'humilité ;
- on enseigne à réfléchir aux conséquences de ses actes ;
- on enseigne qu'on a le droit de se tromper dans la vie ;
- on enseigne qu'on peut toujours rectifier les choses, même plus tard ;
- on rétablit un climat de confiance et de respect.

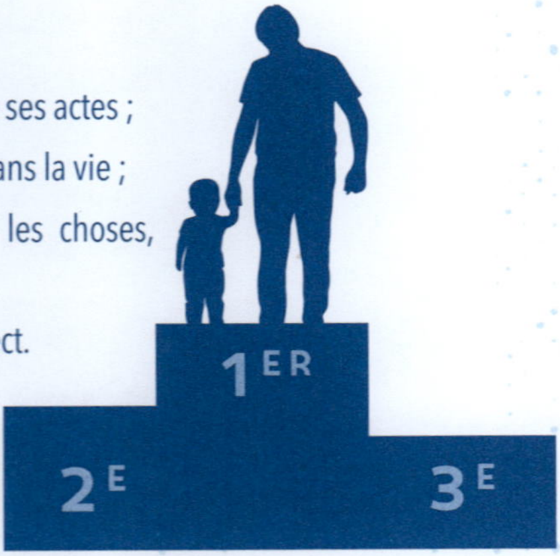

En France, on a un vrai problème avec l'échec. Si on a raté quelque chose (un examen, un entretien d'embauche, si on a été viré·e, si on a dû fermer son auto-entreprise…), c'est qu'on n'avait pas les épaules, qu'on n'était pas à la hauteur, qu'on est nuuuuul·le, et qu'on ferait mieux de changer de voie. C'est le modèle de notre société française. Ailleurs, aux États-Unis en particulier, on valorise l'échec ! Vous avez fait couler votre boîte, les banques vous ouvrent leurs bras ! Car si vous avez échoué, alors vous avez acquis une expérience, et vous avez tiré des leçons de vos erreurs pour ne pas les reproduire. On appelle cela la résilience. Vous êtes devenu·e un vieux briscard et on vous fera plus confiance qu'au jeune premier qui ne sait pas encore quelles sont les erreurs à commettre pour se casser la figure.

En programmation neurolinguistique (PNL), on dit que c'est en faisant des erreurs qu'on apprend. « *Chouette ! Je me suis trompé·e !* », ça veut dire que je ferai mieux la prochaine fois.

On dit aussi qu'il n'y a pas d'échec. Seulement un feedback qui permet d'apprendre et de rectifier. ***L'erreur est donc une étape sur le chemin de la réussite.***

Pour exemple, lorsqu'un enfant apprend à faire du vélo et qu'il tombe, on ne lui dit pas « laisse tomber, t'es trop nul·le. Il vaut mieux que tu restes un piéton. » Non. On l'encourage plutôt, on lui dit de remonter en selle et d'essayer à nouveau, jusqu'à ce qu'il aille au bout de l'allée tout seul !

Alors, pourquoi ne pas persévérer ainsi dans nos autres entreprises ?

D'ailleurs, Maître Yoda le dit lui-même (*Star Wars*, épisode 8) : « ***L'échec est le meilleur des maîtres.*** »

LE POUVOIR MAGIQUE DES EXCUSES

Rappelez-vous, en tant que parent, personne ne vous a appris comment faire. Et en plus, vous n'êtes pas que parent : vous êtes un fils, un frère, un collègue, un ami, un oncle, un parrain, un chef, un parent d'élève, un conjoint... vous êtes une fille, une sœur, une collègue, une amie, une tata, une marraine, une patronne, parent d'élève, une conjointe... Vous avez d'autres vies, d'autres responsabilités. Alors attention à ne pas s'en servir comme prétexte à outrance, mais il est compréhensible d'avoir la tête dans plusieurs endroits à la fois.

Du coup, parfois, il vous arrive de sur-réagir. Et c'est kiki prend ? C'est Chatoune. Avouez que c'est injuste pour lui, et c'est exactement comme ça qu'il le vit. « *Pourquoi on me crie dessus ?* »

Alors, lorsque vous vous rendez compte que vous avez poussé le bouchon trop loin, prenez un petit instant pour dire droit dans les yeux de votre enfant : « *J'ai réfléchi à quand je t'ai crié dessus. Je n'aurais pas dû. Ce n'est pas ta faute, j'étais énervé·e pour un petit problème / j'étais fatigué·e, et j'ai mal réagi. Je te demande de m'excuser. Tu veux bien qu'on fasse un câlin de réconciliation ?* »

Inutile d'y passer des heures, ne rentrez pas non plus dans des justifications longues et compliquées (ça n'a aucun intérêt dans le cas présent). Mais faites-le en toute sincérité, en prenant le temps de regarder votre enfant, et en validant que l'éponge est passée pour lui comme pour vous. Et on ne revient pas dessus ! Vous vous êtes excusé·e, les excuses sont acceptées. Point barre.

Alors ? On s'excuse, ou on s'excuse ?

C'EST PAS GRAVE, DE PERDRE

Gagner, c'est bien. Mais perdre, ce n'est pas grave !

Certains mettent un point d'honneur à tout gagner, tout le temps ! Que ce soit au jeu de l'oie ou sur le court de tennis. Grand bien leur fasse s'ils sont heureux ainsi, je ne dis pas qu'il ne faut pas être ambitieux !

Mais avant d'être le meilleur en tout, le plus important, et dans tous les cas, est de toujours donner le meilleur de soi-même. Si j'ai tout donné et que j'ai réussi, c'est super ! Si j'ai tout donné et que j'ai perdu, je ferai peut-être mieux la prochaine fois si je réfléchis aux raisons de mon échec. Ou alors, peut-être que ce n'est pas grave d'avoir perdu parce que je me suis amusé·e. Ou peut-être encore que je peux revoir mon niveau d'exigence pour être plus serein et ne pas mettre de pression là où c'est inutile ?

Chatoune vivra des échecs. *C'est inévitable !* Et si vous avez lu ce qui précède, c'est tant mieux ! Car on apprend plus de nos échecs que de nos réussites. Notre rôle alors est de le préparer à ces échecs. Cessons de le laisser gagner aux jeux de société, de récolter (comme par hasard) la fève à la galette des rois. L'intention est bonne, évidemment, mais apprendre à perdre et à gérer la frustration responsabilise Chatoune, le fait grandir et gagner en maturité, et lui apprend que piquer une crise, taper du pied, hurler s'il a perdu, ne le fera pas gagner (ni au jeu, ni la sympathie des autres).

LA P'TITE INFO EN PLUS

Statistiquement, on sait aujourd'hui que la réussite tient à 25 % des capacités intellectuelles, et à 75 % de la confiance en soi.

Situation

L'AUTONOMIE ET LES DEVOIRS

Chatoune est en CM1. Il a un maître au top, qui leur a demandé de faire une mini-présentation au retour des vacances de Pâques sur le thème « À quoi ressemble mon monde idéal ? ». Que dites-vous à Chatoune ?

Option (A)............ *« Bah, tu es incapable de faire ça à ton âge. Je vais le faire avec toi, au moins, tu auras une bonne note. »*

Option (B)............ *« Pfiou, compliqué de faire un exposé en CM1. Ça m'étonnerait que tu y arrives. Donne, je vais plutôt le faire moi-même. »*

Option (C)............ *« Super, j'adore ce thème ! C'est très inspirant, qu'en penses-tu ? »*

Option (D)............ *« Génial ! Je te laisse faire, et tu me montreras quand tu auras fini ? Si tu as besoin d'aide, tu sais où me trouver. »*

Arf, pas facile, il y a un piège !
Grosso modo, les deux premières options véhiculent plus ou moins le même message : « tu n'es pas capable ». Les deux autres constituent plutôt une implication (orale) sous forme d'encouragement. Et c'est le détail qui fait la différence. Développons.

Option A.

Faire ensemble les devoirs de son enfant. Hum, hum, comment dire… ? Est-ce que vous avez des tendances masochistes, c'est ça ? Parce qu'autant vous dire que nous, parents, sommes définitivement **les moins bien placés** pour aider nos enfants dans leurs devoirs. Si vous vous engagez là-dedans, préparez-vous à des cris, des humiliations, des prises de tête, du pétage de plomb ! Car quand notre enfant ne comprend pas quelque chose (*c'est simple, enfin, 10 × 10, puisque 1 × 1 ça fait 1, t'as juste à rajouter les deux zéros !!!)*, quand notre enfant s'y reprend à 19 fois pour apprendre que Maître Corbeau tient dans son bec un fromage (*un FROMAGE, on te dit !!! C'est écrit là, bondiou !!*), quand notre enfant est hermétique au « s » au pluriel (*DES nations !! C'est du pluriel, ça, alors pourquoi tu mets pas de S ?!!*), bon voilà, ça nous énerve un peu.

Pourquoi ? Parce qu'on a peur que notre enfant soit bête ! C'est la hantise de tout parent qui rêve d'un bel avenir pour son enfant. Les parents veulent des enfants intelligents. Et s'il ne comprend pas ce qu'on lui explique depuis 20 minutes, punaise, ce serait-y pas qu'il serait stupide ? Mais pas du tout, seulement, il y a des chances que Chatoune sente à donf la pression que vous lui mettez, ce qui lui fait perdre ses moyens en votre présence. Résultat : ce qu'il savait faire en classe, ben avec vous à côté, il n'y arrive plus.

Alors, si vous pouvez faire autrement, demandez de l'aide à la petite voisine, aux grands-parents (qui n'étaient pas non plus patients avec vous mais n'ont plus du tout la même pression avec leurs petits-enfants), ou au maître.

Et si vous êtes seul·e, prévenez Chatoune et convenez d'un signal, par exemple : « *T'aider à faire tes devoirs n'est pas un moment facile pour moi car je n'ai pas beaucoup de patience* (en général, il l'a déjà remarqué). *Alors je vais essayer de rester calme, et si tu vois que je commence à m'énerver, tu me diras " patate ", et je comprendrai. D'accord ?* »

De plus, en ce qui concerne l'aide aux devoirs, ne le faites pas systématiquement. Chatoune doit apprendre à faire ses devoirs **tout seul**. Si vraiment il rencontre une difficulté, s'il a besoin de réciter sa leçon ou sa poésie, dites-lui que vous êtes dans le salon et qu'il peut venir vous voir pour solliciter votre aide. Mais seulement s'il vous la demande (ou si vous avez remarqué une légère tendance à minimiser la quantité de devoirs, ou si Chatoune fait partie du club des partisans du moindre effort).

Attention au message aussi : dans l'exemple, le parent dit « *tu es incapable à ton âge* ». Même si vous pensez que c'est le cas, usez de diplomatie et bannissez le « tu qui tue ». Dites plutôt « *j'ai très envie de le faire avec toi, ça va me rappeler des souvenirs* », ou « *ça me ferait plaisir de faire ça avec toi* ».

OPTION B.

Faire ses devoirs à sa place. Ah là là ! Combien d'adultes ai-je entendu dire « *faut que j'y aille, j'ai des recherches à faire sur l'étendard d'Ur avant de préparer le repas.* » Whaaaat ?

Ben non, ça je dis non. Vous n'avez pas à faire les devoirs de Chatoune ! (Même si vous êtes nostalgique des bancs de l'école !). Chatoune a un métier : il est écolier. C'est son rôle à lui dans la société. Et être écolier, c'est aller à l'école aux jours et horaires consacrés, et faire les devoirs à la maison. Pour l'instant, c'est tout ce qu'on lui demande. C'est son rôle. Alors ne le lui enlevez pas.

Peut-être pensez-vous lui rendre service. « *Ben oui, mais il est fatigué, tu comprends, les semaines sont longues. Et puis il est petit, quand même. Et puis quand on est un enfant, on doit jouer, c'est ça l'enfance, c'est pas la trigonométrie, et en plus la maîtresse est nulle, Chatoune n'a rien compris alors il arrivera pas à faire ses devoirs…* » Eh bien non, vous ne lui rendez absolument pas service en faisant les choses à sa place. Moins il fera, moins il apprendra. Donc s'il ne fait rien, il n'apprend rien. S'il n'apprend rien, il n'évolue pas. S'il n'évolue pas, il ne trouve pas sa place, ni avec lui-même ni auprès des autres.

Faire ses devoirs à sa place, quelle que soit la bonne intention qui vous anime, n'est pas une bonne idée pour votre enfant. Il a besoin d'apprendre, de faire les choses par lui-même, de se débrouiller seul, pour faire face aux situations de la vie, quand vous n'êtes pas à ses côtés. Et il est plus souvent sans vous qu'avec. Il est donc indispensable qu'il fasse les choses, pour s'en sortir.

Attention, je mets en garde les parents qui ont cette habitude de faire les choses à la place de leur enfant. Parfois, le parent agit de la sorte car il veut véritablement garder son enfant pour lui. Ne pas le voir grandir, c'est ne pas subir la séparation qui vient plus tard, ou tout du moins c'est la retarder. (On rejoint le chapitre précédent sur l'autonomie.) Si vous êtes dans ce cas, à redouter le jour où l'oiseau quittera le nid, je vous encourage à travailler la question avec un professionnel. Non que vous ayez un problème, mais vous aurez besoin d'être accompagné pour dépasser cette appréhension. N'ayez pas honte, ce sont des choses qui arrivent. Voir son enfant partir peut être traumatisant et difficile à accepter. Mais agissez. Pour que vous viviez mieux ce qui est inéluctable, et pour que Chatoune se lance dans la vie avec toutes les armes que vous lui aurez fournies.

Option C.

L'option C est un premier compromis. Évidemment, vous avez le droit de penser que le sujet choisi par le maître est compliqué. En fonction de la maturité de Chatoune, que vous savez évaluer, il est possible que l'aider à mettre le pied à l'étrier soit nécessaire.

Attention, dans cette option, il n'est pas question de lui donner les points à développer clés en mains. Lui dire « moi je parlerais de ci, de ça et aussi de ceci » revient à l'option B. Car tout le travail de la rédaction est dans la réflexion. Certes, il y a la construction du devoir, mais les idées vont aussi faire travailler ses méninges, son imagination, sa projection, et des connexions neuronales différentes vont se faire dans son cerveau, plutôt que s'il a juste à réfléchir à la construction de ses phrases.

Avec cette option de partager vos idées avant de commencer le devoir, vous l'amenez à réfléchir de son côté. Et c'est ça qui est intéressant, même pour vous ! Vous pouvez discuter ensemble des raisons pour lesquelles il choisit de parler de ça, sans le juger et sans débattre, juste l'écouter et le questionner. Chatoune a des idées, il est passionnant de les connaître. Vous en apprendrez sur lui et sa façon de voir les choses de la vie. Vous pourrez échanger, partager. Ce qui paraît une montagne peut devenir hyper inspirant. Et s'il est motivé, il va trouver des idées et rédiger une rédaction d'enfer !

OPTION D.

Le message sous-jacent de cette intervention est « *j'ai une totale confiance en toi, tu es capable de faire ça tout seul. Si toutefois, tu as un doute ou une question, tu sais aussi que tu peux compter sur moi, et je prendrai le temps pour toi.* » OK, Chatoune peut aller le cœur vaillant vers son ouvrage, et appeler sa bonne fée en cas de difficulté. La différence est énorme dans cette option : l'enfant se sent soutenu, il est entouré d'ondes positives, de confiance, d'encouragements. Le pouvoir de l'énergie positive est immense ! Qu'elle vienne des autres ou qu'elle vienne de nous-mêmes, **cette énergie est le secret des gens qui réussissent. Ce n'est pas qu'ils ont un talent que les autres n'ont pas, c'est qu'ils sont convaincus d'y arriver.**

Attention, dans cette option, le ton sur lequel elle est prononcée est très important. Si vous dites ça sur un ton qui signifie « *j'ai d'autres choses à faire, ton truc ne m'intéresse pas et puis t'es assez grand pour faire tes devoirs tout seul* », aïe, c'est pas bon. L'enfant peut se sentir livré à lui-même et complètement délaissé. Démuni, il peut se retrouver bloqué devant sa copie.

On sait aujourd'hui que nous sommes différents devant la source de la confiance en soi : elle peut nous venir de notre entourage ou on peut aller la chercher en soi.

Pour quelqu'un qui puise cette confiance dans son entourage, s'il n'a autour de lui que des gens malveillants, jaloux ou qui ne l'aiment pas (ça peut être le cas dans le milieu scolaire ou professionnel), c'est dramatique ! Il se dévalorise et dépérit. Ainsi, celui qui cherche ses ressources vers l'extérieur a besoin d'un environnement bienveillant pour réussir. Il est primordial que ce genre de profil soit toujours vigilant à être entouré des bonnes personnes.

Pour quelqu'un qui puise cette confiance en lui-même, c'est plus simple, évidemment, car il s'agit là d'une ressource portative. Cela signifie aussi que si le sentiment de confiance n'est pas là, l'entourage ne peut rien pour lui, il aura beau l'encourager et le motiver, cela ne fonctionnera pas.

Une chose est sûre : si l'enfant n'a jamais connu ce sentiment de confiance, il ne pourra jamais aller chercher cette ressource quand il en aura besoin.

Et quand est-ce qu'on gagne en confiance ? Quand on réussit quelque chose tout seul.

LE P'TIT TRUC EN PLUS

C'est intéressant, d'ailleurs, ce sujet de vision du monde idéal. On devrait s'en parler plus souvent. Et pourquoi pas débattre de temps en temps, ou simplement échanger nos points de vue, sur des sujets piochés dans la boîte à sujets posée dans l'entrée et que chacun peut alimenter : « Qu'est-ce que tu ferais si tu étais milliardaire ? », « Quelle est la qualité qui manque à l'humanité ? », « Que pourrait-on faire pour arrêter la faim dans le monde ? », « Comment pourrait-on se déplacer en 2219 ? », etc.

LE 2E P'TIT TRUC EN PLUS (VEINARDS)

Parler de soi, verbaliser ses idées, ses croyances, ses émotions, sont d'excellents moyens de créer du lien, et de se sentir important pour les autres. Constater que ce qu'on est et ce qu'on pense a de la valeur pour ses proches, c'est super bon pour la confiance en soi !

LE 3E P'TIT TRUC EN PLUS (OH, PURÉE, C'EST NOËL !)

*Apprenez à votre enfant à travailler pour **lui**. Ni pour vous faire plaisir, ni pour obtenir une récompense, encore moins pour échapper à une punition. Dites-lui qu'en donnant le meilleur de lui-même dans son travail à l'école, il se donne la possibilité d'avoir le choix de son avenir professionnel. De ce que sera sa vie, en fait.*

7

LES MÉTHODES *qui sauvent*

Voici plusieurs clés que vous pouvez accrocher à votre trousseau de parent topissime.

Chacune des méthodes évoquées dans ce chapitre préconise de communiquer avec l'autre, et de prendre nos émotions et celles de l'autre comme des richesses à respecter.

Si vous vous sentez proche de l'une d'elles ou de plusieurs, je vous encourage à approfondir vos connaissances par la lecture, ou des stages, voire une formation, selon vos moyens. Ce qui suit est une présentation brève et non exhaustive, agrémentée de quelques préceptes bien utiles.

L'ÉDUCATION POSITIVE, PARCE QUE NOUS LE VALONS BIEN

On en parle beaucoup depuis quelques années. La méthode est fabuleuse. Elle prône l'écoute, la bienveillance, le respect, la non-violence, l'empathie, l'amour, le calme, l'harmonie... Évidemment, ce sont des principes qui me sont chers et j'adhère à l'esprit des conseils éducatifs préconisés par l'éducation positive et à toutes les bonnes intentions qui dictent ces principes éducatifs. Cela étant, j'entends souvent des réflexions du type « c'est bien beau, c'est très bien, on adhère complètement. Mais dans la vraie vie, on ne peut pas appliquer cette méthode ! Je ne peux pas rester zen quand mon enfant a dépassé les bornes ! ».

Alors, ces témoignages m'inspirent deux réponses.

La première, c'est que oui, bien sûr, il y a la théorie et la pratique. Comme nous l'avons vu, on n'est pas toujours au top de notre positive attitude, on n'est pas toujours parés à ce que Chatoune va trouver comme idée pour attirer notre attention, on n'est pas toujours en bonne forme. C'est le lot des êtres humains qui éprouvent des émotions. Vous en ressentez et c'est tant mieux !

Évidemment, parfois, sous le coup de ces émotions, on fait l'inverse de ce qu'on a lu dans les livres ou entendu en stage. Et c'est naturel ! Alors ne culpabilisez pas d'être des êtres humains, et ne baissez pas les bras ! Ce n'est pas parce que vous n'avez pas pu être bienveillant et positif une fois que vous devez laisser tomber la méthode. Car elle fonctionne ! Persévérez, et octroyez-vous le droit de ne pas au top une fois de temps en temps. D'autant que vous savez comment réparer, au cas où.

La seconde réponse que m'inspire cette réflexion, c'est qu'au lieu de culpabiliser en constatant que vous avez mal géré telle situation, soyez fier·e d'avoir conscience d'avoir agi de travers. Car dites-vous que quelqu'un qui n'a pas conscience de son comportement ne sait pas se remettre en question ! Si vous vous en êtes rendu·e compte, c'est parce que vous avez développé des connaissances, voire des compétences, et que vous savez comment vous auriez pu faire. Fantastique ! Ça veut dire que vous ferez mieux la prochaine fois !

LA PNL (NON, PAS LE GROUPE DE RAP)

Ou programmation neurolinguistique. Ce terme est un peu barbare et abscons, mais pour faire simple : les créateurs de la PNL, au cours des avancées informatiques américaines du milieu du XXe siècle, ont découvert que le cerveau est comme un ordinateur : il a des programmes, qui fonctionnent plus ou moins bien, que l'on doit mettre à jour, désinstaller ou installer, entretenir, etc. Grâce à des outils, la PNL nous permet tantôt d'installer des programmes de réussite, tantôt de nous débarrasser de programmes qui nous limitent, de changer notre perception des choses pour changer de comportement, ou encore de mieux contrôler nos émotions.

Au-delà des outils qui nécessitent une formation spécifique pour les appliquer à soi et aux autres, la PNL est basée sur plusieurs principes très inspirants.

Si quelqu'un peut le faire, alors moi aussi. Nous avons tous les capacités de réussir. Pourquoi certains y arrivent et d'autres non ? Pourquoi certains font des sauts périlleux, le grand écart, réussissent tous leurs créneaux, ont un revers du tonnerre au tennis… et d'autres n'y arrivent pas ? La PNL aide à trouver le « programme » de réussite qui est en chacun de nous.

Chacun a sa vision du monde, et c'est OK. Chacun de nous est un être unique. En fonction de notre éducation, des gens que nous avons rencontrés et fréquentés, des expériences que nous avons vécues, des épreuves que nous avons traversées et des croyances que nous en avons tiré. Chacun de nous a une perception qui lui est propre de chaque situation. La PNL encourage à ne pas vouloir changer la perception de l'autre, mais à la comprendre. Pas à l'accepter. Comprendre la vision du monde de l'autre ne signifie pas changer sa propre vision, mais cela signifie de garder l'esprit suffisamment ouvert pour admettre que l'autre puisse avoir un point de vue différent, tout aussi légitime que le nôtre, et qu'il n'est ni meilleur ni moins bon. Il est différent, et c'est OK.

Chaque comportement a une intention positive. L'idée de départ est la suivante : nous sommes notre propre meilleur·e ami·e. Partant de ce principe, chaque chose que nous dicte notre cerveau et qui découle en un comportement est dictée par une intention positive pour nous-même. Notre cerveau ne peut pas nous dire de faire quelque chose qui nous nuit, il y a un objectif important derrière. Prenons un exemple : Gaby fume. Beaucoup. A priori, fumer n'est pas un comportement positif. Gaby sait très bien que c'est mauvais pour sa santé, qu'un cancer peut subvenir, que ça lui donne une mauvaise haleine, que ses proches sont incommodés, que le goût des aliments en est altéré, que ses économies seraient grandies si la cigarette ne faisait plus partie de sa vie, etc. Gaby sait tout ça, et pourtant, malgré tout, impossible d'arrêter de fumer. Si Gaby interroge la partie de son être qui l'oblige à fumer tandis qu'une autre partie aimerait tant être enfin débarrassée de ce

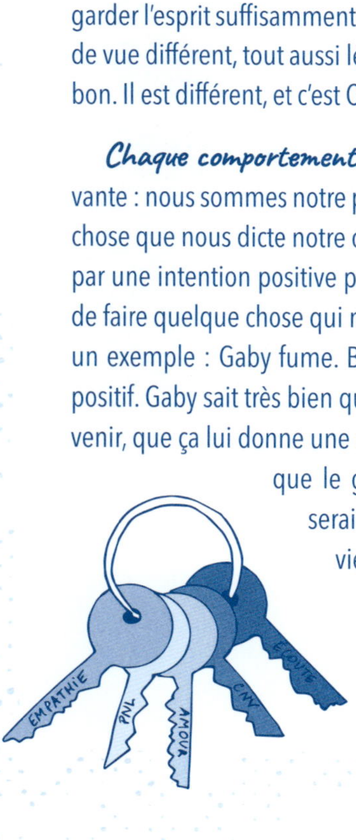

fléau, Gaby répondra : « *ça me rassure / ça me détend / ça me permet une vie sociale plus riche…* » Quelle que soit l'intention positive qui se cache derrière le comportement adopté, la PNL aidera alors Gaby à mettre en place d'autres comportements (plus aidants) qui viendront satisfaire son besoin de rassurance, de détente, de vie sociale…

Faire et imaginer que l'on fait, produisent le même résultat. C'est-à-dire que les mêmes connexions neuronales se font dans notre cerveau. Ainsi, on peut agir sur le futur en imaginant qu'on peut avoir telle attitude dans une situation à venir ; ou alors on peut changer notre présent en imaginant revivre une situation passée de manière différente. C'est ainsi que la PNL, à travers des protocoles spécifiques, arrive à soigner des phobies, des traumatismes, ou encore à préparer mentalement les soldats ou les sportifs.

LA CNV, POUR NE PAS S'ÉNERVER

La CNV, pour les intimes, c'est la communication non violente. C'est, là aussi, une manière de s'exprimer qui multiplie nos chances d'être entendu·e.

C'est une façon de signifier que quelque chose ne nous convient pas, de dire pourquoi sans que l'argument soit opposable, et de formuler une demande pour améliorer une situation qui ne dépend pas que de nous. En général, on utilise la CNV dans le but qu'une tierce personne change un de ses comportements.

Pour cela, le message adressé à la personne comporte quatre parties :

- ***Observation*** (les faits) : quand je vois… / quand j'entends… / lorsque tu fais… / lorsque tu dis…
- ***Sentiment*** : je ressens… / ça me fait…
- ***Besoin*** : j'ai besoin de… / c'est important pour moi que…
- ***Demande*** : je te demande de… / j'aimerais que tu…

Dans un message composé de la sorte, aucun des éléments n'est discutable. Les faits ne sont pas discutables (veillez à n'y mettre aucun jugement) ; ce que vous ressentez n'est pas discutable (personne n'a le droit de vous dire « *mais noooon, tu ne ressens pas ça* ») ; ce dont vous avez besoin n'est pas discutable, car vous seul·e êtes en mesure de dire ce qui est important pour vous ; votre demande n'est pas discutable (seul le moyen que vous proposez peut poser problème à votre interlocuteur, il peut alors décider de combler votre demande d'une autre manière).

Prenons des **exemples concrets.**

CAS Nº 1

Votre conjoint·e ne maîtrise pas ses nerfs lorsque Chatoune désobéit aux règles de la maison : il·elle hurle facilement et fort, et/ou longtemps. C'est dommage, car vous avez appris à gérer votre colère, et il·elle sape les efforts que vous faites de votre côté. En plus, vous ne supportez pas les cris, cette tension, l'ambiance exécrable que cela produit à la maison, alors même que vous aspirez à ce que votre foyer soit empli de bonheur et d'amour. Vous avez donc besoin de faire comprendre à votre conjoint·e que vous souhaitez que ça change. Voici ce que je vous propose, selon le modèle en 4 parties du message vues avant :

> *« Lorsque je t'entends crier sur notre enfant, ça m'angoisse, je ressens comme une vague de panique m'envahir. Or, j'ai besoin de calme et d'harmonie pour me sentir bien à la maison. Alors je te demande de réfléchir à un moyen qui te permette d'extérioriser ta colère tout en garantissant cette harmonie. »*

CAS Nº 2

Alex et Lulu sont en couple depuis quelques années. Parfois, ces deux-là se disputent assez violemment. Or, Alex ne supporte pas les cris, la violence, et a une peur panique de l'abandon (il faut dire qu'enfant, son père est parti de la maison sans crier gare), et croit que lorsqu'une dispute éclate, son couple va péricliter. Du coup, Alex préfère quitter la pièce en pleine dispute pour se réfugier dans une autre pièce. Lulu interprète ce comportement comme une fuite, et accuse Alex d'être immature. Voici ce qu'Alex pourrait dire à Lulu :

> *« Lorsque nous nous disputons fort comme ça et qu'on se crie dessus, j'ai très peur que tu me quittes, ça me serre à la gorge, j'étouffe. Or, j'ai besoin de respect et de gentillesse entre nous, alors j'aimerais bien qu'on trouve ensemble un moyen de se dire les choses dans le calme. »*

LES 2 BÉMOLS DE LA CNV

- Elle ne fonctionne pas à chaud. Imaginez que vous êtes en pleine dispute, la personne face à vous est très énervée, elle monte dans les tours et vous crie dessus ; si vous arrivez avec votre CNV, vos sentiments de peine et vos besoins d'amour, vous risquez de vous les reprendre en pleine poire, et ça peut faire mal. L'autre en face de vous n'est pas disposé à ce moment-là à entendre vos doléances, il a d'abord un besoin primaire de s'exprimer. Alors faites un break. Fermez vos oreilles, vous n'êtes pas responsable de la réaction et du comportement de l'autre. Et attendez que la pression soit redescendue, que le moment soit calme et propice à une conversation ouverte.
- Elle ne fonctionne pas face à une personne qui ne ressent pas d'émotions (psychopathe ou manipulateur du type pervers narcissique) ou une personne incapable de se remettre en question (y compris une personne atteinte de paranoïa). On peut alors discuter vos sentiments et vous rétorquer que vous n'avez qu'à en changer, ou vous dire de changer vous-même.

LA SYSTÉMIE, C'EST PAS AUTOMATIQUE

Nous avons vu précédemment l'importance d'être ferme et de savoir placer son autorité.

Toutefois, je rencontre parfois des familles dans lesquelles les parents ont la fermeté et l'autorité qu'il faut, bien placées et utilisées à bon escient, et pourtant leur enfant n'en fait qu'à sa tête et est en rébellion constante. L'erreur est alors d'incriminer l'enfant (le syndrome du sale gosse), au lieu de jeter un œil vers la manière dont les parents procèdent.

Parce que ce n'est pas à l'enfant de s'adapter à l'éducation de ses parents, c'est aux parents d'adapter leur éducation en fonction de l'enfant. Tout est affaire de comportement. Et celui qui peut changer la situation, c'est le plus intelligent. Donc, c'est nous (ben si !).

Prenons un cas précis : les parents sont fatigués, car leur enfant, gentil au demeurant, est toujours en train de râler. Pourtant, ils font tout pour que leur enfant soit heureux. Mais rien à faire : plus ils essaient de faire voir la vie en rose à leur enfant, plus leur enfant se rebiffe et râle. Et plus l'enfant râle, plus les parents tentent de le convaincre qu'il n'a pas de raison de râler, ce qui a pour effet que l'enfant râle plus fort. En systémie, on appelle cela une boucle interactionnelle.

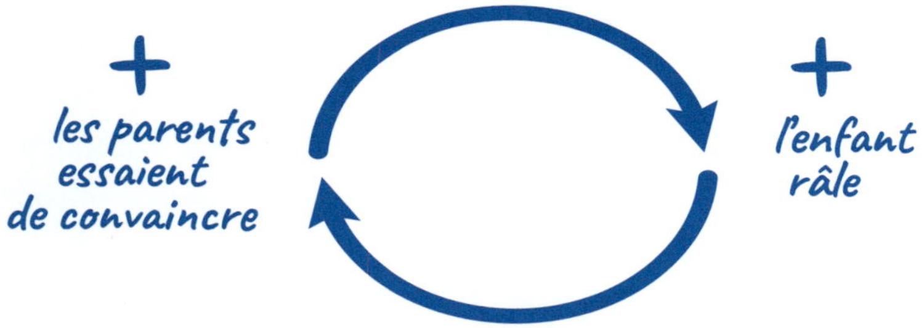

Oh, la belle boucle interactionnelle !

Pour arriver à sortir de ce système qui tourne en rond (comme un cercle vicieux), il est nécessaire de faire un pas de côté, pour arrêter d'alimenter la boucle qui ne mène qu'à l'enlisement de la situation.

Dans l'exemple qui nous occupe, l'intention des parents est que l'enfant voie le verre à moitié plein plutôt qu'à moitié vide. Toutes les solutions qu'ils mettent en œuvre tendent dans ce sens : que leur enfant soit heureux. Pour ce faire, ils tentent plusieurs méthodes : ils lui parlent, ils s'agacent, ils lui démontrent par A + B la chance qu'il a, ils lui montrent des images d'enfants défavorisés, ils lui font lire *Le Bonheur expliqué aux enfants*, ils repeignent sa chambre en rose avec des papillons qui sourient… bref. Ils font tout ce qu'ils pensent être efficace pour le faire arrêter de râler. Et force est de constater que plus ils tentent d'imposer leur point de vue, moins ils ont de prise sur l'enfant. En fait, ils obtiennent l'effet inverse de ce qu'ils recherchent.

Avez-vous déjà remarqué que lorsque vous essayez de faire changer le comportement de quelqu'un et que rien ne marche, c'est lorsque vous baissez les bras et arrêtez de faire quoi que ce soit que ça fonctionne ? Eh bien, vous faites de la systémie.

La solution, si surprenante soit-elle, est alors, d'après l'école Palo Alto, de prendre le contre-pied des solutions déjà tentées, et de faire exactement l'inverse de ce qu'on a essayé pour l'instant. Nous avons vu que jusqu'à présent, les tentatives des parents pouvaient être regroupées dans un objectif commun, qui s'appellerait « le faire arrêter de râler ». Le contre-pied, ou l'inverse de ces tentatives pourrait donc être « le laisser râler ». Et si on veut aller encore plus loin, et qu'on veut ajouter une petite contrainte qui déclenche un changement de comportement chez l'autre, la solution serait ici de carrément « l'encourager à râler ». Oui, vous avez bien lu. Puisque c'est plus fort que lui, qu'il a visiblement besoin de s'exprimer, voire qu'il y a pris goût, car en plus il obtient de l'attention de la part de son entourage, pourquoi changerait-il de comportement ? En systémie, on dit qu'il n'est pas « client au changement », puisqu'il n'y a aucune contrainte pour lui dans l'état actuel des choses. Les parents vont donc devoir en créer une. La solution, techniquement, est alors de proposer ceci à l'enfant :

– **Parent**: *Chatoune, nous entendons que tu râles chaque jour, parfois un peu, parfois longtemps, mais en tout cas tu en as visiblement besoin. Tu l'as vu, nous avons tenté de te faire arrêter à plusieurs reprises, mais nous voyons bien que ça ne sert à rien, et que c'est plus fort que toi. C'est OK, à présent, nous avons enfin compris que tu ne changeras pas d'attitude, nous avons mis le temps mais nous avons compris. Alors nous avons décidé d'arrêter d'essayer de te faire changer. Et pour te montrer notre compréhension et notre soutien, nous te proposons, dès aujourd'hui et tous les soirs à 19 heures, de t'octroyer 20 minutes, exclusivement consacrées à l'expression des choses qui te préoccupent. Nous nous installerons à table, et tu pourras râler, critiquer, te plaindre, dire tout ce qui te passe par la tête. Et nous t'écouterons.*

1er soir : voici la famille installée confortablement, tous prêts pour 20 minutes consacrées à Chatoune. Et Chatoune de débiter ses râleries (je sais, ce mot n'existe pas, mais je l'aime bien), et les parents d'écouter. Attention, d'écouter seulement. Aucun commentaire, aucune tentative de le faire changer d'avis, aucune intervention pour le convaincre du contraire. Ce n'est pas un débat, c'est un défouloir. Les parents se contentent d'écouter. Ils peuvent éventuellement ponctuer leurs phrases de hochements de tête pour montrer à l'enfant qu'ils sont attentifs, et l'encourager à continuer quand ils sentent qu'il a coup de mou (*allez, il te reste encore 8 minutes, continue*). L'idée est qu'il aille au bout du truc. Il a 20 minutes de tribune, qu'il en profite jusqu'au bout. À l'issue des 20 minutes, les parents lui font part de la fin de la foire aux râleries, et lui disent qu'il pourra recommencer demain à la même heure. 2e soir à 19 heures, rebelote. Il se peut que dès le 2e jour, il commence à montrer de la fatigue à râler, mais que les parents ne flanchent pas, l'enfant doit tenir ses 20 minutes. Petit à petit, soir après soir (probablement dès le 3e), Chatoune va trouver ça moins amusant, et il n'aura plus de sujet à râlerie, ce temps dédié à râler va commencer à devenir une contrainte. Jusqu'au jour très proche où il dira à ses parents « *non, c'est bon, je n'ai pas envie de râler aujourd'hui.* »

Ici, l'exemple est celui d'un enfant qui râle. Ça marche de la même manière pour un enfant qui ne range pas ses jouets, qui refuse de se brosser les dents, on l'a vu aussi pour l'enfant qui grignote entre les repas. Et vous pouvez tenter cette même méthode avec un collègue, un voisin, un ami… dont une attitude vous pose problème.

À retenir : Quand vous avez tout tenté et ne savez plus quoi faire, prenez le contre-pied de vos tentatives de solution.

Situation

CRISE AU SUPERMARCHÉ (OU AILLEURS)

Chatoune est avec vous au supermarché. Vous êtes ravi·e, faire les courses en même temps que 3 millions de personnes au supermarché du coin, c'est votre hobby préféré. Et comme vous ne pouvez pas faire autrement, vous avez emmené Chatoune pour partager avec vous cette activité tellement amusante. Vous êtes donc dans un grand état de détente, sourire aux lèvres, vous faites fi des caddies au milieu de l'allée, des gens qui discutent juste devant le fromage qui vous intéresse, des gens qui ne se poussent pas alors que vous souhaitez passer… bref, vous êtes zen lorsque vous arrivez à la caisse, au bout d'une heure avec Chatoune dans le caddie, et qu'il y a 12 000 personnes devant vous.

Et bien sûr, c'est le moment que Chatoune choisit pour exprimer sa gratitude d'être avec vous en ce moment divin. Il hurle. Il s'agite, il gigote des pattes, son visage est transformé, il rougit, son nez coule, votre enfant est un alien, et des cris que vous n'aviez jamais entendu sortir de la bouche d'un être humain emplissent les 45 000 m2 de surface, et les oreilles de tous les clients autour.

Option (A)............ Vous tentez de calmer Chatoune à grand renfort de caresses, et de mots doux susurrés à son oreille (rappelons qu'il est en train de hurler, mais bon, là, je vous donne un indice).

Option (B)............ Vous regardez autour de vous, l'air coupable, et surtout désespéré, à qui voudra bien intervenir et vous donner un coup de main.

Option C .... Vous vous souvenez de cet adage « il faut traiter le mal par le mal ». Puisque Chatoune crie, vous aussi. Et vous hurlez « *C'EST PAS BIENTÔT FINI CE BORDEL ??* »

Option D .... Vous pratiquez le 4.2.6.2 (non, ce n'est pas une position du Kamasutra) (bande de curieux, ne zappez pas les explications A, B et C !)

Option A.

Comme indiqué, on parle bien d'une situation où Chatoune se prend pour une des actrices de *Scream*, et ça hurle à tout va, hystérique, c'est parti d'une contrariété, et on est le centre d'attention de tous les clients. Précisons que le regard réprobateur des clients, justement, qui semblent dire « *pff, même pas capable de tenir son môme* », n'est en rien là pour vous détendre.

Avez-vous déjà tenté de dire à une personne très très énervée « *caaaalme-toi* » ? Et de penser que si vous êtes calme vous-même, votre détente sera communicative ? Avez-vous alors remarqué que même si vous déployez des trésors de sang-froid pour le dire sur un ton de prof de yoga, ça ne fonctionne pas du tout, c'est même pire !?

Et si vous dites « *arrête de hurler* » en hurlant vous-même, vous n'êtes pas cohérent dans votre message. C'est comme de dire « *il ne faut pas manger de bonbons* » avec des fraises Tralala dans la bouche, ou de dire « *il ne faut pas boire d'alcool* » avec un verre de vin à la main.

Comment faire, alors ? Rappel du tableau : vous êtes tranquille, et vous êtes face à une personne agitée, énervée, en colère, peut-être qu'elle crie, hurle, pleure, tape du pied, saute, etc. Observez déjà la dichotomie complète entre vos deux comportements. Vos deux attitudes sont à ce moment-là en conflit. Impossible donc de créer une quelconque harmonie pour retrouver de la sérénité. La personne est incapable de redescendre en pression, alors pour la ramener vers vous, vous allez devoir aller la chercher. Vous allez devoir vous synchroniser à son état. C'est faire preuve d'empathie aussi que de vous mettre à son niveau sonore, et l'empathie est le meilleur moyen pour amener les gens à nous. Donc, concrètement, si l'on imagine, sur une échelle de 1 à 10, que le niveau sonore de la personne en face de vous est à 8 tandis que vous êtes à 3, alors montez jusqu'à 8 ! « *S'IL-TE-PLAÎT, CHATOUNE, ÉCOUTE-MOI* », vous descendez à 7 : « *J'AI BIEN COMPRIS QUE TU ES EN COLÈRE* », à 6, puis 5 « *Mais là, il faut te calmer car tout le monde nous regarde* », à 4 puis 3 « *et tu n'arriveras à rien dans cet état* ». Puis vous gardez la main et vous continuez. Par exemple « on va rentrer très bientôt à la maison et on va préparer le dîner ensemble, tu vas voir, on va beaucoup s'amuser / Papa/Maman nous attend pour nous faire des bisous / On pourra aller au square après les courses », etc. Faites-lui entrevoir immédiatement ce qui va se passer ensuite pour le désolidariser de la situation présente et faire disparaître l'état interne qui agitait Chatoune il y a quelques secondes.

Cette pratique doit se faire sur un instant très bref. Ne hurlez pas au niveau 8 pendant 2 minutes, ça n'est d'aucune utilité pour résoudre le problème. Vous criez 2 à 3 secondes, pas plus, et vous descendez rapidement. Il s'agit juste d'aller chercher la personne à son niveau sonore, puis de l'apaiser, en aucun cas la maintenir là où elle est et faire monter la mayonnaise.

Je vous conseille de vous entraîner, soit face au miroir, soit avec un·e ami·e, pour passer le temps dans les embouteillages, ou autre, car c'est une technique qui peut impressionner et vous empêcher de la mettre en place au moment voulu, faute de pratique.

Dans cette option, il y a surtout la notion de « calmer le jeu ». Si c'est l'option que vous choisissez, alors la technique du câlin peut fonctionner. Selon le contexte, prendre votre enfant contre vous, l'enrober de vos bras, et lui témoigner de la tendresse peut correspondre exactement au besoin de Chatoune à ce moment-là. Pas toujours. Ça peut marcher une fois et pas la fois suivante, comme ça peut ne pas fonctionner la première fois que vous le faites, alors ne vous découragez pas. Si l'enfant hurle parce qu'il a chaud, le prendre dans vos bras ne fera qu'empirer son état et le câlin vous reviendra en pleine poire. Mais si Chatoune exprime un besoin d'attention, un câlinou, et c'est gagné. Attention toutefois à ne pas vous prendre de coups de pied, vous n'êtes pas un punching-ball et vous ne pouvez pas tout accepter sous prétexte d'une colère.

Option B.

Que celui qui a vu se tendre une main secourable dans ce genre de situation se fasse connaître à l'accueil immédiatement ! Soyons réalistes : soit l'enfant bien élevé des parents exceptionnels autour de vous n'a jamais eu un tel comportement, auquel cas les gens autour de vous ne seront d'aucune aide puisqu'ils n'ont pas l'expérience, tout simplement. Soit ils l'ont vécu et ont oublié (disons que leur cerveau a volontairement occulté cet épisode douloureux de leur mémoire). Ou encore ils l'ont vécu et en sont encore traumatisés, et en plus, ils n'ont pas su gérer eux-mêmes, et n'ont pas la moindre idée de ce qu'il faut faire. Donc ceux-là non plus ne vous seront d'aucune utilité. Sans compter ceux qui sont trop heureux de voir que ça arrive aussi aux autres et qui se réjouissent de vous voir dans la panade. Ben oui, y en a des comme ça.

En fait, cette option pose la question du regard des autres. Sur nous, notre pratique, notre capacité à être de bons parents, etc. Et quelle interprétation nous mettons derrière les regards de ces gens autour ? Posez-vous cette question : imaginez que Chatoune fasse sa crise en plein désert. Littéralement. Vous êtes avec votre enfant dans le silence total du désert, avec personne autour qui voie ou entende. Tout à coup, il se roule dans le sable avec les dunes pour seul public. Quelle est alors votre réaction ? Qu'est-ce qui change ?

Option C.

Hurler aussi. Nous l'avons vu avec l'option A, ça ne marchera pas. Ou alors, ça servira à traumatiser votre enfant parce que vous vous montrerez sous un jour affreux de violence pure, pas sûr que l'effet soit très positif sur votre relation.

Bien sûr, si votre objectif est d'être un parent tyrannique et que votre enfant vous obéisse à la baguette, alors la méthode par la terreur est la bonne. Le risque, c'est que ça vous coûte cher en psychothérapie et que Chatoune ne vous donne plus signe de vie dès son 18e anniversaire. À vous de voir.

Vous aurez peut-être compris aussi dans le descriptif de la situation que j'ai voulu ironique, vous êtes vous-même dans un état d'agacement léger, vous êtes sous pression ou pressé·e, vous avez d'autres choses à faire à la maison ou ailleurs, vous détestez les supermarchés, et puis parfois faire les courses au supermarché vous rappelle la platitude de nos existences, etc. Du coup, il suffirait d'une étincelle pour tout envoyer valdinguer.

Dans tous les cas, si vous êtes vous-même en colère, ne vous déchargez jamais sur votre enfant.

OPTION D.

Le 4.2.6.2. Aaah, on y vient ! Pour celles et ceux qui pratiquent le yoga, la méditation ou la sophrologie, vous savez de quoi je parle. Il s'agit ici d'une technique de respiration (ou de cohérence cardiaque pour les connaisseurs). Parfois, c'est la solution. N'oublions pas que vous n'êtes vous-même pas ravi·e d'être dans ce supermarché. Peut-être avez-vous eu une semaine pourrie au boulot, peut-être avez-vous mal dormi, peut-être vous êtes-vous disputé·e avec quelqu'un… peut-être avez-vous un ou des soucis ? Et cette « crise » de Chatoune vient couronner le tout, c'est le pompon de la pomponnette, et pour éviter que ce soit la goutte d'eau qui fait déborder le vase, vous avez besoin de prendre du recul. Oublier les cris, oublier les regards, oublier la tension…

Le 4.2.6.2 se décompose de cette manière :

- pendant 4 secondes : j'inspire ;
- pendant 2 secondes : je bloque ma respiration poumons pleins ;
- pendant 6 secondes : j'expire (à fond, je vide mes poumons) ;

- pendant 2 secondes : je bloque ma respiration, poumons vides.
- Et je recommence autant de fois que nécessaire. En général, on peut sentir les effets dès trois fois.

Vous n'êtes pas obligé·e de compter, mais cela peut aider certain·es d'entre vous à rester concentré·e. Le but de l'exercice n'est pas de faire la sourde oreille et de vous dédouaner de la situation présente, car une partie de vous restera consciente de ce qui se passe, en particulier si Chatoune court un danger. En revanche, cet exercice sert à ce que vous ne pétiez pas les plombs. Si vous êtes échaudé·e et que le comportement de votre enfant vous met les nerfs en pelote, plutôt que de mal réagir, il est parfois plus salutaire de se séparer de l'élément qui nous perturbe.

Ainsi, pendant 1 ou 2 minutes, vous faites abstraction de la tension, brandissez votre banderole « ça ne passera pas par moi ! ». Et pitié, ne culpabilisez pas de le faire. Dites-vous que c'est ça, ou c'est le pétage de câble.

Outre le fait que vous vous faites du bien, et aussi que vous ne faites pas de mal à Chatoune, il existe un autre bénéfice, éducatif cette fois. Que comprend Chatoune de votre comportement ? Que le sien n'est pas approprié. Il comprend qu'en agissant comme il le fait, il n'obtient pas ce qu'il veut. Et il associera « cris » avec « zéro résultat ». Rappelons, c'est important, que vous devez rester près de lui. Si vous changez de pièce, ou de rayon (!), il peut croire que vous l'abandonnez, et ce serait pire !

Enfin, précisons qu'il n'existe pas de solution miracle. Il se peut que Chatoune refasse une ou deux tentatives, afin de vérifier que ce qu'il a compris la 1 fois (cris = zéro résultat) est bien ce qu'il y a à comprendre. Et comme vous avez en tête le guide de Tata Caro (c'est moi), vous appliquerez à nouveau cette méthode. Et voilà !

Comme j'aime bien qu'on se pose les questions avant la crise, que cette situation vous soit déjà arrivée ou non, avez-vous identifié ce qui vous a dérangé, ou ce qui pourrait vous déranger ?

En fait, si Chatoune hurle en public, c'est quoi le problème, pour ***vous*** ?

- Les cris vous font physiquement mal aux tympans, c'est désagréable ou douloureux.

- Vous êtes angoissé·e, paniqué·e, démuni·e… car vous ne savez pas quoi faire.
- Vous éprouvez de la honte, de la gêne, de la culpabilité… De ne pas savoir gérer la crise, d'être un parent nul·le, d'avoir un.e enfant mal élevé·e…
- Vous ne supportez pas la violence, l'insolence, la colère…
- Autre chose ?

Savoir ce qui vous dérange vous aidera à travailler sur la réaction la mieux adaptée, et révélera peut-être même des astuces pour éviter la crise !

LE P'TIT TRUC EN PLUS

*Aller au supermarché n'a **rien** d'excitant pour un enfant.*

Si vous avez la possibilité d'éviter de l'emmener avec vous, évitez. Si vous ne pouvez pas faire autrement, proposez-lui un jeu pour occuper son esprit pendant ce moment ni palpitant ni satisfaisant :

- *Prenez avec vous son livre préféré.*
- *Proposez-lui de compter les boîtes rouges pour lui, les boîtes bleues pour vous.*
- *Laissez-le scanner les produits avec la scannette.*
- *Demandez-lui de vous chanter des chansons.*
- *Le 1er qui voit une tomate, le 1er qui voit une bouteille, le 1er qui voit du pain, etc.*

Pour conclure sur cette situation, gardez en tête que votre enfant est en période d'apprentissage. Il tente des choses, pour voir ce qui se passe dans son environnement. Alors s'il vous fait le coup une fois, c'est normal, pas de panique. Mais s'il continue, c'est à vous de rectifier le tir et de faire comprendre à votre enfant qu'on n'agit pas comme ça avec les autres.

Soyez convaincu·e que vous allez y arriver, c'est la clé du succès.

LE 2E P'TIT TRUC EN PLUS (PARCE QUE JE VOUS SENS AU TAQUET)

- *Mettez toutes les chances de votre côté pour éviter la fameuse crise. Mettez-vous à sa place : trop chaud ? faim ? trop de bruit ? pas intéressant ? trop de stress ? fatigué ? mal assis ?*
- *Veillez au grain, et remédiez au problème. Si Chatoune est encore petit, faites preuve d'empathie « je sais que tu es fatigué et que ce n'est pas très intéressant. Ce qui est bien, c'est qu'on est tous les deux, et qu'on peut se faire des poutous ! »*

8

RESTEZ DROIT·E
dans vos bottes

Maintenant que vous savez comment avoir une relation saine et épanouissante avec votre enfant, préparez-vous malgré tout à rencontrer quelques difficultés. Elles peuvent venir de « réfractaires » au sein de votre famille, mais elles peuvent surtout provenir de l'extérieur : les camarades de classe, du centre aéré, du club de sport ou de dessin… bref, les autres Chatoune, qui eux, n'ont pas de parent topissime.

FAITES LE TRI DANS LES COMPORTEMENTS

Il est possible que les efforts que vous déployez avec votre enfant soient remis en cause par le comportement des autres.

Par exemple, si vous apprenez à votre enfant qu'il ne résoudra rien par la violence, comment lui expliquer que certains arrivent à obtenir ce qu'ils veulent dans la cour de récré en frappant leurs camarades ? Ou comment faire en sorte qu'il continue à jeter ses papiers à la poubelle quand il voit les autres jeter leurs déchets sur le trottoir en toute impunité ? Ou encore persister à traverser dans les clous quand le petit bonhomme est vert alors que plein d'adultes autour traversent n'importe où et n'importe quand ?

Les épreuves pour malmener vos principes éducatifs et vos valeurs sont et seront nombreuses. Mais ce qui est mal n'est pas toujours mauvais, c'est aussi ce qui nous forge et nous aide à savoir ce dont nous ne voulons pas. Et c'est précisément ce qui peut être votre meilleur allié pour rester ferme. Vous pouvez prendre pour exemple ce que vous jugez mauvais pour expliquer à Chatoune : « *c'est tout le contraire de ce que je veux pour ma vie et pour la tienne. À l'inverse de ce comportement, je préfère que l'on fasse ceci ou comme cela.* »

Et quand, après avoir vu untel jeter son papier par terre, Chatoune demande *« mais pourquoi il fait ça puisque c'est interdit ? »*. Même si vous pensez très fort *« parce que c'est un trou de balle »*, vous n'allez pas dire ça (non, non) : « *parce qu'il n'a pas reçu les mêmes principes éducatifs que toi de la part de ses parents, et c'est bien dommage, car il ne connaît pas les codes pour vivre en harmonie avec les autres.* » Et si c'est dans votre tempérament, vous pouvez tout aussi bien interpeller le malotru et lui expliquer votre façon de penser. Au pire, vous vous ferez insulter, et ça confirmera que c'est un trou de balle, euh, un malotru.

Il convient aussi d'expliquer à Chatoune que certains enfants ou adultes ont des comportements perturbants ou incohérents, mais qu'ils n'en sont pas responsables. Il existe des pathologies ou des troubles psychiatriques qui altèrent les comportements de certains de nos congénères, mais qu'au lieu de les juger et de les cataloguer, il est plus enrichissant pour nous et pour eux d'essayer de les comprendre et d'apprendre à aller vers eux. C'est le cas pour les personnes atteintes de trisomie 21, d'autisme, du syndrome d'Asperger, de troubles de l'attention, etc., qui ont des difficultés à communiquer, à entretenir une relation avec les autres, ou encore à suivre les règles.

Si on va plus loin sur l'échelle des comportements intrigants, je ne peux que vous encourager à mettre en garde Chatoune sur l'existence de réelles mauvaises intentions chez un nombre restreint d'individus. Mieux il saura que des personnes mal intentionnées existent, mieux il saura s'en protéger. Contrairement à ce qu'on peut croire, on ne protège pas l'enfant en évitant le sujet. Au contraire, s'il ne sait pas que ça existe, il ne sera pas vigilant et ne se méfiera pas si sa route croise celle d'un individu dangereux. Gardez en tête un adage que j'aime beaucoup : « *ce n'est pas parce qu'on ne voit pas quelque chose que ça n'existe pas* ». Expliquez à votre enfant que des gens font réellement du mal à certains enfants, et que s'il a un doute sur quelqu'un, ou s'il subit quelque chose, il doit absolument vous en parler en toute confiance. Ces fameux conseils « *N'accepte pas de bonbons d'un inconnu », ou encore « Ne monte pas dans la voiture d'un inconnu* » sont toujours judicieux ! Veillez toutefois à ne pas être alarmiste dans votre message, car il ne s'agit surtout pas de générer une angoisse ou une phobie, mais de transmettre l'information à Chatoune en disant que c'est arrivé à d'autres. S'il s'alarme « *et ça va m'arriver à moi aussi ?* », rabaissez le niveau d'inquiétude avec par exemple « *mais non, puisque maintenant, tu es averti, tu sauras être vigilant* ».

DRESSEZ-VOUS CONTRE LE HARCÈLEMENT SCOLAIRE

Un autre exemple dont on parle beaucoup est celui du harcèlement scolaire, en même temps qu'on parle de plus en plus de la nécessité d'être bienveillants.

Si vous apprenez à votre enfant, par votre bienveillance à son égard, à être bienveillant lui aussi envers les autres, il y a fort à parier qu'il rencontre quotidiennement des personnes qui n'auront pas la gentillesse et l'écoute que vous avez développées au sein du foyer. Il risque donc de s'en prendre plein la tronche, car le monde (en France en tout cas) n'est pas tendre, et notre société a banalisé les violences verbales, l'agressivité, voire le harcèlement dans nos écoles. Le principe du « sois fort ou sois mort » a encore de belles heures devant lui dans notre société française, alors il est difficile de savoir comment réagir en tant que parent.

Deux options s'offrent à vous : avertir l'école ou les référents en cas de club ou d'association (dans tous les cas, l'adulte responsable) pour que le problème de moqueries, de malveillance, de harcèlement voire de sévices soit résolu par leurs services, qui sont garants du bien-être de l'enfant en leurs murs. Même si le comportement que subit Chatoune est banalisé, s'il ne fait pas partie de vos principes, vous avez le droit de vous insurger. Dans le cas où l'adulte responsable ne prend pas le problème au sérieux ou dénigre les faits, vous pouvez alors apprendre à Chatoune à se protéger, à se défendre, à dédramatiser, à se détacher de l'objet de ses tourments. Mais battez-vous ! On craint trop souvent des représailles, de passer pour des victimes, des faibles… et on ravale ses principes pour ne pas empirer la situation, alors que c'est en se rabaissant en toute connaissance de cause qu'on devient véritablement une victime.

Les autres nous font ce que nous les laissons nous faire.

Si on vous maltraite une fois, vous n'êtes pas responsable. Si on vous maltraite une deuxième fois ou une troisième fois, c'est que vous avez laissé faire. Apprenez ceci à Chatoune.

Apprenez à votre enfant à ne pas attaquer, mais apprenez-lui à se défendre. Avoir de la repartie, ça s'apprend. Et ça peut être un jeu amusant à faire en famille.

AYEZ CONFIANCE EN VOUS !

Vous savez que le monde est parfois cruel, en tout cas qu'il n'est pas tendre. Il ne l'a pas toujours été avec vous, et il ne le sera certainement pas avec Chatoune.

Il est possible que des gens autour de vous, qui ont une autre façon de penser ou d'éduquer leurs enfants (ou qui sont jaloux), vous disent « tu couves trop ton enfant », « *tu le surprotèges* », « *tu vas en faire une chochotte* », ce genre de choses aimables… Si vous ne protégez pas votre enfant, qui le fera ? Si vous souhaitez le meilleur pour votre enfant, que vous souhaitez lui offrir amour et écoute, qui de vraiment bienveillant peut vous le reprocher ? Si Chatoune n'évolue pas dans un foyer chaleureux et harmonieux, où va-t-il trouver le réconfort qu'il mérite et dont il a besoin quand le monde autour de lui est cruel ?

Tenez bon ! Maintenez le cap que vous vous êtes fixé. Les autres font comme ils veulent, chacun a sa propre conscience. Pour vous, les règles sont gravées dans le marbre et ce n'est pas parce que les autres font différemment qu'il vous faut changer de conduite.

Chatoune peut s'en étonner. Expliquez-lui que pour être droit·e dans vos bottes, il est important pour vous d'agir au quotidien en accord avec vos principes. Et que personne ne doit changer ce qui est important pour lui dans le but

LE P'TIT TRUC EN PLUS

Et si vous rédigiez une liste de principes ? Cela peut aller du « on se lave tous les jours », « on se lave les mains avant de passer à table », jusqu'à « on ne frappe pas », « on attache sa ceinture en voiture », et même « on débarrasse son assiette après le repas ». Cette charte est évolutive en fonction de l'âge de Chatoune et de sa maturité, ainsi que de ses capacités motrices.

Pour impliquer Chatoune et faire qu'il y adhère :

- *il peut participer à la rédaction s'il sait lire et écrire ;*
- *sinon, il peut dessiner des illustrations ou colorier les titres.*

En affichant cette charte dans la maison, vous pouvez vous y référer en cas de manquement. Même si Chatoune ne sait pas lire, vous pouvez lui dire « tu dois te laver les mains avant de manger, c'est écrit juste ici. »

de faire comme les autres. En même temps que vous dites cela, vous apprenez à Chatoune à garder son indépendance, à ne pas se laisser influencer par des comportements que vous jugez néfastes, et à garder sa ligne de conduite, avec fierté et congruence.

Le monde n'est pas toujours amical, vous le savez en tant qu'adulte. En tant que parent, vous savez aussi que ce que vous faites, vous le faites pour le bien de votre enfant. Ne lâchez rien. Vos principes seront malmenés, nécessiteront parfois que vous adaptiez votre façon de faire pour le bien de Chatoune, mais gardez-les et défendez-les.

Ayez confiance en vous !

Situation

L'EXEMPLE QU'ON LEUR DONNE

Soyez tranquille pour celle-ci, il n'y a pas d'interro. J'ai envie de vous raconter une situation que j'ai observée.

Je suis à la fête d'anniversaire de Lucie, une camarade de classe de mon Chatoune, qui fête ses 5 ans. Les parents de Lucie ont insisté pour garder les parents des petits invités avec eux, comme ça, tout le monde fait la connaissance de tout le monde, c'est très sympa. (D'habitude, on jette son enfant à l'anniversaire, et on file au cinoche !)

À cette fête, je ne connais personne. Mais comme je ne suis pas trop sauvage, je parle avec les autres parents. Je discute avec Maman Corinne, qui est venue avec Théo, 8 ans et Lisa, 5 ans. Les parents discutent au salon pendant que les enfants jouent dans la chambre. Tout à coup, Théo vient dire à sa mère :

– Théo : « *Maman, y a Lisa qui frappe Gaëtan !!! Je lui ai dit d'arrêter mais elle veut pas !*

– Maman Corinne : *Il a quel âge, Gaëtan ?* (Quel est le rapport ??)

– Théo : *Il a 8 ans.*

– Maman Corinne : *Et Gaëtan, il frappe ta sœur ?*

– Théo : *Ben non !*

– Maman Corinne : *Ben ça va, alors.* »

(Prenez le temps de relire et d'halluciner. Si rien ne vous choque, raison de plus pour lire ce chapitre.)

Vous le savez, l'enfant est un être intelligent. Chaque chose que nous faisons, chaque principe que nous lui inculquons, chaque comportement que nous adoptons, tout cela est observé, analysé, assimilé par nos enfants. De nos réactions, ils en concluent des principes de vie, que nous ne maîtrisons pas toujours.

Que nous apprend cette anecdote ? Quelles sont les erreurs commises par Corinne, et du coup, quelle compréhension les enfants impliqués vont-ils en avoir ?

(Bon, finalement, il y a peut-être quand même une petite interro ☺.)

1. Corinne ne sermonne pas sa fille : voilà qui est intéressant. Lisa, aux yeux de sa mère, a le droit de frapper les autres, *a fortiori* des garçons plus grands qu'elle. Lisa grandit ainsi en pensant que sa mère, son modèle de comportement, l'autorise à maltraiter les autres enfants. Voilà qui pourrait dégénérer vers un sentiment de toute-puissance et Lisa pourrait rapidement devenir un enfant-tyran, si ce n'est pas déjà fait.

   Le fait que Corinne demande l'âge de l'enfant que sa fille est en train de frapper interpelle : quelle différence à ses yeux que la victime soit plus jeune ou plus âgée ? Et comment aurait-elle alors réagi si la victime de sa fille était plus jeune qu'elle ?

2. Corinne ne rend pas justice à Gaëtan. Le petit Gaëtan a probablement appris qu'on ne doit pas frapper les autres, ou pas les filles. Peut-être même est-il un grand fort, qui n'ose pas se défendre car il sait qu'il mettra l'autre au tapis ; or, comme il ne veut pas faire mal, Gaëtan encaisse, et personne ne va montrer de l'empathie envers lui qui se fait martyriser. À part Théo, mais sa tentative n'a abouti à rien.

3. Corinne enseigne à son fils Théo qu'on peut taper les autres sans conséquence. Théo serait donc en droit de se poser la question : « *alors si moi je frappe, elle ne me dira rien non plus ?* ». Le pire, c'est que s'il essaie, il est probable qu'il se fasse enguirlander.

4. Corinne enseigne à son fils que dénoncer les mauvais comportements de quelqu'un ne sert à rien. Dommage. Il n'est pas question ici de dénoncer façon collabo. Le terme de dénonciation a été beaucoup employé pendant la seconde guerre mondiale et on en a gardé une connotation négative. Il est important de se défaire de cette image et de ne pas faire l'amalgame entre renseigner la Gestapo pour envoyer des innocents à la mort, et dénoncer les mauvais agissements d'une personne qui fait du mal à une autre dans le but d'éviter qu'elle recommence.

Il existe de très nombreuses situations, à l'école par exemple, où en parler à l'instituteur ou au pion est la bonne réaction. Parler peut faire crever dans l'œuf immédiatement une situation qui, *a contrario*, peut complètement dégénérer en harcèlement et mener certains enfants encore jeunes à des actes radicaux. L'enfant qui ne souhaite pas en référer à l'adulte a souvent peur des représailles. Rassurez-le, c'est de cela qu'il a besoin : « *La maîtresse est au courant, Voldemort a été réprimandé pour ce qu'il t'a fait et il ne devrait plus recommencer. Cela dit, s'il continue à t'embêter, va voir la maîtresse sur-le-champ et viens m'en parler aussi. Et ensemble, on trouvera une solution plus efficace.* » Ne laissez pas Chatoune régler seul ce genre de problèmes, il n'est pas armé pour cela.

Car on peut imaginer que Théo comprend de la réaction de sa mère : « *inutile de me parler de problèmes que tu vois ou que tu subis, je ne ferai rien pour t'aider* ». Et plus tard, fort de ce constat qu'il aura bien intégré, Théo croira devoir régler tous ses problèmes tout seul, quitte à ne pas trouver de solution et à s'enliser dans des problématiques inextricables.

Bien sûr, c'est le pire scénario. Mais ne minimisons pas l'impact de nos messages sur nos enfants. Nous ne savons jamais comment ils vont interpréter ce que nous leur disons, et une simple phrase peut très vite devenir une croyance fausse ou limitante dans leur vie…

Le côté positif pour Théo ici est qu'il semble bien trouver le comportement de Lisa anormal. Cela veut dire qu'il a bien reçu quelques principes. Heureusement, dans ce cas, que les choses de la vie s'apprennent aussi en dehors de la cellule familiale, surtout si un parent est défaillant dans la transmission des règles de la vie en société.

Voyez comme une simple réaction, un comportement de quelques secondes, peut avoir d'incidences sur les principes que l'on veut transmettre à l'enfant.

Mais ce n'est pas fini ! Car Corinne a envoyé un autre message à Théo : que les filles ont le droit de taper les garçons (Whaaaat ?).

Voilà qui m'amène vers le danger des stéréotypes du genre et de la généralisation. Ici, ce serait par exemple :

- *Les garçons sont plus forts que les filles.*
- *Les garçons qui tapent les filles sont méchants.*
- *Les filles sont des victimes.*

Alors, que dites-vous de ça ? :

- *Certaines filles sont plus fortes que certains garçons.*
- *Des garçons grands et costauds savent garder calme et sang-froid.*
- *Des filles de nature aimable et souriante sont parfois capables d'agressivité.*
- *Certains garçons tapent les filles / Certaines filles tapent les garçons.*

Gardez l'esprit ouvert. *Tout est possible*. Évitez de partir dans des clichés qui ne demandent qu'à être contredits ! Tous les garçons ne sont pas des bourreaux, tout comme toutes les filles ne sont pas des victimes. Évaluez la situation, écoutez toujours les deux parties d'un conflit, et ne vous laissez pas aveugler par vos a priori.

LE P'TIT TRUC EN PLUS

Si vous prenez la résolution de changer tel ou tel comportement dans votre manière d'éduquer Chatoune (exemples : cesser de crier, cesser de punir, cesser de faire du chantage, être à l'écoute, rester zen, communiquer, etc.), accordez-vous du temps !

Ayez un objectif, mais autorisez-vous à ce que ce nouveau comportement ne rentre pas dans le muscle en 3 jours.

Si le changement pour vous est profond, prenez rendez-vous avec vous-même une fois par semaine, voire une fois par jour (sous la douche par exemple, pendant la préparation du repas, dans les trajets...) et faites le point :

- *Ai-je agi conformément à ma nouvelle résolution ?*
- *Qu'aurais-je pu faire de mieux ou de différent ?*
- *Sur une échelle de 1 à 10, où en suis-je dans l'atteinte de mon changement de comportement ?*

9

PARENT SOLO,
qu'est-ce que ça change ?

POUR VOUS

D'abord, même si ça ne rassure pas toujours de le savoir, vous n'êtes pas seul·e ! L'INSEE a recensé 1,8 million de foyers en France (soit 9 %) comme étant des familles monoparentales. Ce chiffre date de 2014, et est en constante augmentation. Quand parfois on peut ressentir de la culpabilité à ne pas offrir à son enfant le schéma d'une famille « classique », disons-nous aussi que ce schéma avec Maman seule ou Papa seul est de plus en plus courant et commence à rentrer dans les codes.

Que cette monoparentalité soit un choix ou pas, vous êtes tout aussi capable de bien élever votre enfant. Vous n'êtes pas un mauvais parent parce que vous êtes un parent solo. Chatoune ne sera pas mal élevé et voué à échouer parce que vous êtes un parent solo. Chatoune ne vous en veut pas d'être un parent solo ! La perception que l'on se fait de son rôle dans ce cas-là est capitale. La société nous dicte des normes. Mais rien ne nous oblige à suivre des diktats érigés par de vieilles idées qui datent du temps jadis. De mon côté, j'ai rayé les mots « normal » et « parfait » de mon vocabulaire, et je vous garantis que ça fait le plus grand bien. La société évolue, les idées évoluent, et vous aussi. Changez d'abord votre propre regard sur votre situation. Oui, vous élevez seul·e votre ou vos enfants, et c'est OK.

Les difficultés sont augmentées évidemment, car tout repose sur vous. Certes, vous seul·e profitez des câlins et des bisous, mais vous seul·e aussi devez gérer le quotidien : les courses, l'entretien de la maison, les factures, la cuisine, votre travail, les difficultés ou soucis, ET l'éducation de votre enfant. Beaucoup de rôles pour une seule personne. Parfois, la vie sociale dans tout ça devient un bonus. Même si ce n'est pas facile tous les jours, que c'est fatigant, que cette charge mentale vous envahit, et que vous en avez marre parfois, gardez espoir, tenez bon, vous avez toutes les ressources en vous pour y arriver.

Cela dit, pensez d'abord, en tant que parent, à vous rendre service. Parce que vous êtes seul·e à tout gérer, autant que votre enfant soit obéissant et comprenne que vous pourriez souffrir d'un manque d'unité au sein du foyer. Quel que soit l'âge de Chatoune, pensez à dialoguer. Sans rentrer dans les détails, comme nous l'avons vu précédemment, c'est-à-dire sans faire la liste de tout ce qui repose sur vos épaules, expliquez à Chatoune que vous avez besoin de sa collaboration pour que tous, vous viviez dans l'harmonie et la paix. Chatoune aussi a envie d'amour et de paix, il sera content de vous faire plaisir.

En faisant en sorte que les choses se passent au mieux entre vous, vous ouvrez le champ à une relation différente au fil du temps (de dialogue, d'écoute). Poser des bases solides dès le début, être au clair avec ses principes et les choses importantes pour soi, c'est se respecter soi-même. Et gardez en tête qu'en plus, vous êtes seul·e pour les défendre au quotidien, alors autant qu'ils soient clairs.

En étant assuré·e de vos convictions et de vos principes d'éducation, vous diminuez vos difficultés. Vous apparaissez comme un pilier pour Chatoune, en qui il peut avoir confiance, sur qui il peut compter et avec lequel il sait qu'il ne faut pas jouer.

Tout au long de son enfance, Chatoune va vous tester. Vous vivrez une série de petits défis qu'il vous lancera. Il est capital que vous releviez chacun de ces défis avec succès dès le début, non par orgueil ou pour défendre une autorité mal placée, mais pour vous assurer une sérénité à l'avenir.

Par exemple, soyez vigilant·e à asseoir votre autorité le plus tôt possible. Faites-vous respecter. Assurez Chatoune que c'est vous qui êtes aux commandes de votre foyer et que c'est vous qui rédigez les règles de conduite. En apprenant à vous respecter et à respecter votre autorité en toute bienveillance dès son plus jeune âge, vous aurez posé les bases de votre rôle de parent. J'aime cette image de pilier, d'autant plus importante si l'autre parent n'est pas présent dans la vie de Chatoune : le pilier est celui qui tient l'édifice, ancré dans le sol, sur lequel on peut se reposer, auquel on peut se fier, une véritable référence pour l'enfant en pleine construction. Vous n'êtes pas une victime (de l'autre qui vous a quitté·e, de la société qui vous juge, de la vie qui vous a pris l'être aimé, etc.) ; vous êtes solide ! Votre vie est entre vos mains, croyez en vous et en vos capacités !

Il n'est pas facile d'élever un enfant, ni à deux ni seul·e. Mais bien sûr, seul·e est bien plus compliqué, ne serait-ce que d'un point de vue logistique, ce qui rajoute de la fatigue, et peut rendre moins disponible ou moins fort pour gérer les questions d'éducation. Alors prenez le temps (facile à dire je sais) de prendre soin de vous. Une fois votre progéniture couchée, faites quelque chose qui vous plaît : un masque beauté, une série TV, lire, écrire… tout ce qui est à votre portée à la maison et qui vous procure du plaisir. Souvent, les parents solos ont tendance à ne pas écouter leurs propres besoins car ils ont pléthore de priorités. Mais sur le long terme, chacun des membres du foyer peut pâtir de la dépréciation que fait le parent de ce qui lui fait du bien. Évidemment, il ne s'agit pas de rajouter une contrainte à la liste déjà longue, il s'agit plutôt d'améliorer l'image de vous-même, votre bien-être, et aussi l'image que vous donnez de vous à Chatoune (lui aussi souhaite un parent épanoui).

Et si c'est vraiment difficile, rendez-vous au chapitre suivant pour savoir qui peut vous accompagner.

Enfin, revenons à d'autres statistiques : si votre souhait est de poursuivre votre vie amoureuse un jour, sachez que les parents solos retrouvent l'amour au bout de trois ans en moyenne. Et si vous préférez rester seul·e pour de très bonnes raisons, c'est vous que ça regarde. Si vous êtes bien comme ça, c'est OK !

POUR CHATOUNE

Vous êtes tout pour votre enfant. Lui ne vous juge pas. Il le fera peut-être, mais à l'adolescence, et vous avez le temps de le voir venir et de vous y préparer.

Ce qui change pour l'enfant élevé par un seul parent *versus* un enfant élevé par deux, c'est qu'il peut évidemment ressentir le manque de l'autre parent. Vous le savez, vous le sentez, le soupçonnez, l'appréhendez, peut-être même que Chatoune l'exprime. Mais vous n'êtes pas l'autre parent. Vous ne pouvez pas le remplacer, alors n'essayez pas. Il est faux de penser qu'en étant solo, on doit être le papa et la maman. Vous êtes l'un ou l'autre. D'autres figures autour de vous peuvent être des référents pour l'enfant : un grand-parent, tante, oncle, ami·e, parrain, marraine, entraîneur sportif, etc. Comptez sur eux, et soyez OK avec le fait que Chatoune a besoin de liens féminins et masculins pour construire sa personnalité. Vous êtes une maman solo, ce n'est pas vous qui apprendrez à votre fils à se raser la moustache, demandez à un homme autour de vous de lui apprendre. Vous êtes un papa solo, vous serez peut-être gêné d'expliquer les menstruations à votre fille, demandez à une femme autour de vous ! Une question vous embarrasse, vous n'êtes pas seul·e à pouvoir apporter une réponse. L'important pour votre enfant n'est pas que vous soyez son unique référent, au contraire. Plus Chatoune sait qu'il a du monde autour de lui sur qui compter, plus il sera rassuré (et moins vous aurez de pression).

ET POUR LES AUTRES ?

Quoi, les autres ?

OÙ TROUVER DE L'AIDE QUAND VOUS NE SAVEZ PLUS QUOI FAIRE ?

D'abord, j'espère que vous l'avez compris : déculpabilisez !

Vous faites du mieux que vous pouvez avec les moyens que vous avez, c'est une certitude. Vous n'avez pas toutes les clés, parce qu'on ne vous les a pas données, et qu'aucun de nous n'est génétiquement programmé pour être un parent idéal (d'ailleurs, ça n'existe pas).

Tous ne l'expriment pas, mais soyez assurés qu'il est sain d'avoir des doutes. Si vous avez cette capacité de vous interroger sur votre comportement, cela signifie que vous êtes prêt·e à l'améliorer. Et que vous soyez arrivé·e à ce chapitre du livre est une preuve supplémentaire de votre désir de bien faire et d'être un bon parent. Bravo !

Mais parfois, certaines situations nous dépassent. Ce n'est pas évident de savoir quoi faire, et surtout comment le faire. Souvenez-vous, il y a l'intention et il y a les moyens.

Pour vous aider à y voir plus clair dans votre rôle de parent, j'espère que ce guide vous aura été utile et qu'il continuera à l'être. Cela dit, il se peut que ce ne soit pas suffisant, et c'est normal car un livre n'a pas vocation à traiter les cas particuliers de chacun d'entre nous et les situations évoquées sont loin d'être exhaustives. Vous pouvez alors avoir recours à un professionnel, qui lui-même aura différents angles d'approche. En fonction de vos besoins, l'un ou l'autre sera plus approprié :

- Structures de type PMI, Maisons de l'enfance, Maisons familiales, Maisons vertes, ou tout type d'association ou de groupe de parole ouvert aux parents et enfants en difficulté relationnelle.

- Psychologue ou psychothérapeute, si vous pensez que vous avez des blocages (voire des traumatismes) liés à votre enfance ou à la façon dont vous avez vous-même été éduqué·e, et qui vous empêchent d'avancer. Un professionnel de ce type peut aussi vous venir en aide si le comportement de Chatoune vous inquiète et que vous soupçonnez un problème qui vous dépasse.
- Vos amis ou vos proches parents. Mais attention toutefois aux jugements possibles qui risqueraient de vous enfoncer. Et attention surtout aux conseils : ce qui a marché pour eux ne marchera pas forcément pour vous. Et ce ne sera ni de votre faute ni de la leur, c'est juste que ce n'est pas la solution adaptée à vous et à votre enfant. Si ça marche, tant mieux. Sinon, retour à la case départ.
- Coach parental, coach de vie, coach relationnel… du moment qu'il ou elle a suivi une formation certifiée par l'État, qui sera à votre écoute pleine et entière, et qui vous accompagnera pour identifier quel parent vous souhaitez être, et quelles choses vous voulez mettre en place. Un coach est orienté Solutions, et vous travaillerez votre problématique pour trouver quoi faire pour être un papa ou une maman à l'aise dans ses baskets.

UN DERNIER P'TIT TRUC POUR LA ROUTE

Faites-vous confiance ! Chacun de nous détient les clés de la bienveillance, de l'écoute et de la communication. Pour certains, c'est plus simple car ils ont grandi ou évolué dans un environnement qui y est propice. Pour d'autres, le chemin semble plus caillouteux car c'est tout nouveau. Mais chacun de nous a les ressources pour changer ce qui doit l'être.

Et puisque certains y arrivent, alors vous le pouvez aussi !

Vous voulez le mieux pour votre enfant, c'est une évidence. Et même si vous ne faites pas toujours comme vous aimeriez ou comme vous savez qu'il est juste de faire, gardez en tête que vous faites du mieux que vous pouvez, avec les moyens que vous avez. Faites-vous confiance, aimez-vous en tant que personne et en tant que parent, et continuez à aimer votre enfant de toutes vos forces.

902077 – (I) – PMS 3015 U – SOP 120 – ANT – GCO
Dépôt légal : janvier 2020
Imprimerie CHIRAT - 42540 Saint-Just-la-Pendue

Imprimé en France

Paul Seitz

Großvaters Kräuterwissen

Zum Geleit

Kräutergärten im Wandel der Zeit

Wahrscheinlich wuchsen schon in den Urgärten verschiedene Kräuterarten, die als Medizin oder Zaubermittel gegen Krankheiten bei Mensch und Tier benutzt wurden. Schon in sehr früher Zeit begann also die wechselvolle Geschichte der Kräuter in den Gärten. Die Ausgrabungen der Pfahlbauten am Bodensee gaben Aufschluß über die damals kultivierten Pflanzen, also in der Zeit vor 3000 bis 4000 Jahren. So wurden z. B. Kümmel, Mohn und die Vorfahren unserer heutigen Petersilie gefunden. Obwohl diese Gärten bescheiden sowie schmucklos ausgestattet waren und offensichtlich äußerst einfach genutzt wurden, war dieses sogenannte Zaunland den Germanen heilig und unverletzbar. Der römische Schriftsteller Cornelius Tacitus (98 n. Chr.) schrieb in seiner „Germania" allerdings, daß in diesem Lande dem Gartenbau noch wenig Aufmerksamkeit geschenkt wurde.

Eigentliche Gartenkultur brachten die römischen Soldaten über die Alpen in ihre besetzten Provinzen. Man wollte auf die Lebensgewohnheiten des Mutterlandes, auf eine abwechslungsreiche würzige Kost sowie heilende und duftende Pflanzen nicht verzichten und bemühte sich deshalb um den Kräuteranbau in unmittelbarer Nähe. Auf diese Weise wurden z. B. Zwiebelarten, einschließlich Knoblauch, Lauch, Koriander, Kerbel, Kresse, Dill und Minze auch unseren Vorfahren bekannt. Bei Ausschachtungen im Jahre 1974 mitten im hessischen Butzbach stieß man auf eine Zisterne, vermutlich eines römischen Händlers, aus dem 2. Jh. n. Chr. mit einer Fülle von Pflanzenresten, Samen und Früchten. Die Funde erlaubten interessante Einblicke in die Versorgung mit Nahrungs-, Würz- und Arzneipflanzen der damaligen Besatzungstruppen und der Bevölkerung am Limes. Neben Dill, Fenchel, Koriander und Kümmel konnten Samen von Sellerie, Judenkirsche, Tollkirsche und Bilsenkraut identifiziert werden.

Die Tollkirsche war vermutlich schon den Menschen im 2. Jh. n. Chr. bekannt.

Mönche fördern die Kräuterkultur
Nach der Verdrängung der Römer machten sich die Alemannen nur das augenfällig Nützliche der römischen Gartenkultur zu eigen. Seit Chlodwig förderten die fränkischen Könige durch das christliche Mönchtum die frühe deutsche Gartenentwicklung. In der Landgüterverordnung Karls des Großen, „Capitulare de villis", wurden 73 Gemüse- und Kräuterarten zum Anbau in den Bauerngärten empfohlen. Capitulare-Gärten kann man auf der Marksburg und in Aachen besichtigen.

Der Ysop stammt aus dem Orient.

Vor allem dem Benediktinerorden ist in der Folge die Verbreitung des Gemüse- und Kräuteranbaues zu verdanken. Die Mönche, dazu berufen, Armen und Kranken zu helfen, bauten die notwendigen heilsamen Kräuter in den Klostergärten an. Über ihre Bruderorden wurden Pflanzen erworben oder ausgetauscht. Im Mittelalter gelangten weitere einheimische Heil- und Würzpflanzen aus der freien Natur in die Kräutergärten, z. B. Wermut und Beifuß. Auch in den Burggärten der höfisch-ritterlichen Gesellschaft fanden Arzneipflanzen besondere Beachtung. Sie waren erforderlich zur Wund- und Krankenpflege in den oft recht kriegerischen Zeiten. Die Kreuzritter lernten würz- und heilkräftige Gewächse des Orients, z. B. Ysop und Schwarzkümmel, kennen, und Seefahrer brachten weitere nützliche Pflanzenarten wie Paprika und Kürbis aus neuentdeckten Ländern mit in die Heimat. Über die Würzgärten auf den Burgen sind diese Gewächse in den Bauern- und Bürgergärten heimisch geworden.
Überliefertes Wissen um die Heilkräfte der Kräuter wurde von Generation zu Generation weitergegeben, oft mit Aberglauben vermischt und jeweils durch eigene Erfahrungen ergänzt. Dadurch entstand das weite Gebiet der Volksmedizin, deren Teilbereiche inzwischen wissenschaftlich bestätigt werden konnten. Diese Volksheilkunde dient heute vielfach der Neuorientierung von Heilverfahren und als Grundlage der biologischen Medizin.

Nähere Angaben zu den einzelnen Heilkräutern finden Sie ab Seite 149 ff.

Alle Würzkräuter sind Heilpflanzen

Ohne Ausnahme haben alle Würzkräuter mehr oder weniger bekannte Heilwirkungen. Weil überwiegend grün und frisch direkt aus dem Garten geerntet und verzehrt wird, sind diätischer Wert und Heilkräfte der Würzpflanzen besonders zu schätzen. Unbestritten ist das Blattgrün Chlorophyll der stärkste Blutbildner. Auf dem Nahrungswege wird aus dem grünen Pflanzenfarbstoff der chemisch verwandte Blutfarbstoff Hämoglobin. Chlorophyllhaltige Pflanzennahrung vermag aber nicht nur unser Blut zu erneuern, sondern auch die Nerven zu kräftigen und auf natürlichem Wege unsere Abwehrkräfte gegen Krankheiten zu stärken. Chlorophyll erhöht ferner die Funktion des Herzens, der Gefäße, des Darmes, der Nieren und steigert allgemein die Spannkraft des Körpers.

Aus der Pflanzenkunde wissen wir, daß Heilwirkungen meist auf dem Zusammenspiel mehrerer Inhaltsstoffe beruhen und seltener von einem einzelnen Stoff ausgehen. Die verschiedenen Stoffkomponenten können sich ergänzen, in ihrer Wirkung verstärken oder allein durch ihre Beteiligung organismusschonend sein. Im allgemeinen ergeben sich in der Gesamtheit die angestrebten positiven Effekte. Nicht wenige Würzkräuter wirken antibakteriell bei Infektionskrankheiten, z. B. Knoblauch und Zwiebel; viele andere Arten sind appetitanregend und verdauungsfördernd sowie nervenstärkend; andere fördern das Immunsystem, Allgemeinbefinden und die Leistungsfähigkeit, mildern Leiden und unterstützen Genesungsvorgänge, ohne bedenkliche Nebenwirkungen befürchten lassen zu müssen.

Nähere Angaben zu den einzelnen Würzkräutern finden Sie ab Seite 114 ff.

Knoblauch verleiht nicht nur vielen Gerichten eine besondere Note, er ist auch ein vielseitiges Heilmittel.

Die Wurzelpetersilie bringt fleischige Rüben hervor.

Blatt finden wir die aktivsten Stoffwechselprozesse. Mit Hilfe des Chlorophylls produziert die Pflanze aus dem Kohlendioxyd der Luft und Wasser unter Einfluß des Sonnenlichts Glukose. Sie ist die Voraussetzung für den Aufbau aller anderen Assimilate, wie für die Bildung von Stärke, aber auch von Fett und Eiweiß und der Wirkstoffe. Eingestrahltes Licht wird in chemische Energie umgewandelt. Die Blätter sind also in der Regel besonders reich an Inhaltsstoffen.

Die **Stengel** dienen dem Wasser- und Stofftransport zwischen Wurzeln und Blättern. Hier lassen sich, abgesehen von Nitraten (die für die Ernährung unerwünscht sind), im allgemeinen nur geringe Konzentrationen von Inhaltsstoffen nachweisen.

In **Holz** und **Rinde** werden ebenfalls bestimmte Produkte des pflanzlichen Stoffwechsels abgelagert. Deshalb finden auch sie in der Pflanzenheilkunde Verwendung, z. B. Faulbaum- oder Weidenrinde.

Die **Wurzeln**, Aufnahmeorgane der Pflanzen, ebenso Rhizome und Wurzelknollen speichern vielfach Inhaltsstoffe, die heilkräftige bzw. würzende Eigenschaften erwarten lassen, z. B. Wurzelpetersilie.

Auch die pigmentreichen bunten **Blüten** enthalten heilaktive Substanzen. Besonders reich an ätherischen Ölen sind duftende Blüten, z. B. die von Lavendel und Ringelblumen. Die fleischigen Früchte zeichnen sich durch hohe Gehalte an Mineralstoffen und Vitaminen aus. Wild- und Kulturfrüchte werden bevorzugt als ergänzende Beigaben für viele Heilmittel verwendet.

Lavendelblüten überzeugen durch ihren intensiven Duft.

Die **Samen** enthalten alle lebensnotwendigen Nähr- und Wirkstoffe der künftigen Pflanze in ausgewogener Zusammensetzung. Sie sind deshalb vielfach hochwertige Nahrungs- und Heilmittel.
Durch Trocknen und Weiterverarbeiten werden die Heilpflanzen zu Drogen; wir sprechen von Pflanzendrogen oder vegetabilischen Drogen. In Rezepten und Inhaltsangaben für pflanzliche Drogen sind die Pflanzenteile zusammen mit den Pflanzennamen (Apothekernamen) lateinisch bezeichnet (siehe Tabelle Seite 19).
Unsere Kenntnisse über die Bedeutung der Pflanzendüfte dürfen noch immer als recht bescheiden bezeichnet werden. Neben den kaum erforschten Harzen sind vor allem ätherische Öle von

Pflanzenteil	Lateinische Bezeichnung	Abkürzung
Ganzes Kraut	Herba	Herb.
Blatt, Blätter	Folium, Folia	Fol.
Blüte, Blüten	Flos, Flores	Flor.
Samen	Semen	Sem.
Frucht, Früchte	Fructus	Fruct.
Wurzel	Radix	Rad.
Wurzelstock	Rhizoma	Rhiz.
Zwiebel	Bulbus	Bulb.
Rinde	Cortex	Cort.
Beispiele:		
Basilici herba	= Kraut des Basilikums	
Fragariae folium	= Blatt der Erdbeere	
Sambuci flos	= Blüte des Holunders	
Valerianae radix	= Wurzel des Baldrians	
Quercus cortex	= Rinde der Eiche	

Blüten, Blättern und Wurzeln Duftträger.

Die Düfte unserer Medizinalpflanzen bestehen aus vielen Komponenten, die allerdings so einig und harmonisch gemischt sind, daß ein einheitlicher Geruchseindruck entsteht. Die heilkundliche Verwendung ätherischer Öle von Arzneipflanzen wird als Aromatherapie bezeichnet. Das sanfteste aller Naturheilverfahren ist allerdings die Aromapflanzentherapie. Dabei werden in unmittelbarem Kontakt mit der Heilpflanze deren heilkräftige Düfte zur Behandlung eingesetzt. Die Anwendungen pflanzlicher Düfte können problemlos mit anderen Naturheilverfahren kombiniert werden.

Kräutergärten schöner gestalten

Immer mehr Familien wollen einen eigenen Kräutergarten besitzen. Verständlich, denn wer möchte nicht gerne in unmittelbarer Nähe jeden Tag so viele Kräuter unbedenklich auswählen und ernten können, daß er in deren Düften schwelgen, Speisen raffiniert würzen und nach Belieben Tee und Teegetränke ganzjährig bereiten oder auch Tinkturen und Spezereien selbst herstellen kann.
Kein Kräutergarten kann dem anderen exakt gleichen. Zuschnitt des Grundstückes, Standortbesonderheiten, Landschafts-, Dorf- bzw. Hofbild und natürlich die Bedürfnisse des Gartenbesitzers bestimmen Gestaltung und Entwicklung. Wenn sich auch der Kräutergarten selbstverständlich dem Gesamtcharakter des Gartens unterordnen muß, so bleibt doch noch für Phantasie und Gestaltungsdrang ein breiter Spielraum.

Grundregeln

Um längerfristig spürbare Nachteile zu vermeiden, sollten folgende allgemeine Grundregeln bei der Anlage von Kräutergärten beachtet werden:

Sonnige Standorte wählen
Die bekannten Kräuterarten sind vor-

Statt Kräuterecken kann man attraktive Kräutergärtchen im Garten gestalten.

wiegend „Kinder der Sonne“ und häufig aus südlichen Ländern zu uns gekommen. Sie erreichen das volle Aroma, die bestmögliche Würzkraft und Heilkräutereigenschaften bei zufriedenem Wuchs und Pflanzengesundheit nur mit reichlicher Besonnung.

Möglichst in Hausnähe anlegen
Kräuter werden in Küche und Haus oft rasch gebraucht. Deshalb legen wir unsere Kräutergärten in Hausnähe an, um sie trockenen Fußes schnell zu erreichen. Wege oder Trittplatten sollten so befestigt sein, daß bei jedem Wetter die Kräuterernte möglich ist.

Wasseranschluß ist zweckmäßig
Die Kräuterarten sind zwar genügsam in ihren Ansprüchen; allerdings leidet die Pflanzenentwicklung bei längeren Trockenperioden, besonders auf Standorten mit leicht durchlässigem Boden. Ideal ist eine zusätzliche Regenwasserversorgung. Regentonnen können auch zum Ansetzen von Kräuterbrühen genutzt werden. Auf alle Fälle sollten wir den Insekten und Vögeln eine Wassertränke anbieten, damit sie den Kräutergarten möglichst oft besuchen.

Mit einem Regenwasserfaß lassen sich extreme Trockenzeiten im Kräutergarten überbrücken.

In jeden Kräutergarten gehört eine Sitzbank.

Platz für eine Gartenbank berücksichtigen

Ohne Gartenbank fehlt unserem Kräutergarten ein wichtiges Element.
Bei der Ernte werden wir nur selten Zeit zum Sitzen und Vorputzen des Erntegutes haben. Vielmehr soll die Bank einladen, öfters im Kräutergarten zu verweilen, um sich an den vielfältigen Düften und bescheidenen Schönheiten der Kräuter, den fleißigen Bienen, Schmetterlingen, den Vögeln an der Wassertränke und anderen kleinen Gästen zu erfreuen.

Wichtig: richtige Materialverwendung

Unsere Kräutergärten dürfen nicht kitschig wirken. Deshalb wählen wir für Wegebau, Umzäunung und Ausstattung landschaftstypische bodenständige Materialien, wie z. B. Steine – auch Feldsteine –, Holz, Ton, Keramik oder Schmiedeeisen, und berücksichtigen die örtliche Handwerkskunst. Auch eigene Kunstfertigkeiten sind gefragt. Schließlich können auf diesem Wege durch Anerkennung Kreativitäten für Klein- bzw. Volkskunst gefördert werden. Jeglicher unzweckmäßiger Zierat, z. B. Rondelle mit gebrauchten Schlepperreifen, Einfassungen mit leeren Weinflaschen oder unbrauchbar gewordene Hofgerätschaften, entspricht nicht den Grundzügen echter Kräutergärten von Schlichtheit, Zweckmäßigkeit und harmonischer Gestaltung; es wirkt eher wie ein durch Pflanzen verzierter Schrottplatz. Man kann derartige Materialien höchstens dort verwenden, wo sie bald von Pflanzen überwuchert werden.

Selbstverständlich soll jeder nach eigenen Vorstellungen seinen Kräutergarten anlegen und systematisch weiterentwickeln, damit er sich dort stets gerne aufhält und die Betätigung immer wieder aufs neue große Freude bereitet. Heil- und Würzkräutergärten können tatsächlich für beinahe jeden Haushalt verwirklicht werden. Nachfolgend seien einige Gestaltungsbeispiele genannt.

Kräuterbeet für vier Personen

Zur Versorgung einer vierköpfigen Familie mit Würzkräutern reicht das große Kräuterbeet mit Abmessungen von etwa 3 x 4 m mit folgenden Würzkräutern:

a) Stückangaben:

Apfelminze	5
Beifuß	2
Bohnenkraut, Berg-	4
Eberraute	2
Engelwurz	1
Estragon, Deutscher	3
Lavendel	2
Liebstöckel	1
Meerrettich	6
Origano	3
Pimpinelle	3
Pfefferminze	10
Rosmarin	4
Salbei	3
Schnittlauch	10
Thymian	3
Weinraute	2
Wermut	1
Winterheckzwiebeln	4
Ysop	3
Zitronenmelisse	2
Zitronenthymian	5

b) Flächenangabe in m^2 bei Saatkräutern:

Basilikum	0,50
Bohnenkraut, Sommer-	0,25
Borretsch	0,25
Dill	0,50
Fenchel	0,25
Gartenkresse	0,25
Kapuzinerkresse	0,25
Kerbel	0,25
Knoblauch	0,50
Koriander	0,25
Majoran	0,25
Petersilie	0,50
Portulak	0,10
Sauerampfer, Großer	0,25
Senf, Weißer	0,25

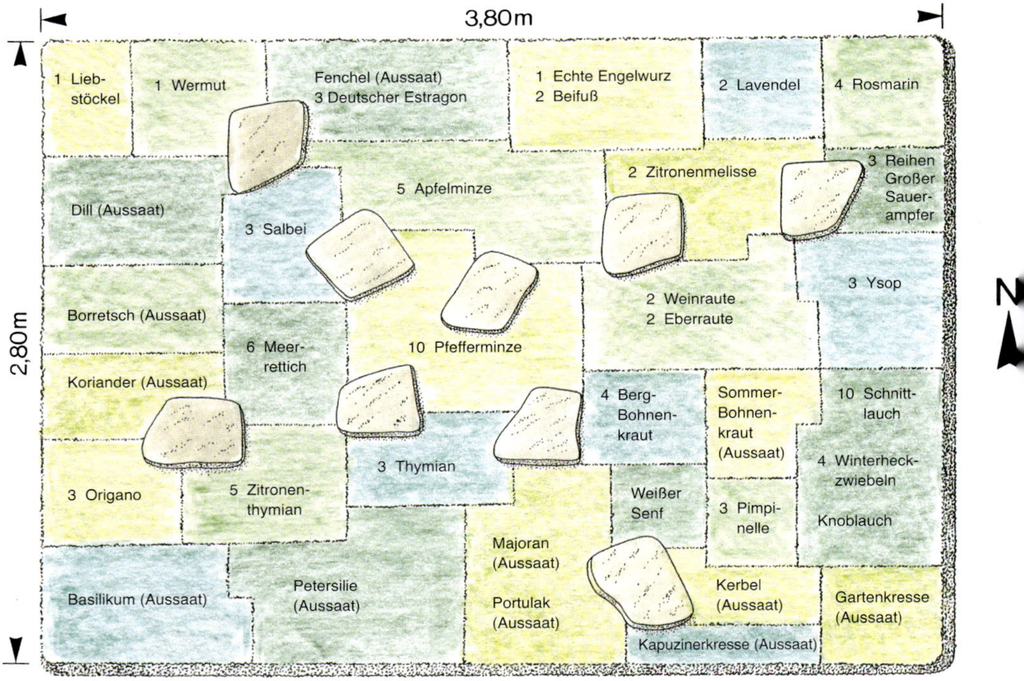

Großes Kräuterbeet für eine Familie (Gestaltung Dr. Seitz)

Bei der Neuanlage des Kräuterbeetes sind die Pflanzenhöhen und das Platzbedürfnis zu berücksichtigen. Grenzt das Kräuterbeet an eine Mauer oder an einen Zaun, so stehen die mehrjährigen, hochwachsenden Pflanzenarten hinten, bei einem freiliegenden Beet dagegen in der Mitte. Die niedrigeren und einjährigen Kräuter sollten vorne angepflanzt werden. Zur leichteren Pflege und Ernte können wir Trittplatten auslegen.

Ornamental verspielte Kräutergärten

Diese Kräutergärten finden wir bevorzugt in westlichen Nachbarländern, ebenso die bekannten Grau- und Silber-Kräutergärten. Die ornamentale Gestaltungskunst nimmt Pflanzen, Blüten und Tiere als Vorbilder und versucht, in strenger, klarer Weise zu vereinfachen und zu deuten. Ornamente bestehen aus geometrischen Figuren wie Quadrat, gleichseitigem Dreieck, Kreis und anderen Formen.
Durch die verschlungenen Linien der Ornamente ergeben sich verschieden-

Ornamental verspielter Kräutergarten

gestaltige Beetflächen für die Gruppenbepflanzung mit bekannten Kräutern und zum Bestreuen mit buntem Kies. Die Ornamentlinien werden im allgemeinen als niedrige Kräuterhekken geführt, z. B. mit Edelgamander, Ysop, Heiligenkraut oder Buchs. Selbst Ornamentkräutergärten im elisabethanischen Stil lassen sich verwirklichen. Entscheidend für die Schönheit aller ornamentaler Anlagen ist, daß Form und Dekor mit dem eigentlichen Zweck in Einklang bleiben.

Abbildungen und Beschreibungen von Kräutergärten können die Phantasie anregen und Ideen für den eigenen Garten liefern.

Historischer Kräutergarten

Kloster-Kräutergarten als Kreuzformanlage

Nach dem Vorbild berühmter mittelalterlicher Klostergärten eignen sich für diese Gestaltung rechteckige Grundstücke. Ein Längs- und ein Querweg bilden die Kreuzform, in dessen Mittelpunkt bevorzugt ein Brunnen oder Wasserschöpfbecken, aber auch hochwachsende, prägnante Kräuterarten angeordnet werden können. Seitlich, z. B. entlang von Mauern, sind halbbreite Beete mit bunter Vielfalt bepflanzt. Im historischen Kräutergarten sollen selbstverständlich die damals wichtigen Kräuterarten vertreten sein, z. B. Fenchel, Knoblauch, Koriander,

Oben: Kreuzformanlage eines Kräutergartens (Gestaltung Dr. Seitz)
1 Sitzbank, **2** Kräuterrasen, **3** mehrjährige Kräuterarten, **4** Ein- und Zweijährige sowie Zwiebelartige, **5** mehrjährige und rankende Arten, **6** Rondell mit Wasserbecken, **7** Habichtskugeln, **8** Kräuterhecken, **9** Rankbogen

Streng symmetrischer Kräutergarten

Kräuter in Kübeln und Balkonkästen

Nicht immer ist das passende Gartenland in Hausnähe für die Kräuterplantage vorhanden. Trotzdem muß man deshalb auf eigene Kräuterkulturen nicht verzichten. Auch in aller Bescheidenheit – vielleicht in einem Innenhof, bei einem Sitzplatz oder auf anderen gepflasterten oder versiegelten Flächen – können wir attraktive Kübelgärten gestalten.

Mobile, wandelbare Kräutergärten

Vor allem in Gartenhöfen, im Schutze von Mauern und Hauswänden, gibt es ideale Standorte mit besonderen Vorteilen für den beweglichen Kräutergarten, weil sich hier zudem an starken Haken Kästen und andere dekorative Pflanzgefäße, auch Ampeln, aufhängen lassen.

Kästen- und Troggärten wirken bei stufenförmiger Anordnung eindrucksvoll. Auf ebenen Flächen sind die niederen Gefäße im Vordergrund und die größeren Behälter geschickt dahinter zu gruppieren; Kräuterampeln werden harmonisch dazu ergänzt.

Grundsätzlich eignen sich alle Materialien für Gefäße unserer mobilen Kräutergärten, wenn sie in Formen und Farben zum Umfeld passen. Sie dürfen auch in Größe und Fassungsvermögen variieren. Oft überzeugt die Schlichtheit der Gefäße. Es werden gerne natürliche Werkstoffe bevorzugt, wie z. B. Stein, Holz, Ton und Keramik. Wichtig ist, daß der mobile Garten nicht zum Sammelsurium von Materialien und Behältern, von Marmeladeneimern über ausgediente Schubkarren bis zur „Florentinischen Schale“, wird. Finden die modernen Werkstoffe, Beton und Kunststoff, Anwendung, weil sie zum Baustil passen, sollten wir auf möglichst einfache geometrische Formen achten, um insgesamt mit dominierender Bepflanzung zu überzeugen.

Kübelgärten bieten somit ein weites Feld für Ideenreichtum und Gestaltungsmöglichkeiten. Moderne nüchterne Behälterformen sind genauso gefragt wie Nostalgie in antiken Gefäßen. Ergänzend sei erwähnt, daß zu den mobilen Kräutergärten auch mit Kräutern bepflanzte Mooswände und Kräutertürme gehören sowie die einfachste Form in Erdsäcken. Zwischenzeitlich hat sich herausgestellt, daß sich bei der Sackkultur am besten Fertigerden mit Düngerzusatz bewähren, wenn unterseits in den Säcken einige Löcher den Abzug des überschüssigen Wassers gewährleisten.

Kräuter in verschiedenen Töpfen und Kübeln – ein attraktiver Anblick

Kräuterterrasse
1 Kapuzinerkresse am Rankgerüst, **2** Dill, **3** Schnittlauch oder Schnitt-Knoblauch, **4** Gartenkresse, **5** Lavendel oder Portulak, **6** Liebstöckel, **7** Borretsch, **8** Estragon und Kerbel, **9** Beifuß, **10** Petersilie und Majoran, **11** Fenchel, **12** Basilikum, **13** Zitronenmelisse, **14** Origano, **15** Lorbeerbäumchen, **16** Minzearten, **17** Ampel mit Berg-Bohnenkraut, **18** Ampel mit hängendem Rosmarin, **19** Hopfen

Pflege der Kübelkulturen

Es eignen sich nahezu alle ein- und mehrjährigen Kräuterarten für die Kulturen in Schalen, alten Trögen, Töpfen und Ampeln. Nur ist stets zu bedenken, daß die Pflanzen in den Gefäßen wenig Raum und begrenzte Wasser- sowie Nährstoffversorgung haben. Andererseits garantieren durchlässige Erde

Auch Kräuter in Gefäßen müssen sorgfältig gepflegt werden.

und Tonscherben oder eine Sandschicht auf den Abzugslöchern dafür, daß keine Vernässung eintritt. Nach dem Einwachsen benötigen die Kräuter regelmäßig alle drei bis vier Wochen eine zusätzliche flüssige Düngung mit handelsüblichen organischen oder mineralischen Düngemitteln bzw. mit Kräuter- oder Kompostauszügen.

Mehrjährige Pflanzen in Kübeln und Schalen müssen von Zeit zu Zeit umgetopft werden.

Kräuterplantage auf dem Balkon

Viele Familien mit Wohnungen in Ballungsgebieten haben keinen Garten, möchten aber auf selbst angezogene Kräuter nicht verzichten. Hier bietet sich „Kräuterei" auf dem Balkon an. Auf solch bescheidener Fläche wertvolle Kräuter zu kultivieren und zu ernten, erfordert allerdings Geschick und Wissen zugleich.

Um späterem unnötigen Ärger vorzubeugen, sollten einige grundsätzliche Hinweise vor Beginn der Balkongärtnerei beachtet werden:

- Wenn die Hausordnung solche Kulturen erlaubt, sollten Sie vor dem Kauf der Gefäße die Tragkraft des Balkons abschätzen, insbesondere, wenn größere Behälter oder Kübel aufzustellen sind.
- Auf der Außenseite der Balkone zur Straße hin dürfen grundsätzlich aus Sicherheitsgründen keine Töpfe oder Blumenkästen aufgehängt werden.
- Wenn der Balkon keine Regenrinne hat, damit überschüssiges Gießwasser

abfließen kann, bietet sich mit Untersätzen oder Blechunterbauten die Entsorgung an.

- Die meisten Vorteile für unsere kleine Kräuterplantage bieten Balkone mit guter Besonnung. Auf Südbalkonen sind die Pflanzen im Sommer für Sonnenschutz dankbar, z. B. durch Marki-

Links: Richtige Pflanzung im Kübel
Unten im Topf müssen sich Abzugslöcher befinden, über die einige Tonscherben gelegt werden. Darüber gibt man eine Schicht Kies mit einer Sandauflage oder Vlies, damit die darauf folgende Erdschicht nicht ausgewaschen werden kann. Die Erde wird nicht bis zum Topfrand aufgefüllt, sondern man beläßt einen Gießrand von etwa 2 cm.

Viele Kräuter gedeihen problemlos in Balkonkästen.

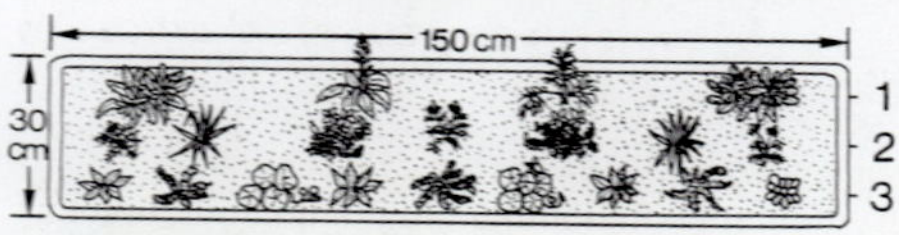

Richtige Bepflanzung eines Balkonkastens (oben Ansicht, unten Aufsicht)
1 Hochwachsende Arten, z. B. Fenchel, Rosmarin, Garten-Ringelblume und Wermut, werden hinten in den Balkonkasten gepflanzt.
2 Mittelhohe Kräuter, z. B. Echte Kamille, Tüpfel-Johanniskraut, Ysop und Knoblauch, wachsen in der Mitte.
3 Niedrige bzw. hängende Arten, z. B. Kapuzinerkresse, Thymian, Minzearten und Tripmadam, stehen vorn.

sen oder Pergolen; im Frühjahr, Herbst und Winter bieten sie den angenehmsten Aufenthalt für unsere Kräuter. Selbstverständlich können wir auch auf ost- und westseitigen Balkonen mit Erfolg „kräutern".

- Auf Balkonen an der Hauptwindseite – besonders wenn sie höher liegen – zeigen die Pflanzen nicht selten Windschäden, auch durch Luftwirbel. Abhilfe bieten – ohne daß das äußere Ansehen leidet – festgedübelte Rankgerüste, auch größere strauch- bzw. zwergbaumartige Kübelpflanzen.
- So wie der Innenarchitekt die Ausstattung für die Wohnung auf einer Zeichnung einplant, können Sie dies auch für Ihren Kräuterbalkon skizzieren. Das ist eine große Beratungshilfe zum Einkauf von Gefäßen und Pflanzen in der Gärtnerei, im Baumarkt oder Gartencenter. Wer möchte nicht sein kleines Kräuterreich individuell und geschmackvoll gestalten?
- Grundsätzliches gilt für Material, Form, Farbe und Größe sowie die Gefäße der mobilen Gärten. Weil Balkone meist sehr platzarm sind, haben runde platzaufwendige Gefäße Nachteile gegenüber Rechteck- oder Quadratformen, die sich auf modernen wie auf alten Balkonen leichter einfügen lassen. Sowohl auf dem Balkon als auch auf der Terrasse sind kräuterbepflanzte Weidenkörbe, dekorative Hängetöpfe an schmiedeeisernen Ketten, Schalen und Mooswände ansprechend. Wenn Sie ausgediente Haushaltsgefäße und Gerätschaften als Pflanzbehälter umfunktionieren, können Sie manchmal Ihrem grünen Refugium eine persönliche Note geben. Jedoch sind Vorsicht und Zurückhaltung geboten, damit nicht das Gegenteil, nämlich Schrott- und Gerümpeleindruck entsteht.

Kräuter auf der Fensterbank

Den wenigsten Raum benötigen ganzjährige Zimmerkräutergärten. Sie sollten an hellen Fensterfronten stehen. Am besten eignen sich helle Ost- und Westfenster und im Winter die Südfensterfronten.
Ideale Standorte bieten Wintergärten. Zusammen mit Zierpflanzen können die Kräuter in dekorativen Gefäßen schmückende und belebende grüne Nischen in den Wohnungen darstellen. Schnellwachsende Kräuterarten wie Kresse, Dill, Kerbel, Portulak und Senf werden mehrmals im Jahr in Folgesätzen ausgesät. Selbstverständlich gehören zum Zimmer- und Balkonkräutergarten auch mehrjährige Kräuterarten. Am bekanntesten sind Zitronenmelisse, Dost, Rosmarin, Thymian, Ysop, Lavendel, Minzearten, Pimpinelle, Tripmadam, Weinraute, Salbei und Estragon. Selbst der starkwachsende Liebstöckel braucht nicht zu fehlen. Steht genügend Platz zur Verfügung, ergänzen wir das Sortiment mit Duftpelargonien, Zitronenstrauch und einem Lorbeerbaum. Sobald es im Frühjahr die Witterung erlaubt, darf die Kräutergesellschaft nach vorheriger

Kräuter in Töpfen auf der Fensterbank

Salbei eignet sich für die Fensterbankkultur.

Auch ein Topf mit Weinraute findet seinen Platz auf dem Fensterbrett.

Abhärtung und Gewöhnung an das Sonnenlicht auf das gesicherte Außenfensterbrett wechseln.
Vorteilhafter als das Fensterbrett ist eine Fensterwanne, die innen wasserdicht mit einer Folie ausgekleidet werden kann. Entweder kultivieren wir direkt ins Erdreich, „füttern" die Töpfe in Moos oder anderes humoses Material ein oder stellen Pflanzgefäße in Untersetzer bzw. Übertöpfe, um den Wasserhaushalt besser regulieren zu können. Man kann die „Topf-Kräuter" auch in Rinnen mit Kies oder zerkleinerten Tonscherben stellen, um Übernässung vorzubeugen. Favoriten für solche Kulturen sind Schnittlauch, Knoblauch zur Grüngewinnung und Wurzelpetersilie in Töpfen.

Schnittlauch-Treiberei

Am einfachsten werden im Herbst kräftige Pflanzen des eigenen Gartens ausgegraben. Die Blätter lassen wir abwelken und einziehen und die Klumpen durchfrieren. Bleibt im Spätherbst die Witterung lange mild, so daß die Klumpen nicht durchfrieren können, kann man die geputzten Wurzelballen durch ein etwa zehnstündiges Wasserbad bei Temperaturen von 35–40 °C stimulieren und damit die Treiberei einleiten. Dann wird eingetopft, und die Töpfe werden ans warme Fenster oder ins Gewächshaus gestellt. Je wärmer die Kultur gefahren werden kann, desto schneller erscheinen die feinen röhrenförmigen Blätter. Nach drei-

Schnittlauch-Treiberei
1 Kräftige ausgegrabene Pflanzen läßt man durchfrieren, oder man stimuliert die Ballen durch ein zehnstündiges Wasserbad bei Temperaturen von 35–40 °C.
2 Danach wird eingetopft und zum Treiben auf das Fensterbrett oder ins Gewächshaus gestellt.

maligem Schnitt sind die Pflanzen meist erschöpft. Die abgeschnittenen Schnittlauchstauden können wir selbstverständlich wieder auf unser Kräuterbeet im Garten zurückbringen.

Knoblauch-Treiberei

Hierzu stecken wir jeweils mehrere Zwiebelzehen in die vorbereiteten Töpfe. Bei genügend feuchter Erde und Zimmertemperatur treibt der Knoblauch sehr schnell aus, und das würzige Grün ist ebenfalls mehrmals zu ernten. Knoblauchgrün gibt den Gerichten, vor allem Salaten und Quark, in dezenter Form raffinierten Geschmack und gilt als Geheimtip der Küchenmeister.

Zimmertreiberei von Wurzelpetersilie

Je nach Größe können wir mehrere Wurzeln in einen tiefen Topf einpflanzen und bei mäßiger Feuchtigkeit und Wärme antreiben. Beim Ernten dürfen immer nur die älteren Blätter von außen abgenommen werden, um damit eine lange und reichliche Nutzung zu gewährleisten.
Selbstverständlich kann man auch im Frühherbst gesunde Pflanzen von **Blattpetersilie** eintopfen und für die Winterkultur vorbereiten. Allerdings ist der Erfolg nicht so sicher wie bei Wurzelpetersilie.
Eine weitere Möglichkeit besteht durch

Vorbereiten der Zimmertreiberei mit Wurzelpetersilie

Aussaat von Blattpetersilie im Juli im Freiland oder in Saatkisten. Wenn sich die ersten Laubblättchen gebildet haben, werden am besten jeweils mehrere Pflanzen in Töpfe von mindestens 8 cm Durchmesser pikiert. Im September ist Umpflanzen in den Erdtopf erforderlich, und danach können die Zimmerkultur und die baldige erste Ernte einsetzen. Ähnlich können wir auch mit Dill, der den lichtreichsten Standort beansprucht, und mit Kerbel verfahren. Wichtig ist bei diesen Kräuterarten, daß keine Übernässung der Topferde die Winterkultur gefährdet.

Senf, Rukula und Gartenkresse

Um mit großer Sicherheit den ganzen Winter über frisches Würzgrün ernten zu können, säen wir Weißen Senf *(Sinapis alba)*, Rukula *(Eruca sativa)* und Gartenkresse *(Lepidium sativum)* für unsere Fensterbankkultur: Senf- und Rukulasamen keimen in Töpfen oder Schalen freudig innerhalb weniger Tage und sind dann nach etwa zwei Wochen schnittreif. Deshalb müssen wir im Abstand von zwei bis drei Wochen immer wieder neue Aussaaten vornehmen.

Im Schnellverfahren ist besonders Kresse zu produzieren. Als Gefäße eignen sich für die Anzucht wasserdichte flache Schalen, die wir entweder mit einigen Zentimetern sandiger Erde fül-

Senfsamen keimen schnell. Sie eignen sich gut für die Zimmer-„Kräuterei“.

Im Handel erhältlichen Tonfiguren können wir innerhalb weniger Tage ein lustiges „Kressekleid“ wachsen lassen. Wichtig: Die Tonfigur muß immer feucht bleiben!

len oder in die wir Löschpapier bzw. unparfümierte Papiertaschentücher in mehrfachen Lagen oder Watte einlegen und anfeuchten. Danach wird der Samen der Gartenkresse ausreichend dicht ausgesät und feucht gehalten. Bereits nach wenigen Tagen zeigen sich aus den Keimlingen die ersten Blättchen, und nach etwa anderthalb Wochen, wenn die Pflanzen 5–6 cm hoch sind, kann die Ernte mit der Haushaltsschere beginnen. Für diese kurze Kulturzeit reichen allein die Nährstoffe des Samengewebes für die Entwicklung aus.
Wenn wir im Abstand von etwa zwei Wochen Folgesaaten durchführen, steht immer ausreichend Kressewürzkraut zur Verfügung.

Pflege der Fensterbankkulturen

Denken wir bei allen Gefäßkulturen stets daran, daß wir den Pflanzenwurzeln in den Gefäßen nur wenig Raum sowie begrenzte Wasserversorgung zumuten. Soll der Erfolg nicht ausbleiben, müssen Pflanzung und Pflege so sorgfältig wie bei unseren Topfblumen

Ysop gedeiht im Topf auf der Fensterbank.

geschehen. Als Substrat ist entweder handelsübliche Fertig-Blumenerde oder eine eigene Mischung aus reifem Kompost mit Sandzugaben empfehlenswert. Vorteilhaft geben wir in die Erde Hornspäne als Vorratsdünger. Alle Gefäße sollten ausreichend dräniert sein, um Schäden durch Vernässung vorzubeugen. In die Schalen, Kästen und Töpfe, die in jedem Falle am Boden Abzugslöcher haben sollen, gibt man Tonscherben und eine Schicht Sand oder Kies. Die Erde füllen wir nicht randvoll in die Kulturgefäße, sondern belassen einen etwa 2 cm breiten Gießrand. Erleichterte Pflege und weniger Gießfehler infolge zu feuchter oder trockener Perioden bieten z. B. Balkonkästen mit Wasserspeicher aus dem Gartenfachhandel.

Auch Weizenkeime tragen dazu bei, die kräuterarme Jahreszeit zu überbrücken.

Mit frischen Keimsprossen den Winter überbrücken

Die Sprossenkultur kam aus asiatischen Ländern in die mitteleuropäischen Feinschmeckerrestaurants und mit der wachsenden Verbreitung der Vollwertkost in unsere Haushalte. Frische Keimsprossen sind in der Winterzeit zur Überbrückung des mangelnden Vitaminangebotes nicht mehr wegzudenken. Sie bereichern den Speiseplan als Rohkost, würzende Beilage zu Salaten und Gemüsen, als Füllgemüse für die begehrten Frühlingsrollen oder für selbstgemachtes Nasi- oder Bami-goreng. Ungekeimte Samen sind im allgemeinen schwer verdaulich.

Samen und Samenmischungen für die Sprossenkultur sowie Keimschalen oder sogenannte Keimapparate mit ausführlichen Gebrauchsanweisungen werden überall im Samenfachhandel sowie in Reformhäusern und Naturkostläden angeboten.

Man sollte beachten, daß die Samen am besten aus kontrolliertem biologischen Anbau stammen, niemals behandeltes (gebeiztes) Saatgut verwenden!

„Gesund durch den Winter mit Keimsprossen“ – hier Alfalfa

Neben den bereits genannten Pflanzenarten Weißer Senf *(Sinapis alba)* und Gartenkresse können wir mit den Keimgefäßen Sprossen der Getreidearten Weizen, Roggen, Gerste, Hafer, Hirse und Reis gewinnen; Hafer, Alfalfa (Luzerne) und Bockshornklee, Erbsen, Kichererbsen, Linsen, Rettich oder Leinsamen werden auch in Mischungen vom Handel angeboten.

Zum Keimvorgang geben wir die Samen in das Keimgefäß – ersatzweise eignet sich auch ein Einmachglas –

und übergießen mit Wasser, bis die Samen bedeckt sind. Danach schütteln wir das geschlossene Gefäß und lassen das Wasser über ein Leinentuch oder einen geschlitzten Deckel ablaufen. Wenn möglich, sollte dieses Durchspülen ein-, besser zweimal täglich erfolgen. Raumtemperaturen von mindestens 15 °C, am besten 18–22 °C, fördern optimal die Keimentwicklung. Nach dem Aufquellen der Samen sind die brauchbaren Keime bei manchen schon nach vier bis fünf Tagen verfügbar. Das Erntegut ist ohne Putzaufwand sofort gebrauchsfertig, hält sich gekühlt drei bis fünf Tage frisch oder kann auf Vorrat eingefroren werden.

Samen von Hülsenfrüchten (z. B. Erbsen, Kichererbsen, Linsen) enthalten ein natürliches Gift (bekannt von „grünen Bohnen"), das eventuell beim Keimen nur unvollständig abgebaut wird. Um es unschädlich zu machen, sollten diese Sprossen vor dem Verzehr drei Minuten blanchiert werden.

Kräuter pflegen wie zu Großvaters Zeit

Zu allen Jahreszeiten gibt es interessante Betätigungen in der Kräutergärtnerei. Jedenfalls ist es sinnvoll, im Arbeitskalender wichtige Daten der Vermehrung, Pflege und Ernte aufzuschreiben. Dies gilt nicht nur für Anfänger, auch dem routinierten Anbauer helfen solche Aufzeichnungen, eine bessere Übersicht zu behalten.

Standort

Der langfristige Erfolg unserer Kräuterkulturen wird maßgeblich vom Standort bestimmt. Vorteilhaft sind in sonnigen Lagen durchlässige, humushaltige, tätige Gartenböden. Bei schweren, tonigen Bodenarten auf Baugrundstücken mit Bodenverdichtungen ist zunächst eine Gründüngungskultur empfehlenswert.

Humusarme Sandböden sind mit Komposterde, verrottetem Stallmist, Rindenhumus u. a. zu verbessern. Bodenproben geben Auskunft über den Nährstoffzustand (Kalium, Phosphorsäure, Magnesium) und den pH-Wert, mit Empfehlungen für eventuell erforderliche Kalkgaben zur Bodenverbesserung. Der pH-Wert für unsere Kräuterkulturen sollte je nach Bodenart (Sandboden – sandiger Lehm – Lehmboden) zwischen 5,5 und 6,5 liegen.

Bis zur Pflanzung im Frühjahr können vorteilhaft Kurzzeit-Gründüngungs-

Kräuteranzucht – Jungpflanzen aus dem Frühbeetkasten

kulturen, z. B. mit Senf oder Spinat, vorangestellt werden.

Aussaat und Pflanzung

Einjährige und zweijährige Kräuter säen wir direkt im Frühjahr auf die vorgesehene Fläche des Kräutergartens, oder wir kultivieren die Jungpflanzen im Gewächshaus, Frühbeetkasten oder am Zimmerfenster in Saatschalen und Kästen vor. Brauchen wir nur Einzelpflanzen, lohnt sich die Mühe der Vermehrung meist nicht, weil wir von vielen Kräutern Jungpflanzen in Gärtnereien oder auf dem Wochenmarkt kaufen können. Andererseits ist die Freude Anreiz genug, wenn die Vermehrung gelingt.

Die eigene Aussaat bringt viel Freude – besonders, weil man das Keimen erleben und den Pflänzchen beim Heranwachsen „zusehen" kann.

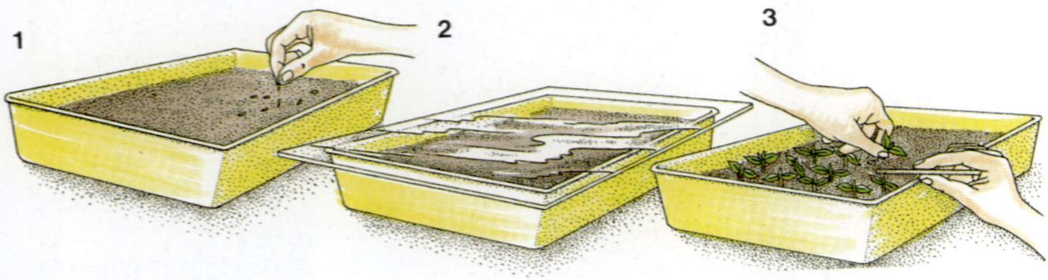

Vorkultur
Nach der Aussaat (**1**) wird mit Papier, Folie oder Glas (**2**) abgedeckt. Wenn die Sämlinge ihre ersten Laubblättchen gebildet haben, vereinzeln oder pikieren (**3**).

Anzucht in Saatkisten
Am häufigsten erfolgt zur Vorkultur (= geschützte Jungpflanzenanzucht) die Aussaat z. B. in Saatkisten. Dazu wird das Gefäß mit sandiger, humoser Erde beinahe randvoll gefüllt, glatt angedrückt, gewässert, dünn besät, mit Substrat oder Sand übersiebt, leicht abgedeckt, nochmals angedrückt und mit Papier oder Folie bedeckt, damit gleichmäßige Feuchtigkeit zum Keimprozeß gewährleistet wird. Sobald die

Die Kräuter-Jungpflanzen werden getopft.

Pflänzchen sich heranbilden, gewöhnen wir die Kultur an das Raumklima und pikieren die Sämlinge, wenn diese ihre ersten Laubblättchen gebildet haben. Später können wir die Jungpflanzen noch topfen, bevor sie den endgültigen Platz im Garten erhalten.

Bevor die Pflanzen nach draußen kommen, müssen sie abgehärtet bzw. an das „neue" Klima gewöhnt werden. Dazu stellt man sie an bedeckten Tagen in den Garten oder an eine schattige Stelle. Sie dürfen in keinem Fall sofort der Sonne ausgesetzt werden. Zu beachten ist außerdem, daß bestimmte Pflanzen keinen Frost vertragen und erst Mitte bis Ende Mai nach draußen dürfen.

Anzucht in Preßtöpfen

Ein empfehlenswertes einfaches Anzuchtverfahren bietet das Kleingewächshaus mit Preßtöpfen – gleichermaßen für Aussaaten und Stecklingsvermehrung geeignet. In Wasser quellen die Preßtöpfe auf und sind in wenigen Minuten verwendungsfähig. Die glasklare Kunststoffhaube des Kleingewächshauses ist lüftbar und ermöglicht das notwendige Abhärten der Sämlinge vor der Pflanzung.

Frühaussaat im Freien

Eine Direktsaat ist möglich, sobald der Boden genügend abgetrocknet ist, und wenn wir anschließend das Saatbeet mit Flachfolien, -vliesen oder Folientunnel schützen.

Beim Aussäen gilt die Regel, daß wir den Samen nur mit dem Zwei- bis Dreifachen seiner Dicke mit Boden, besser mit feinem Sand abdecken sollen. Lichtkeimer sät man vorteilhaft auch in Rillen, braust aber den Samen nur vorsichtig in den Boden ein.

Für verschiedene Pflanzenarten gibt es im Samenhandel Pillensaatgut, um die Aussaat zu erleichtern. Auch werden Saatbänder und Saatteppiche mit verschiedenen Kräuterkombinationen angeboten, die besonders für Anfänger die Aussaat erleichtern.
Vorsicht: Frühsaaten unter Folien und Vliesen sind durch Nacktschnecken gefährdet. Eine Bekämpfung ist mit unbedenklichen Streumitteln oder Schneckenfallen möglich.

Vegetative Vermehrung

Vermehrung durch Stecklinge

Stecklingsvermehrung erfolgt nur von ausgesuchten, qualitativ hochwertigen, gesunden Mutterpflanzen. Dazu schneiden wir die Stecklinge mit einem scharfen Messer unterhalb eines Blattknotens, insbesondere die 5 cm langen Kopftriebe, und stecken diese in ein Gefäß mit sandiger Erde. Mit kleinen Drahtbügeln, über Kreuz gesteckt, entsteht die Unterkonstruktion für unser Minifolienzelt, wenn wir kein Kleingewächshaus zur Verfügung haben. Auf diese Weise können wir mehrjährige Kräuter, z. B. Berg-Bohnenkraut, Eberraute, Estragon, Lavendel, Rosmarin, Thymian, Zitronenmelisse und auch Minzearten, mit Erfolg vermehren.

Teilen älterer mehrtriebiger Wurzelstöcke

Dies ist das einfachste Vermehrungsverfahren, falls wir nur wenige Einzelpflanzen benötigen. Dazu werden die Wurzelballen im Frühjahr aus dem Boden genommen und mit einem Spaten oder großen Messer halbiert oder geviertelt. Das Teilen der mehrjährigen Kräuterarten verbinden wir zweck-

1

2

Stecklingsvermehrung
1 Unterhalb eines Blattknotens wird der Steckling geschnitten und dann in sandige Erde gesteckt.
2 Aus zwei über Kreuz befestigten Drahtbügeln und Folie entsteht ein Minifolienzelt mit bestem Vermehrungsklima.

Teilen älterer mehrtriebiger Wurzelstöcke gelingt mit einem Spaten oder einem großen Messer.

Vermehrung von Wurzelausläufern

1

2

3

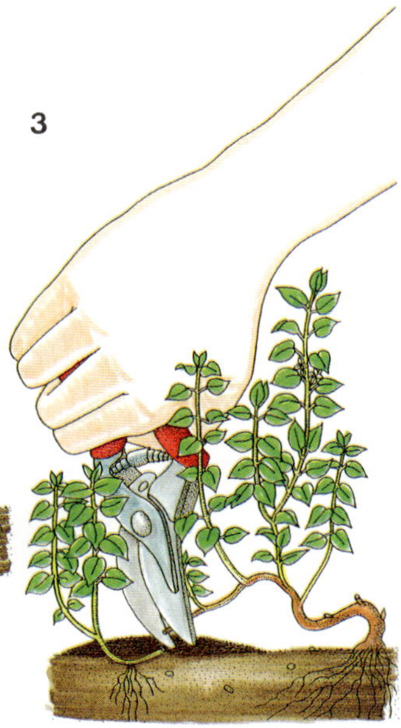

Absenker
Ein geeigneter Trieb (**1**) wird mit einem Draht im Boden befestigt (**2**). Nach erfolgter Bewurzelung schneidet man die Jungpflanze ab (**3**).

mäßig mit einem Standortwechsel, um Bodenmüdigkeit vorzubeugen.

Vermehrung durch Wurzelausläufer
Diese Vermehrungsart, z. B. bei Minzearten, erfolgt mit etwa 5 cm langen Teilstücken, die bereits Triebe gebildet haben, zumindest aber genügend Austriebsknospen besitzen müssen. Eine solche Vermehrung können wir direkt im freien Land im Frühjahr vornehmen oder mit Hilfe der Kistenvermehrung durchführen, wie es bei Stecklingen üblich ist.

Vermehrung durch Absenker
Auch Absenken kann zur Vermehrung mehrjähriger Kräuter dienen, z. B. von Thymianarten. Ausladende Triebe werden dazu in den Boden eingedrückt und mit Drahtbügeln dort bis zum Anwurzeln festgehalten. Danach wird die Jungpflanze abgetrennt und gesondert weiterkultiviert.

Düngung

Ist der Boden nach dem Untersuchungsbefund hinreichend mit den Hauptnährstoffen versorgt oder seit Jahren in gutem Kulturzustand, können wir auf mineralische Düngung weitgehend verzichten, denn schon geringe Überdosierung, z. B. von Stickstoff, kann die Pflanzen stark zum Treiben bringen und dadurch Aroma und Würzkraft beeinträchtigen. Im allgemeinen genügt für die Nährstoffversorgung eine kräftige Gabe Kompost oder verrotteter, vererdeter Stallmist. Läßt die Triebigkeit stark nach und wird die Blattfarbe hellgrün, zeigt dies meist unzureichende Stickstoffversorgung an. In diesem Falle empfehlen sich zusätzliche Gaben von Hornspänen, Blutmehl oder anderen organischen Düngern. Schnell wirksam sind flüssige Dünger aus Brühe-Ansätzen mit Kräutern und organischen Düngemitteln, z. B. Hornspäne-, Stallmist- oder Kompostwasser.

Zum Mulchen verwenden wir organisches Material, wie z. B. Schreddergut, Sägemehl, Kompost oder Rindenmulch.

Der wichtigste flüssige Kopfdünger, Kompostwasser oder Komposttee, entsteht, indem wir eine Schaufel reinen Kompostes in einem Eimer Wasser gut durchrühren. Selbstverständlich ist die Pflanzenernährung auch von ausreichender Wasserversorgung abhängig. Deshalb ist es empfehlenswert, den Boden im Kräutergarten mit organischen Materialien, z. B. Rindenmulch, Schreddermaterial, Sägemehl oder Rohkompost, zu mulchen. Dazu rauhen wir den Boden vorher auf, und geben im Sommer eine 2–4 cm starke, für den Winter eine 8–12 cm starke Mulchschicht. Jetzt muß nur bei extrem anhaltender Trockenheit zusätzlich bewässert werden. Durch das Mulchen wird zudem der Unkrautwuchs weitgehend unterbunden und das Bodenleben beachtlich aktiviert.

Pflanzenschutz

Zum Pflanzenschutz bleibt festzustellen, daß im allgemeinen keine chemischen Behandlungen erforderlich sind. Unsere Kräuter, weitgehend noch mit Wildcharakter, sind äußerst widerstandsfähig gegen Krankheiten. Auch richtige Standortwahl und Zusammenstellung der Kräuterarten zu Pflanzengruppen, aus denen in der Folge echte Lebensgemeinschaften erwachsen, beugen Krankheitsbefall vor. Für die Kräutergärten empfehlen sich überwiegend mechanische Pflanzenschutzmaßnahmen. So führt stärkerer Rückschnitt rost- und mehltaubefallener Minze und Melisse zu gesundem Neutrieb. Auch Entfernen der Schnecken und Raupen durch Absammeln sowie Aufstellen von Fallen zum Fangen von Schnecken oder Wühlmäusen sind zu nennen. Im Kräutergarten können wir ferner durch Kulturschutznetze gefährdete Pflanzen vor Schädlingen schützen. Durch Aufhängen von leimbestrichenen Gelbtafeln ist eine Bekämpfung von Blattläusen und Weißer Fliege in begrenztem Umfange möglich. Nimmt die Blattlausplage allerdings ungewöhnliche Ausmaße an, z. B. in einer jungen Dillkultur, helfen wir uns mit Spritzpräparaten, die für Menschen, Haustiere und Nützlinge unbedenklich sind.

Kräuterjauchen, Kräuterbrühen und Kräutertee selbst herstellen

Für alternative Nutz-Kräutergärten sind die bekannten unterstützenden

Zum Ansetzen von Kräuterbrühen wird Pfefferminze kleingeschnitten.

Spritzmaßnahmen (mit Schachtelhalmtee gegen Pilzerkrankungen, Brennesselbrühe gegen Blattläuse und Wermuttee gegen Erdflöhe) allgemein üblich.
Zu jedem Kräutergarten gehört eigentlich eine Kräutertonne, um Kräuterabfälle zu sammeln und diese für Kräuterbrühen und Kräuterjauchen in Wasser anzusetzen.
Die bekanntesten Kräuter für gezielte Pflanzenschutz- und Düngungsmaßnahmen im alternativen Gartenbau sind Brennessel, Schachtelhalm, Beinwell, Rainfarn und Wermut. Zur Herstellung von Pflanzenauszügen lassen sich selbstverständlich auch viele andere Arten, z. B. Ysop, Majoran, Minze und Kamille, verwenden. Wir unterscheiden Kräuter-Kaltwasserauszüge, Kräutertees, Kräuterbrühen und Kräuterjauchen.
Für Kräuterauszüge zum Pflanzenschutz wird – in der Regel – 1 kg Grünmasse, z. B. von Brennesseln oder Beinwell, handlang geschnitten und in Bottichen, Fässern oder Eimern in 10 Liter kaltem Wasser, am besten Regenwasser, angesetzt. Nach 12–24 Stunden, spätestens nach drei Tagen, ist der Brennesselauszug spritzfertig und kann unverdünnt, z. B. zur Bekämpfung von Blattläusen, eingesetzt werden.
Gären die Kräuterauszüge (bei warmem Wetter beginnt der Gärungsprozeß nach wenigen Tagen und ist je nach Temperatur nach anderthalb bzw. zwei, im Extremfall bis fünf Wochen beendet), gewinnen wir Kräuterjauchen zur flüssigen Düngung. Vermehrtes Umrühren wird empfohlen, und zum Binden des Jauchegeruches sollte jeweils vor dem Rühren eine Handvoll Steinmehl zugesetzt werden. Vor Gebrauch sind die Kräuterjauchen im Verhältnis 1 : 10 mit Wasser zu verdünnen.

Beinwell kann für Kräutertees und -jauchen verwendet werden.

Kräutertee zur Pflanzenstärkung wird durch Überbrühen von frischen oder getrockneten Kräutern, z. B. Beinwell, Kamille, Löwenzahn, Schachtelhalm oder Wermut, mit kochendem Wasser hergestellt. Zum gleichen Zweck der Pflanzenstärkung können wir auch die Rückstände unserer Trink-Kräutertees nach dem Aufbrühen noch einmal mit warmem Wasser ansetzen und nach einigen Stunden zum Gießen der Zimmer-Kräuterkulturen verwenden.

Kräutertee aus Wermut – ein natürliches Schädlingsbekämpfungsmittel

Wirksame Kräuterjauchen, -brühen und -tees lassen sich leicht selbst herstellen.

Kräuterbrühen gegen verschiedene Pflanzenkrankheiten, z. B. Mehltau und Rost, entstehen ebenfalls aus frischen oder getrockneten Nutz- oder Wildkräutern, die 24 Stunden lang in Wasser angesetzt, danach 20 Minuten auf kleiner Flamme gekocht, zugedeckt, abgekühlt und dann gesiebt Anwendung finden.
Bekannte Kräuterbrühen sind Schachtelhalm- oder Rainfarn-Absude, angesetzt mit zehn Litern Wasser für 300–500 g frische Pflanzenmasse.
Vorsicht! Nicht abgedeckte Behälter mit Kräuterjauchen und -brühen sind Gefahren für spielende Kinder und Nutztiere.

Kräuterreste, auch nach der Vergärung, können sinnvoll zur Bodenbedeckung (Mulchen) oder als Beigabe zur Kompostbereitung dienen.
Ergänzend sei vermerkt, daß in Kräuterjauchen und -brühen inzwischen auch verstärkt Abfallpapier und -pappe eingeweicht wird zur anschließenden einwandfreien Kompostierung. Damit ist ein Beitrag zur Entsorgung und Umweltentlastung gegeben.

Einsatz von Nützlingen
In unserem naturgemäßen Kräutergarten haben die Nützlinge als natürliche Feinde der Schädlinge beste Lebensbedingungen. Die bekanntesten Nützlinge im Kräutergarten sind Marienkäfer sowie Florfliegen und deren Larven, Schlupfwespen, Schwebfliegen und auch Ohrwürmer gegen Blattläuse sowie Raubmilben und Raubwanzen

Marienkäfer verzehren mit Vorliebe Blattläuse.

Florfliegen sind ausgeprägte Blattlausjäger.

Auch die Larven der Marienkäfer werden als Blattlausvertilger geschätzt.

Florfliegenlarven werden auch als Blattlauslöwen bezeichnet.

gegen Rote Spinne (Spinnmilben). Die Weiße Fliege kann vor allem in geschützten Kulturen schädigen. Ihre natürlichen Feinde sind Schlupfwespen. Echte Schlupfwespen, die Schadraupen auf natürlichem Wege vernichten, suchen z. B. als wichtige Nahrungsquelle die Blüten unserer Doldengewächse auf.

Pflege rund ums Jahr

Sind die Kräuterbestände zu dicht geworden oder läßt der Wuchs außerordentlich nach, können wir umpflanzen, d. h. verschiedene Pflanzenarten gegeneinander auswechseln und dabei evtl. die Wurzelstöcke teilen und den Boden verbessern.

Problemlos ist der Rückschnitt ausdauernder Kräuter. Sind sie besonders sperrig gewachsen, regulieren wir bereits im Vorwinter. Der eigentliche Schnitt abgestorbener Pflanzenteile erfolgt im allgemeinen im Frühjahr, wenn der Austrieb beginnt, bis in das gesunde Holz. Um Sträucher im Zaum zu halten, sind zuweilen Auslichtungen und stärkere Rückschnitte notwendig. Unseren Kräutern geben wir zweckmäßig Winterschutz durch Anhäufeln oder Abdecken mit Fichtenzweigen. Trotzdem müssen in rauheren Gebieten verschiedene Kräuterarten, z. B. Rosmarin, aus dem Boden genommen und im Haus überwintert werden. Gleiches gilt für die fremdländischen Pflanzenarten Lorbeerbaum, Myrte und Zitronenstrauch. Die Überwinterung erfolgt vorteilhaft in einem frostfreien, möglichst hellen Raum, am besten im Wintergarten oder Treppenaufgang. In der winterlichen Ruhezeit sind die Lebensvorgänge dieser Pflanzen stark eingeschränkt. Deshalb düngen wir nicht und gießen nur sparsam.

Mischkultur im Gewürzkräuterbeet

Würzkräuter in Mischkulturen haben vielfältige fördernde Wirkungen

Pflanze	Bekannte fördernde Wirkung; gute Nachbarschaften
Basilikum	Gurken, Kohlrabi, Schwarzwurzeln, Tomaten, Zwiebelarten
Bohnenkraut	Buschbohnen, Zwiebelarten; Abwehr gegen Bohnenlaus
Borretsch	Erdbeeren, Gurken, Kohl, Zucchini; Abwehr gegen Kohlschädlinge
Dill	Gurken, Kohlarten, Möhren, Rote Rüben, Salat
Gartenkresse	Radieschen, Rettich, Salat
Kapuzinerkresse	Kartoffeln, Radieschen, Rettich, Tomaten, Zucchini
Kerbel	Radieschen, Salat; soll Schnecken abwehren
Knoblauch	Gurken, Möhren, Rote Rüben, Salat, Spargel, Tomaten
Koriander	Erdbeeren, Frühkartoffeln, Gurken, Kohlarten, Rote Rüben
Lavendel	soll bei Gemüse Blattläuse abwehren
Lauch	Kohlarten, Möhren, Salat, Sellerie, Tomaten, Zwiebeln
Majoran	Möhren
Petersilie	Kartoffeln, Kohl, Rettich
Rosmarin	Möhren
Senf	für die meisten Gemüsearten, sofern Garten nicht durch Kohlhernie gefährdet ist
Salbei	allgemein günstig; soll Blattläuse und Schadraupen abwehren
Schnittlauch	Kohlarten, Möhren
Sellerie-Schnitt	Gurken, Kohlarten, Lauch, Tomaten
Thymian	allgemein günstig; wirkt Raupen und Blattläusen entgegen
Ysop	allgemein günstig, soll Schadraupen abwehren
Zwiebel	Bohnen, Bohnenkraut, Dill, Erbsen, Gurken, Möhren, Salat, Spargel

Kräuter zur Mischkultur im Gemüsegarten

Die kräuterarme Zeit verkürzen

Mit Folien und Vliesen haben wir die Möglichkeit, die Frischkräutersaison wesentlich zu verlängern. Am bekanntesten sind Ernteverfrühungen durch Überbauen der Kräuterkulturen mit niederen Folientunnels oder gelochten Flachfolien bzw. Vliesen. Bei milder Witterung kann bereits ab Februar die Kulturverfrühung beginnen. Wichtig ist, daß die isolierende Wintermulchschicht vorher weggeräumt wird, damit sich der Boden leichter erwärmt. Sind Frühbeetfenster vorhanden, basteln wir einen passenden Holzrahmen zur mobilen Überbauung als sogenannten Wanderkasten.
Sobald sich der Boden auf mehr als +6 °C erwärmt hat, beginnt der Austrieb der ersten Kräuterarten, z. B. von

Großem Sauerampfer, Schnittlauch und anderen Zwiebelarten.

Zur Kulturverfrühung der Saatkulturen, z. B. Dill, Petersilie und Weißer Senf, sind Kräuterbeetgärten vorteilhaft, weil sich einfaches beetweises Überbauen anbietet. Die Kräutersaison können wir selbstverständlich mit gleichen Hilfsmitteln im Spätherbst – nicht selten bis Dezember – verlängern.

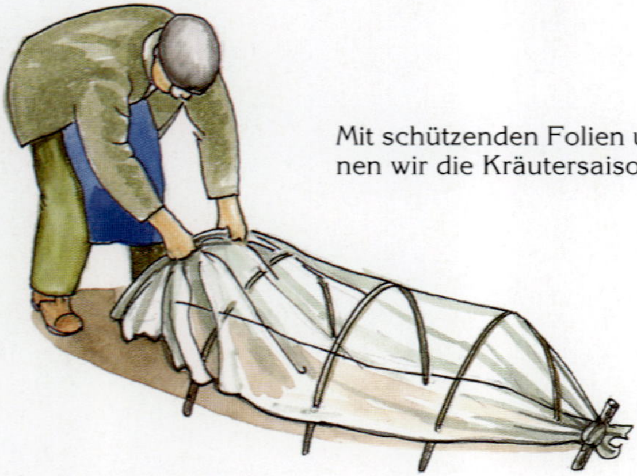

Mit schützenden Folien und Vliesen können wir die Kräutersaison verlängern.

Kräuter ernten – so erhalten Sie die Inhaltsstoffe

Überreich ist in den Sommermonaten oft das Ernteangebot als Segen für Mühen und Sorgfalt im Kräutergarten. Nun gilt es, zum günstigsten Zeitpunkt zu ernten, auch zur Haltbarmachung für die kräuterarme Jahreszeit.

Die Ernte hat begonnen – dekorativer Erntekorb mit Kräutern

Sorgfältiges Ernten bestimmt die Kräuterqualität

Die Kräuter sind am wertvollsten, wenn sie frisch im Garten geerntet und sofort verlustlos verwendet werden können. Stellen wir Kräuter in ein Glas mit klarem Wasser, ist die Frischhaltung einige Tage möglich. Dabei dürfen nur die Stiele im Wasser stehen und

keine Blätter, um vorschnellem Faulen vorzubeugen. In Frischhaltebeuteln, Aluminiumfolie oder Kunststoffbehältern im Kühlschrank aufbewahrt, halten sich grüne Kräuter ca. eine Woche lang frisch.

Die **grünen Küchenkräuter** werden im allgemeinen vor der Blüte gepflückt oder geschnitten; denn meist sind zarte Blätter und Triebe begehrt, z. B. bei Garten- und Kapuzinerkresse, Borretsch, Pimpinelle und Estragon. Selbstverständlich werden blühende Pflanzen nicht wertlos, das Schnittgut ist allerdings faseriger und oft bitter oder schmeckt beißend. Ergänzend sei bemerkt, daß sich manche Blüten nicht nur zur Dekoration eignen, sondern auch eßbar sind, z. B. Blüten von Kapuziner- und Gartenkresse, Schnittlauch, Kerbel, Borretsch und Bohnenkraut.

Die Frischkräuter waschen wir vor der Verwendung rasch und behutsam unter fließendem Wasser, schütteln ab, damit das Wasser zwischen den Fingern oder vom Sieb abtropft.

Für **Kräuter**, die **haltbar** gemacht werden sollen, liegt die günstigste Erntezeit im allgemeinen kurz vor der Blüte. Dann sind der größte Blattertrag und der höchste Gehalt an Inhaltsstoffen, insbesondere bei Kräuterarten mit ätherischen Ölen, zu erwarten.

Kraut, Blätter und Blüten ernten wir am besten am frühen Vormittag, sobald die Pflanzen tautrocken sind, oder in der Mittagszeit. Der Rückschnitt soll nur so tief erfolgen, daß genügend Blätter an den verbleibenden Trieben einen erneuten kräftigen Austrieb ermöglichen. Vergilbte, faulende und kranke Blätter sind vom Schnittgut zu trennen.

Jetzt können wir zum erstenmal Basilikum schneiden.

Der günstigste Zeitpunkt für die **Samenernte** ist der frühe Morgen, weil die reifen taufrischen Samenstände in diesem Zustand weniger Samenkörner verlieren. Wurzeln und Wurzelstöcke werden im Spätherbst oder zeitigen Frühjahr ausgegraben, entweder in Sand eingeschlagen und kühl gelagert oder gründlich gewaschen und in kurze, 2–3 cm lange Stücke geschnitten, um das nachfolgende Trocknen zu beschleunigen.

Frische Kräuter zu allen Mahlzeiten

Bei allen Konservierungsverfahren müssen – selbst bei schonendster Behandlung – Verluste an Inhaltsstoffen und chemische Veränderungen hingenommen werden. Pflanzenkost ist unbestritten dann Heilkost, wenn das Leben der Zellen erhalten bleibt und alle Vitalstoffe noch aktiv sind. Deshalb gilt der Grundsatz, Kräuter möglichst frisch zu verwenden! Frische Kräuter zum Würzen duften stärker und schmecken arttypisch würziger.
Im Sog zunehmener Bedeutung der Rohkostgerichte sind auch frische Würzkräuter stärker gefragt. Rohkost ohne frische Kräuter ist nicht mehr vorstellbar. Essenszubereitung mit Würzkräutern hilft außerdem, Kochsalz zu sparen. Bei Diätgerichten, für die Kochsalz und scharfe Gewürze nicht erlaubt sind, können nur Würzkräuter weiterhelfen. Frische Kräuter werden auch zur Körperentschlackung im Nachwinter gegen die Frühjahrsmüdigkeit empfohlen.

Für Rohkostgerichte sind Kräuter unverzichtbar.

Der bekannte dänische Wissenschaftler Gudjonsson hatte bereits in den dreißiger Jahren mit Tierversuchen nachgewiesen, daß ausreichende Vitaminversorgung Erkältungskrankheiten vorbeugt. Nach seiner Ansicht beruht auch die Frühjahrsmüdigkeit ab der zweiten Winterhälfte auf Vitaminmangel.
Zum morgendlichen Auftakt frische Kräuter zum Frühstück – etwas Delikateres, Bekömmlicheres und Gesünderes gibt es nicht. Man erinnert sich wieder an die Rezepte der Großeltern und experimentiert mit Freude. Besonders für die kalten Mahlzeiten, Frühstück, Brotzeit und Imbiß, eignen sich Kräuter als schmackhafte Ergänzung. Kräuterquark, Kräuterbutter, Kräuteraufschnitt oder Kräuter-Dips sind als preisgünstige Köstlichkeiten des Alltags nicht mehr wegzudenken. Quark oder Weißkäse, einst billiges Nebenprodukt der Milchverwertung, ist zu einem vielbegehrten Nahrungsmittel geworden. Am wertvollsten ist Magerquark, fettarm, aber mit hohem Eiweiß- und Mineralstoffgehalt. Außerdem besitzt Magerquark reichlich Vitamin B_2. In idealer Weise ergänzen sich die Inhaltsstoffe des Weißkäses

mit frischen Kräutern, z. B. Borretsch, Estragon, Petersilie, Großer Sauerampfer und Schnittlauch. Für die Herstellung von **Kräuterbutter** lassen sich noch weit mehr geschmacksverbessernde Kräuter verwenden, so daß Sie noch mit Eifer experimentieren können.

Auch Grieben- oder Gänseschmalz wird in vielen Familien gerne als Brotaufstrich gegessen. Mit den verschiedenen Würzkräutern kann wie bei Kräuterbutter das Brotschmalz ebenfalls individuell verfeinert werden. Selbstverständlich läßt sich noch vieles andere „kräutern"; Gemüsesäfte z. B. ergeben besonders wohlschmekkende Cocktails, auch Joghurt und Milch, mit Kräutern zubereitet, können die kalten Mahlzeiten erfreulich ergänzen.

Schließlich dürfen wir nicht den **Kräuteraufschnitt** vergessen. Hierzu nimmt man möglichst viele frische Kräuter, die uns der Garten bietet. Die Hauptbestandteile unserer Kräutermischung für den Aufschnitt sind: Borretsch, Gartenkresse, Knoblauchgrün, Petersilie, Portulak, Rukula, Großer Sauerampfer, Schnittlauch und Senf sowie in bescheidenem Umfang Basilikum, Bohnenkraut, Zitronenmelisse und Zitronenthymian. Braucht man eine größere Menge an Kräuterrohkost, können wir die Mischung mit Feldsalat, Radicchio, Schnittzichorien und jungen Spinatblättern erweitern. Die Kräuterrohkost wird nach dem Schneiden ausreichend gemischt und mit Tomatenscheiben und Radieschenhälften garniert.

Für Kräuterquark eignen sich besonders Borretsch, Estragon, Petersilie und Schnittlauch.

Insgesamt gesehen dürfen wir feststellen, daß die Nachfrage nach frischen Kräutern und deren Verwendung in Zukunft mit Sicherheit zunehmen werden, besonders wenn es gelingt, durch Verbraucheraufklärung die beachtliche gesundheitliche Bedeutung des Kräuterverzehrs weiten Teilen der Bevölkerung noch bewußter zu machen, als sie jetzt schon ist.

Kräuter konservieren

Das Trocknen ist die älteste Konservierungsmethode.

Trocknen und aufbewahren

Das älteste und verbreitetste Verfahren der Kräuterkonservierung ist das Trocknen. Es darf nicht in der Sonne geschehen, abgesehen von den Kräutern, deren Samen geerntet werden sollen. Zum Trocknen können die Kräuter zu lockeren Sträußen zusammengebunden und an Leinen oder trockenen Wänden kopfunter aufgehängt werden. Samendrogen umwickeln wir zusätzlich mit luftdurchlässigen Tüchern, Seidenpapier oder seitlich perforierten Tüchern, um ausfallende Samenkörner zu sammeln.

Empfindliche Blüten und Blätter trocknen am besten auf Trockenhorden oder -darren, die vorteilhaft mit grobmaschigem Leinen ausgelegt sind. Beste Qualitäten lassen sich mit Spezialtrockenschränken bei exakt eingestellten Temperaturen erzielen.

Durch Wasserentzug beim Trocknungsvorgang verlieren die Pflanzen 80–90 % ihres Gewichtes. Im Sommer reicht die natürliche Trocknung in Schuppen oder auf Dachböden meist aus. Für 10 m^2 Anbaufläche rechnet man allgemein 1 m^2 Trocknungsfläche. Bei anhaltend feuchter Witterung ist eine zusätzliche künstliche Nachtrocknung, z. B. in Backröhren, notwendig. Für Pflanzenteile mit ätherischen Ölen dürfen die Temperaturen 35 °C nicht übersteigen, sonst sind be-

Kräutertrocknen auf Rosten ist auch im Solartrockner möglich.

Vergessen Sie nicht, die Behälter zu etikettieren, mit Angaben über Inhalt und Erntejahr. Empfehlenswert sind zusätzliche Hinweise über Möglichkeiten der Verwendung.

Ein elektrischer Trockenapparat ist zum Nachtrocknen der Kräuter oder bei feuchtem Wetter zweckmäßig.

achtliche Verluste an Inhaltsstoffen unvermeidlich.
Der Trocknungsvorgang ist abgeschlossen, wenn die Blätter beim Anfassen rascheln und die Stengel leicht brechen. Zum Zerkleinern treiben wir die **Blattdrogen** durch ein Grobsieb und füllen sie wie Blütendrogen in Weißblechdosen oder verschraubbare, dunkel eingefärbte Gläser.
Samendrogen, z. B. Anis, Dill, Fenchel, Koriander und Kümmel, schütteln und klopfen wir kräftig ab, reinigen sie im Luftstrom und bewahren sie ebenfalls in Schraubgläsern bis zum Verbrauch.

Vor dem Ausdreschen wird der Lein zum Trocknen aufgehängt.

Die Wirksamkeit der getrockneten Tee- und Würzkräuter vermindert sich selbst bei sorgfältiger Lagerung. Deshalb sollten nach einem Jahr die Blatt- und Blütendrogen verbraucht und durch neue Ernten ersetzt werden.

Einfrieren

Ist eine Tiefkühltruhe im Haushalt vorhanden, kann das ideale Verfahren des Einfrierens der Würzkräuter für den Wintervorrat bevorzugt empfohlen werden. Vor allem Petersilie, aber auch andere viel benötigte Kräuter, wie z. B. Basilikum, Dill, Estragon, Melisse und Thymian, eignen sich zum Frosten. Die Kräuter müssen nach dem Waschen sorgfältig, z. B. zwischen zwei Tüchern, abgetrocknet werden, bevor man sie weiterverarbeitet. Es ist zweckmäßig, die Kräuter in kleinen Portionen einzufrieren, damit nur die jeweils benötigte Menge entnommen und aufgetaut werden kann. Zum Einfrieren gibt es verschiedene bewährte Methoden:

Man kann die Kräuter

- zerkleinert in Eiswürfelschalen oder im Würfelgitter mit Wasser einfrieren. Die gefrorenen Würfel lassen sich dann in Gefrierdosen praktisch aufbewahren;
- portionsweise einfrieren, z. B. Petersilie in Alu-Folie, und erst vor Gebrauch in gefrorenem Zustand in der Folie zerdrücken;
- nicht zerkleinert vorgefrieren in doppelten Folienbeuteln, herausnehmen und schnell mit dem Wellholz zerkleinern, in vorgekühlte Gefrierdosen füllen und in den Tiefkühlschrank zurückgeben.

Nach dem Auftauen muß man die Kräuter rasch verwerten, weil sie schnell weich und wäßrig werden und an Würzkraft verlieren.

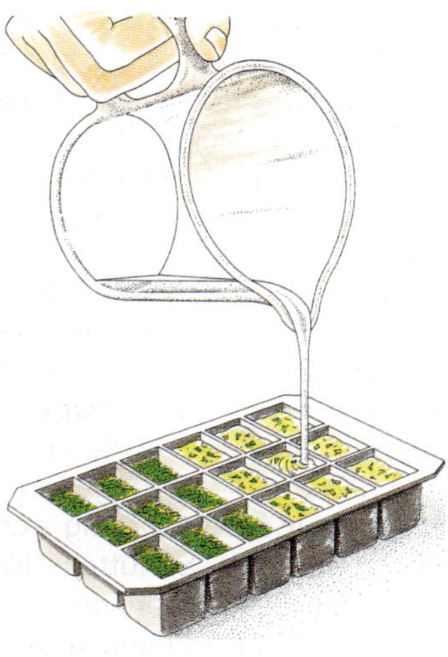

Kräuter in Eiswürfelschalen einfrieren

Einsalzen

Zum Einsalzen sind die Kräuter fein zu schneiden und lagenweise mit Salz in Gläser oder Töpfe einzuschichten. Die Kräuter können auch als Mischung eingesalzen werden, mit je 200 g Salz auf 1 kg Kräuter. Bei der Verwendung von Salzkräutern dürfen die Speisen vorher nicht gesalzen werden.

Kräuter können in Olivenöl oder Salz leicht konserviert werden.
1 Für Kräuteröl bedeckt man die zerkleinerten Kräuter fingerhoch mit Olivenöl.
2 Zum Einsalzen werden frische Kräuter zerkleinert und lagenweise mit Salz in Gläser oder Töpfe eingeschichtet.
Die Gefäße werden jeweils zugebunden und kühl aufbewahrt.

Kräuter in Essig und Öl

Auch essigsauer oder in Olivenöl lassen sich Kräuter konservieren. Dazu drehen wir die Kräuter durch den Fleischwolf oder schneiden sie mit einem Messer sehr klein, füllen die Masse in Gläser und übergießen sie mit Weinessig oder Olivenöl, bis sie fingerhoch überdeckt ist.
Wie bei den Salzkräutern werden die Gefäße zugebunden und kühl aufbewahrt.
Ähnlich wie beim Konservieren mit Salz verlieren die Kräuter auch bei dieser Methode an Aromakraft. Sie bleiben allerdings recht lange haltbar.

Kräuteressig – aromatisch und dekorativ

Essig wurde schon vor mehr als 5000 Jahren als Speisewürze geschätzt. Weinessig entsteht aus Wein durch Gärung mit Hilfe von Essigbakterien. Essig, mit Kräutern aus dem eigenen Garten aromatisiert, kann den Salaten und Soßen einen vorzüglichen Geschmack verleihen. Wird er in einem dekorativen Glasgefäß angesetzt, dient er zugleich auch als Schmuckstück auf dem Küchenbrett.
Für unseren Kräuteressig eignen sich folgende Würzkräuter: Basilikum, Dill, Estragon, Knoblauch, Lorbeerblätter, Minzearten, Pimpinelle, Salbei, Schnittlauch, Thymian, Zitronenmelisse und Zwiebel. Die frisch gepflückten Kräuter werden sofort gewaschen, dann gründlich abgetrocknet, geschickt in das Glasgefäß gegeben und danach mit weißem Weinessig aufgefüllt. Durch leichtes Schütteln lösen sich die Luftbläschen von den Kräutern. Das Kräuteressiggefäß muß anschließend dicht verschlossen werden.

Mit Kräutern kann man eigenen Essig, Öl und Wein bereiten.

Je nach gewünschter Aromaintensität bleiben die Kräuter einige Wochen oder mehrere Monate im Essigglas. Nicht weniger ansehnlich sind Kräuteressigflaschen mit nur einer einzigen Kräuterart für Spezialessige, z. B. Basilikum, Dill oder Estragon.

Kräutergelee mit eigener Note

Erfreulicherweise erinnert man sich heute wieder an Kräutergelees und Kräutermarmeladen aus früheren Zeiten. Durch verschiedene frische Kräuterblätter, z. B. von Rosmarin oder Thymian, erhalten Marmeladen und Gelees ein besonderes Aroma. Bevor die Grundmasse richtig kocht, werden die Kräuter zugegeben; nach dem Ko-

chen wird das Ganze durchgeseiht und in Gläser gefüllt.
Eine andere Methode mit Pfefferminze, Petersilie oder Basilikum als Kräuterzusatz sieht vor, daß mit den Kräutern zunächst ein Tee hergestellt wird, den man anstelle des empfohlenen Wasseranteils zusetzt. Kräutergelees werden im allgemeinen mit Äpfeln als Grundmasse zubereitet. Aromatisiert mit Waldmeister, sollen sie gut zu Wild schmecken. Estragongelee paßt zu Fisch und Huhn, rubinrotes Rosmaringelee zu Truthahn und grünes Basilikumgelee zu Hacksteaks.
Besonders attraktiv sind Geleegläser mit eingelegten Kräutern. Für Apfelgelee eignet sich eine Vielzahl von Kräutern, z. B. Salbei, die nach eigener Geschmacksnote und je nach Verwendungszweck variiert werden können. Thymian gibt man zu Trauben- und Holundergelee, Majoran und Rosmarin zu Zitrusfrüchten (Orangen, Zitronen, Grapefruits) und Minzen zu Stachelbeeren. Beim Herstellen des Kräutergelees legen wir einige Blätter oder Stengel der Kräuter in das Glas und gießen heiße Masse darüber. Die Kräuter geben nicht nur Duft und Geschmack an die Geleemasse ab. Sie bleiben durch Glas und Gelee auch deutlich erkennbar.
Gelees in verschiedenen Farben und mit Kräutereinlagen sind ohne Zweifel eine außergewöhnliche Bereicherung für das Küchenprogramm, aber auch ein orginelles Mitbringsel. Marmeladen können wir mit Kräutern ebenfalls vorteilhaft aromatisieren.

„Hausmedizin“: flüssige Kräutergeister

Kräutergeist und Kräuterlikör, selbstgestellte Magenbitter – unsere Großväter sind wahre Könner in der Gewinnung von Kräuterschnäpsen gewesen. Nach einer reichlichen Mahlzeit, bei Magenverstimmung oder vielen anderen Anlässen zeigt der Kräutergeist seine verläßliche Wirkung. Die Herstellung ist im Grunde recht einfach. Man verwendet gerne Likör- oder Weinbrandflaschen mit weiter Halsöffnung; gibt die – in der Regel getrockneten – Kräuter (eine kräftige Handvoll je Liter) hinein und füllt mit klarem Branntwein oder Kornbrand (mindestens 30 %ig) auf. Zugekorkt stellen wir dann die Flasche zwei bis drei Wochen an einen sonnigen Platz zum Durchziehen. Zwischenzeitlich öfteres

Die wohltuende Wirkung von Kräuterschnaps hat schon unseren Großvätern geholfen.

Altbewährte Hausmedizin: der Kräutergeist

Schütteln ist vorteilhaft. Später folgt Abseihen und Abfüllen in trockene Flaschen.
Kräutergeist läßt sich süß oder ungesüßt beliebig herstellen. Bevorzugt man Kräuterliköre, wird Zucker, in Wasser aufgekocht, hinzugefügt. Für Kräuterschnäpse werden folgende Kräuter in Mischungen – je nach persönlichem Geschmack – verwendet: Zitronenmelisse, Liebstöckel, Minzearten, Enzianwurzel, Johanniskraut, Schlehenfrüchte, Arnika, Rosmarin und Thymian.

Medizinalweine, Würzweine

Im Mittelalter bereits waren unsere französischen Nachbarn Spezialisten für gewürzte Weine. Der „vinum hippocraticum" galt als besonders heilsam, und sein bevorzugter Genuß war nicht nur wegen seiner heilsamen Wirkung, sondern auch durch den Namen legitimiert. Unabhängig entstand in Italien in der Provinz Piemont die eigentliche Wermutwein-Erzeugung aus Muskatellerweinen. Für die Herstellung der bekannten Vermouth-Erzeugnisse werden u. a. Wermutkraut, Enzianwurzel, Tausendgüldenkraut und Zimt verwendet, deren Mischungsverhältnis streng gehütet wird.

Am bekanntesten sind bei uns Kräuterbowlen, Punsch und Glühwein. Darüber hinaus können wir selbst mancherlei Kräuterweine zubereiten, die dem Wohlgenuß, der Bekömmlichkeit und der Gesundung dienen.
Für den hausgemachten Kräuterwein nehmen wir einwandfreie Weiß-, Rot- oder Süßweine und geben je Liter eine Handvoll (ca. 30–40 g) der ausgewählten Kräuter in ein Glasgefäß oder irdenen Topf und stellen diese zugedeckt an einen dunklen Platz bei Zimmertemperatur. Nach mehreren Tagen kann unser Würzwein von den Kräutern abgesetzt werden und ist trinkfertig. Als Kräuter eignen sich Waldmeister (in kleinen Mengen), Rosmarin, Basilikum, Zitronenmelisse, Wermut (in kleinen Mengen), Minzearten, Salbei, Lavendel, Kamille und andere selbst erprobte Kräuter für die Hausmarke.
Die Haltbarkeit reicht bei richtigem Ansetzen von mehreren Monaten (einheimische Weiß- und Rotweine) bis zu wenigen Jahren (süße Südweine).

Kräuterpreßsäfte, Frischsaftzubereitung

Preßsäfte aus Kräutern wirken noch intensiver als übliche Rohkostzuberei-

Tausendgüldenkraut – ein Bestandteil des Würzweines

Gesunder Kräutermix mit Milch

tungen, weil sie im allgemeinen gezielt zur Behandlung bestimmter Beschwerden und kurmäßig eingesetzt werden. Am bekanntesten sind Frischsäfte aus Brennesseln. Als empfehlenswert für Frühjahrskuren gelten zudem Brunnenkresse, Eisenkraut, Pimpinelle und verschiedene Wildkräuter wie Hirtentäschel, Taubnessel, Odermennig, Löwenzahn und Wildhopfensprosse. Die gereinigte Pflanzenmasse ist so frisch wie möglich zu verarbeiten. Auch vorübergehendes Einfrieren der Trinksäfte in Eiswürfel ist möglich. Pflanzenfrischsäfte müssen zum Verbrauch immer stark mit Mineralwasser, Milch, Joghurt, Kefir u. a. verdünnt werden. Grundsätzlich sollten frische Preßsäfte sowie aufgetaute Eiswürfel aus Preßsäften noch am selben Tag verbraucht werden!

Tinkturen, alkoholische Pflanzenauszüge

Im Gegensatz zum Tee sind in der Tinktur vor allem die alkohollöslichen Wirkstoffe enthalten. Zur Herstellung verwenden wir frisches oder getrocknetes, zerdrücktes oder pulverisiertes Kräuterausgangsmaterial, übergießen es in einer Flasche mit Weingeist, lassen es 10 bis 14 Tage in geschlossenem Gefäß stehen, schütteln wiederholt, filtrieren, pressen ab und füllen in die Verbrauchsflaschen. Kräutertinkturen gewinnt man auch, indem man in Kaffeefiltern vorbereitetes Kräutergut direkt mit Alkohol übergießt.

Heilsalben, Balsame und Cremes

Heilsalben sind lindernde leichtölige oder fettige Substanzen für äußere Anwendungen. Zu ihrer Herstellung verwenden wir frische oder getrocknete Kräuter. Auch mit Kräuteröl und Tinkturen lassen sich Salben und Cremes zubereiten. Dazu werden die Rohstoffe mit Fettsubstanzen, z. B. Lanolin, Mandelöl oder Schweineschmalz, erhitzt und abgeseiht; mit Bienenwachs wird die Festigung der Salben erreicht. Eine längere Haltbarkeit ist zu erzielen, wenn nach dem Abfüllen in kleine handliche Gefäße diese mit Paraffin abgedichtet werden.

Aus Ringelblumenblüten kann man eine Heilsalbe selbst herstellen.

Achtung: Die Heilsalben, Balsame und Cremes müssen im Kühlschrank aufbewahrt werden und sind nur wenige Wochen haltbar!

Beispiel für die eigene Herstellung von Ringelblumensalbe:
200 g Schweineschmalz in einem Topf bei niedriger Temperatur schmelzen, eine Handvoll Ringelblumenblüten zufügen, gut durchrühren und erkalten lassen. Nach 24 Stunden erneut schmelzen und durch ein Tuch sieben.

Massage- und Hautpflegeöl, Badezusätze

Eines der ältesten Verfahren, die Inhaltsstoffe den Pflanzen zu entziehen, ist die Gewinnung von Kräuterölen. Die Volksmedizin bedient sich gerne der verschiedenen Kräuteröle, weil sie sich leicht selbst herstellen lassen und vielfältig als natürliche Kräutermedizin verwendet werden können. Am bekanntesten sind Pfefferminzöl, Lavendelöl, rotes Johanniskrautöl, Dillöl, Thymianöl, Melissenöl und Rosmarinöl. Die ätherischen Öle der Pflanzen sind in fetten Ölen, z. B. Oliven-, Sonnenblumen- oder Mandelöl, löslich und lassen sich damit extrahieren.
Auf einen Liter gutes Speiseöl (vorzugsweise Olivenöl) geben wir eine Handvoll – bevorzugt trockene – Kräuter und lassen sie zwei bis drei Wochen in der Sonne durchziehen. Angesetztes Johanniskrautöl färbt sich in dieser Zeit dunkelrot, weil sich aus den Blüten der Farbstoff Hypericin herausgelöst hat. Anschließend können wir durch ein feines Haarsieb abseihen, dabei die Kräuter auspressen und in attraktive Gläser füllen.
Pflanzenöle eignen sich vor allem zur äußeren Anwendung als Mittel zum Einreiben und als Massageöl, dienen aber auch als Badezusätze und für die natürliche Schönheitspflege. Zur Hautbehandlung eignen sich z. B. Kräuteröle aus Ringelblume, Johanniskraut, Eibisch und Rosmarin; zur Massage solche mit Arnika, Kamille, Lavendel, Rosmarin, Königskerzenblüten, Minzearten oder Melisse. Kräuteröle sind bei richtigem Ansetzen wenige Monate haltbar.

Mit Johanniskraut läßt sich ein rötliches Hautpflegeöl bereiten.

Kräuter bitten zum Tee

Ungezwungen, immer ist Teezeit, passend zu allen Gelegenheiten, stets zum Wohlbefinden, angenehme Atmosphäre verbreitend und Zeichen kultivierter Lebensart – das ist Teekultur. „Make friends with tea" sagen die Engländer. All dies gilt ebenso für das vielfältige Angebot an Kräutertees, denn in der Bundesrepublik werden diese inzwischen nahezu in gleichem Umfange getrunken wie schwarzer Tee. Gewiß haben das wachsende Gesundheitsbewußtsein und neue Erkenntnisse der Ernährungslehre zu dieser Entwicklung wesentlich beigetragen; aber auch das zunehmende Interesse an Kräutern aus dem eigenen Garten, um nach Belieben schmackhafte Kräutertees und Teegetränke selbst herzustellen, haben diese erfreuliche Tatsache bewirkt.
Wer sich intensiver mit der Kräuteranwendung befaßt, wird sehr schnell feststellen, daß Kräutertees in vielen Variationen und Geschmacksnuancen zubereitet werden können. Eigentlich gibt es kein köstlicheres und bekömmlicheres Getränk als aromatischen Kräutertee zu den Mahlzeiten, zur Linderung von Alltagsbeschwerden oder als Durstlöscher an heißen Tagen.

Kräutertee und Teegetränke

Bei den Kräuterzubereitungen unterscheiden wir den medizinischen Kräutertee, also den Arzneitee, vom Hausoder Familientee mit vielfältigen Möglichkeiten von Kräutermischungen.

Rechts: Weißdornblüten sind für die Arzneiteebereitung geeignet.

Arzneitee oder medizinischer Kräutertee
Medizinischer Tee wird zur Behandlung bestimmter Krankheiten und für Kuren, in der Regel vom Arzt verordnet, angewandt. Der medizinische Kräutertee soll höchstenfalls aus vier verschiedenen Kräuterarten bestehen, zusammengesetzt aus der Grundheilpflanze und einer weiteren Art, die evtl. Heilwirkungen verstärken kann.

Bei Erkältungen hat sich Kräutertee aus Holunder- oder Lindenblüten bewährt.

Ergänzend dazu können als Füllstoffe, zum Verbessern von Geschmack und Aussehen zwei weitere Kräuterkomponenten Verwendung finden. Bekannte medizinische Kräutertees sind z. B. Bronchialtee mit Thymian und Huflat-

tich, Herzstärkungstee mit Weißdorn, Gallentee mit Wegwarte und Schafgarbe, Tee gegen Magenverstimmung mit Wermut, bei Erkältung Schwarzer Holunder und Linde, zum Gurgeln Echter Salbei und Echte Kamille und zur Nervenberuhigung Baldrian und Melisse. Arzneitee sollten wir begründet in der Apotheke zusammenstellen lassen. Der Fachmann garantiert für die exakte vorgeschriebene Teezusammensetzung und qualitativ hochwertiges Teegut.

Haustee oder Familientee

Für uns bleibt das weite Feld der Kräuterzubereitung als Haustee zum bekömmlichen Genuß und zur Erhaltung der Gesundheit für die ganze Familie. Es handelt sich im allgemeinen um die bekannten milden Heilmittel Echte Kamille, Minzearten, Zitronenmelisse, Lindenblüten, Himbeer-, Brombeer- und Erdbeerblätter, Schwarze Johannisbeerblätter, Holunderblüten und Hagebutten, Salbei, Fenchel, Rosmarin, Lavendel, Ringelblume, Schafgarbe, Thymian und Weißdorn. Geerntet aus dem eigenen Kräutergarten können wir unseren wohlschmeckenden Haustee individuell zusammenstellen und, auf die besonderen Wünsche der Familie abgestimmt, zubereiten.

Hausteemischungen – eigene Kräuterkompositionen

Besonders beliebt als Haustee sind Kräutermischungen, zusammengestellt nach eigenem Geschmack, mit ganz persönlicher Note. Verwendet wird er als Morgentee, zu den verschiedenen Mahlzeiten tagsüber, warm oder gekühlt und als Schlummertrunk am Abend. Aus der breiten Palette der Teekräuter des Gartens, ergänzt durch Sammelkräuter, mischen wir den Familientee und berücksichtigen besondere Bedürfnisse, z. B. zum Vorbeugen von Erkältungskrankheiten, zur Entspannung, zur besseren Verdauung und zur Unterstützung der Genesung nach Krankheiten. Es ist allerdings

Zitronenmelisse ist eine wichtige Kräuterart für den Familientee.

umständlich und erfordert einige Kenntnisse, jedesmal individuell zu mischen.
Aus Erfahrung wird empfohlen, mit einem Grundtee, etwa 1/3 bis 1/2 der Teemischung, zu beginnen. Dazu können wir Minzearten, wie z. B. Pfeffer- und Apfelminze, Echte Kamille, Fenchel, Thymian, Rosmarin, Zitronenmelisse, Echten Salbei oder Lindenblüten verwenden. Geschmackliche Ergänzungen und farbliche Verbesserungen erreichen wir durch weitere Zusätze, z. B. mit Schwarzen Johannisbeerblättern, Holunderblüten, Apfelschalen, Hagebutten, Malven, Ringelblumen, Schafgarbe und Johanniskrautblüten.
Durch die Verschiedenheit der Wirkstoffe in den Kräutern (ätherische Öle, Bitter-, Gerb-, Schleimstoffe u. a.) kann durch die richtige Zusammenstellung der Mischungen die Wirksamkeit nicht nur addiert, sondern sogar unter Umständen um ein Vielfaches gesteigert werden. Sinnvoll und zweckmäßig ist es, mehrere Hausteemischungen küchenfertig herzustellen und verständlich zu kennzeichnen. Jetzt braucht man beim Zubereiten nur noch die richtige Dosis zu beachten, und allen Familienmitgliedern kann der Kräuterteeaufguß übertragen werden. Zudem wirkt häufiges Wechseln der Hausteemischungen Eintönigkeit und Überdruß, aber auch Gewöhnung entgegen.

Thymian wird als Gesundheitstee besonders im Winter geschätzt.

Kalte erfrischende Teegetränke

An heißen Tagen sind kalte Teegetränke ganz vorzügliche Durstlöscher. Als geeignete Kräuter für solche Teegetränke werden z. B. Minzearten, Zitronenmelisse, Brombeerblätter, Fenchel, Hagebutten und Holunderblüten sowie unsere bewährten Hausteemischungen empfohlen. Die bekanntesten Zusätze für die Sommerteegetränke sind Zitrone und andere Fruchtsäfte, auch Mineralwasser.
Nach Aufguß und Abseihen können wir den Tee bereits mit etwas Zucker,

Kalte Teegetränke bieten in der Sommerzeit eine erfrischende Abwechslung.

Honig oder Süßstoff süßen, kalt stellen und vor dem Servieren mit Säften und kleinen Fruchtstücken oder dünnen Scheiben, z. B. von Ananas oder Orangen, sowie Eiswürfeln ergänzen. Mit etwas Geschick und Phantasie lassen sich köstliche Getränke für die durstige Gesellschaft herstellen. Probieren Sie einmal Eistee und Kräuterlimonade nach eigenem Rezept.

Schwarzer Tee aus Kräutern

Die Bezeichnung Tee ist zu einem Sammelbegriff geworden, abgeleitet vom chinesischen Teestrauch, früher *Thea nigra,* der Schwarze Tee. Bereits 2732 v. Chr. soll der chinesische Kaiser Sheng Nung die anregende Wirkung des Tees entdeckt haben. Schriftliche Hinweise über die chinesische Teebereitung gibt es seit 273 n. Chr., die Tee-Einfuhr in europäische Länder erfolgte erst ab dem 17. Jh. In der Folgezeit war die Verbreitung des

Kostenloses Probelesen

Europas größtes
Gartenmagazin
mit mehr als 3 Millionen Lesern.

Bitte
freimachen,
falls Marke
zur Hand.

Antwort

MEIN SCHÖNER GARTEN
Leserservice
Postfach 290

77649 Offenburg

schwarzen Tees als anregendes Genußmittel in Mitteleuropa beachtlich. Schwarzer Tee, heute auch vielfach aromatisiert im Handel angeboten, mit einem Koffein-(Thein-)Gehalt von 2–4 % ist zwar eine leichte Droge, sollte jedoch in den möglichen Auswirkungen nicht unterschätzt werden; Gewöhnung und Anfang für stärkeren Drogenmißbrauch – besonders bei jungen Menschen – sind nicht auszuschließen. Zu häufiger Genuß soll dem Körper Eisen entziehen. Vielfach wird aber auch echter schwarzer Tee von Kranken schlecht vertragen und bei verschiedenen Leiden, z. B. Schilddrüsenüberfunktionen, sogar ärztlich untersagt. Trotzdem möchte man nicht gerne auf dieses aromatische Teegetränk verzichten. Deshalb wird ersatzweise selbst hergestellter schwarzer Tee aus Kräutern empfohlen. Für schwarzen Kräutertee eignen sich Kräuterarten mit Gerbstoffgehalten, z. B. Brombeer-, Erdbeer-, Himbeer- und Schwarze Johannisbeerblätter. Dunkle Farbe und würziges Aroma werden durch Fermentieren erreicht.

Blätter der Schwarzen Johannisbeere würzen und ergänzen den Haustee. Aufgrund ihres Gerbstoffgehaltes kann man sie auch für die Herstellung von schwarzem Kräutertee verwenden.

Kräuterarten mit Gerbstoffgehalt in den Blättern, z. B. von Brombeeren, eignen sich für die Herstellung von schwarzem Kräutertee.

Probieren Sie es einmal aus und entwickeln Sie Ihr eigenes Herstellungsverfahren. Nach dem Sammeln läßt man die Blätter mindestens einen Tag lang anwelken. Dann werden sie vorteilhaft in einen Steinguttopf geschichtet, mit etwas Wasser befeuchtet, das Ganze wird mit einem Teller abgedeckt und einem Stein beschwert. Für den Fermentationsprozeß brauchen wir Wärme. Bei etwa 30 °C ist die Fermentation nach drei Tagen abgeschlossen. Die Blätter sind dann deutlich dunkler gefärbt und riechen würzig nach frischem Tee.
Schließlich folgt das übliche Trocknen. Auf das Rollen der Teeblätter können wir beim schwarzen Kräutertee verzichten. Geschmacklich kommen fermentierte Brombeerblättertees dem echten schwarzen Tee am nächsten. Aber warum sollen Sie nicht auch mit anderen gerbstoffhaltigen Kräutern experimentieren? Auch mit Zitronenmelisse, Pfefferminze oder anderen Kräuterteearten läßt sich ein köstlicher schwarzer Haustee nach eigenem Geschmack mischen.

Warum Kräuter als Tee trinken?

Warum bereiten wir überhaupt Tee aus Pflanzen? Nun, die Wirkstoffe in den Pflanzen lösen sich im allgemeinen vorzüglich in Wasser und werden – als Tee getrunken – rasch aufgenommen und im Körper verteilt. Bekanntlich sind es im Kräutertee ätherische Öle (z. B. in Kamille und Minzen), Gerb-, Bitter-, Schleim- und Mineralstoffe, die vielfältig den Organismus beeinflussen. Tee und Teegetränke können auch einen Teil des täglichen Flüssigkeitsbedarfs des Menschen abdecken. Die mittlere Wasseraufnahme und -ausscheidung eines Erwachsenen beträgt 1 bis 2,5 Liter pro Tag. Der gesunde Organismus reguliert den Flüssigkeitsbedarf über das Durstgefühl. Die Trinkmenge verteilt man am besten über den ganzen Tag. Kaffee und schwarzer Tee gelten nicht als geeignete Durstlöscher. Sie regen vielmehr die Leistung der Nieren an, es wird mehr Harn abgeschieden und weiteres Durstgefühl erzeugt. Dagegen sind Kräutertee und Teegetränke vortreffliche Durststiller.

Kräutertee richtig zubereiten

Die Zubereitung von Kräutertees ist nicht schwierig, wenn man einige Grundregeln beachtet. Es gilt, die Inhaltsstoffe der Kräuter möglichst behutsam und umfassend mit Hilfe von Aufgüssen, Abkochungen oder Kaltwasserauszügen herauszulösen.
Der **Aufguß**, das gebräuchlichste Verfahren, wird z. B. bei allen Kräuterarten mit ätherischen Ölen angewandt. Dazu gibt man die Kräutermenge in die vorgewärmte Teekanne aus Steingut, Porzellan oder Glas (kein Metall!), überbrüht mit kochendem Wasser und läßt das Ganze bedeckt etwa zehn Minuten durchziehen. Abgeseiht ist

Kräutertee richtig zubereiten
1 Eine Teekanne aus Keramik, Glas oder Porzellan wird mit heißem Wasser ausgespült.
2 Den Kräutertee geben wir in richtiger Dosierung in das Sieb.
3 Dann kochendes Wasser aufgießen und zugedeckt etwa 10 Minuten ziehen lassen. Zum Schluß wird das Sieb mit den Kräutern herausgenommen. Fertig.

dann der Tee fertig zum Servieren. Auch mit heißer Milch sind Kräuterauszüge möglich. Am bekanntesten ist Pfefferminzmilch am Abend als Schlaftrunk.

Um kleinere Teemengen herzustellen, eignen sich dekorative Teetassen aus Porzellan mit Deckel und Siebeinsatz.

Abkochen ist vorwiegend für Rinden-, Holz- und Wurzeldrogen erforderlich, um schwerer lösliche Inhaltsstoffe freizusetzen. Im allgemeinen gibt man zum Abkochen das zerkleinerte Teematerial in Wasser, erhitzt dieses 15 bis 30 Minuten lang bis zum Kochen, läßt danach fünf bis zehn Minuten ziehen und kann schließlich fertig abseihen.

Kaltauszug wird vor allem für schleimhaltige Teearten, wie z. B. Stockrose, empfohlen. Im Vergleich zum Aufguß verwendet man die doppelte Wassermenge, fügt das gut zerkleinerte Teematerial hinzu und läßt das Ganze sechs bis zwölf Stunden stehen. Häufiges Umrühren während dieser Zeit ist vorteilhaft.

Bei **kombinierter Zubereitung** wird nach dem Kaltauszug mit der Hälfte der Wassermenge die Teemasse noch einmal überbrüht, dann werden beide Teile wieder zusammengegeben.

Kaltauszüge sind auch mit Milch möglich. Dafür können auch frischgepflückte Kräuter, z. B. Pfefferminze und Melisse, direkt Verwendung finden. Kleingehackt in Magermilch gegeben, kann schon nach einigen Stunden der Milchkräutertee abgeseiht und leicht gesüßt serviert werden.

Welche Menge? Alle Kräuter haben bei richtiger Ernte und Aufbereitung bestimmte Wirkstoffkonzentrationen und einen arteigenen Geschmack. Im all-

gemeinen werden pro Tasse Tee ein bis anderthalb Teelöffel getrocknete Kräuter empfohlen; das ist die Menge, die man zwischen Daumen und Zeigefinger bzw. zwischen Daumen, Zeige- und Mittelfingerspitzen fassen kann.
Auch für den Mischtee, der Blüten, Blätter und Wurzelteile enthält, gilt diese Regel. Ausnahmemengen, z. B. bei der Verwendung von Wermut, werden in Rezepten ausdrücklich genannt. Verwenden wir frische Kräuter direkt aus dem Garten, brauchen wir dreimal soviel an Pflanzenmasse.
Kräutertee süßen? Echte Kräuterliebhaber lehnen süßende Zusätze ab, weil sie die einzelnen Kräuterarten ungeschmälert herausschmecken und die Aroma-Nuancen genießen wollen. Zweifellos können andererseits dosierte Zugaben von Zucker, Süßstoff oder Alkohol (Rum) manchen Kräutertee süffiger machen. Honig vermag sogar in vielen Fällen die Heileigenschaften der Teekräuter zu verstärken.

Teeatmosphäre und Kräutersymbolik

Soll der Kräutertee schließlich die gewünschte Wirkung erreichen, der Ge-

Kamille – Symbol für Freude, Zufriedenheit und Güte

Salbei steht für Ruhm und Anerkennung.

sundheit dienen und das Wohlbefinden fördern, muß die Umgebung beim Teetrinken stimmen. Wesentlich ist also die richtige Atmosphäre, ein liebevoll gedeckter Tisch, keine Hektik, keine störenden Geräusche.
Vielleicht können wir von den Teezeremonien des Fernen Ostens, der Engländer oder der Ostfriesen einiges lernen. Wir sollen nämlich unseren Kräutertee nicht „hinunterschütten",

Die Ringelblume symbolisiert Anmut und Schönheit.

Teetrinken bedeutet sich Zeit nehmen und mit allen Sinnen genießen.

sondern Schluck für Schluck langsam trinken und bewußt mit allen Sinnen genießen. Teefreunde beziehen nicht zuletzt auch die Symbolik der Teekräuter in ihre Betrachtungen ein, denn es ist ein Zeichen der Dankbarkeit, daß die Menschen schon in alter Zeit heilkräftigen Pflanzen Symbolwerte verliehen haben. Sinnbildlich sollte Innerliches, Geistiges geäußert werden. So bedeutete Zitronenmelisse Freundschaft und traumhaftes Glück. Rosmarin ist das Symbol der Liebe zweier Menschen. Echte Kamille steht für

Freude, Zufriedenheit und Güte. Majoran verheißt Erfolg und Segen, Thymian Mut, Tapferkeit, Ritterlichkeit und Gottvertrauen und Salbei Ruhm und Unsterblichkeit. Ringelblumen sollen Anmut und Schönheit bringen. Minzearten verhelfen zu Klugheit und klarem Verstand. Malven sind Sinnbild für Schöngeistiges, Lavendel für Reinheit, Treue und Beharrlichkeit. Pfefferkraut (Bohnenkraut) symbolisiert Sinnlichkeit, Basilikum Initiative, Ideenreichtum, Besitzstreben, Wermut dagegen Selbsterkenntnis, Wirklichkeitssinn und Charakterstärke. Borretsch bringt Fröhlichkeit und Lauterkeit im Denken. Holunder schließlich bedeutet Verehrung, Sinn für Häuslichkeit und Geborgenheit.

Besonders liebenswürdig ist die Empfehlung, unsere Teekräuter nach Symbolgehalten miteinander zu mischen und für jede Gelegenheit ganz persönlich abzustimmen, z. B. mischen Sie Freude und Fröhlichkeit mit Schöngeistigem oder mit Anmut, zusätzlich eine Prise Initiative oder Verehrung. Vielleicht gelingt es, auf diesem Wege neue Freunde zu gewinnen für die Bereitung köstlicher Kräutertees und Teegetränke.

Leckere Rezepte mit Kräutern

Kräuterseminare versprechen dann nachhaltige Erfolge, wenn neben der Vermittlung theoretischen Wissens die Praxis der Anwendung beispielhaft geübt, die eigenen Zubereitungen gegessen und gemeinsam bewertet werden. Lassen Sie sich mit folgenden Beispielen überzeugen.

Echte Frankfurter Grüne Soße – eine Spezialität

Sie besteht aus sieben frisch geernteten Kräutern: Borretsch, Kerbel, Gartenkresse, Petersilie, Pimpinelle, Sauerampfer und Schnittlauch, die in Fertigpackungen bereits in ausgewogenem Verhältnis gemischt sind. Für eine vierköpfige Familie werden etwa 200 g dieser Kräutermischung gewaschen, abgetrocknet und mit Wiege-

Vegetarisches Buffet: Alle Gerichte sind mit Kräutern schmackhaft zubereitet.

Kräuter für die „Grüne Soße“, das Nationalgericht der Hessen

Petersilientopf
Der Topf wird mit Blumenerde oder einem Gemisch aus Sand, Lehm und Rindenhumus (zu je gleichen Teilen) gefüllt. Auch an den Seiten (Ø 5 cm) wächst Petersilie. In einem solchen Topf können auch andere Kräuterarten wie Majoran, Thymian, Ysop oder Minze kultiviert werden.

messer oder Schnittboy zerkleinert. Im Mixaufsatz der Küchenmaschine lassen sich die Kräuter mit etwas saurer Sahne oder Milch cremig schlagen. Hinzugefügt werden, je nach Geschmack, der Saft einer Zitrone oder etwas Obstessig, 125 g Mayonnaise oder zwei Becher Joghurt, evtl. etwas Salz, Pfeffer, Zucker und Senf. Acht hartgekochte Eier legt man, längs halbiert, schließlich in die fertige Soße und garniert das Ganze mit einigen grünen Kräutern. Dieses wertvolle Gericht wird zu Kartoffeln, kaltem Fleisch oder auch Fisch mit Toast angeboten.

Kräuterbutter als Brotaufstrich

Ungesalzene zimmerwarme Butter oder Pflanzenmargarine geben wir mit den fein geschnittenen Kräutern Basilikum, Dill, Estragon, Kerbel, etwas Liebstöckel, Pimpinelle, Zitronenmelisse und Schnittlauch in eine zuvor mit Knoblauch gut ausgeriebene Schüssel, fügen etwas Zitronensaft hinzu und vermischen intensiv mit einem Mixer.

Schnittlauch – ein vielseitiges Würzkraut, das durch die Topfkultur auch ganzjährig verfügbar ist.

Dann formen wir typische Kräuterbutterrollen in Folien und lassen sie im Kühlschrank erkalten; auch mit Grieben- und Gänseschmalz läßt sich in ähnlicher Weise vielfältig „kräutern“ und ein schmackhafter Brotaufstrich herstellen.

Kräuter-Dips

Dips sind auch bei uns zu beliebten Partygerichten geworden (engl. to dip = eintauchen, -tunken). Salzstangen oder Kekse, in Dips „gestippt“, werden zu pikanten Happen.
Für Kräuter-Dips eignen sich viele aromatische Würzkräuter in beliebigen Mischungen. Wir nehmen 500 g Quark und 1/2 Becher Sahne und rühren mit heißem Wasser eine cremige Masse an; dann schneiden wir die Kräuter, z. B. Basilikum, Dill, Knoblauchgrün, Gartenkresse und Portulak, möglichst klein, fügen zwei gehäutete, würfelig geschnittene Tomaten hinzu und schmecken mit den Grundgewürzen Paprika und Kräuteressig ab.

Kräutermilch ist schnell zubereitet, bekömmlich und gibt neuen Schwung.

Milch oder Buttermilch erhält mit Kräutern ein würziges Aroma.

Kräutermilch gegen Konditionsschwäche

In einen Liter kalter Milch oder Buttermilch geben wir die vorbereiteten Kräuter (insgesamt vier bis fünf Eßlöffel), Borretsch, Dill, Estragon, Kerbel, Petersilie, etwas Sellerieblätter und Tripmadam, mixen durch und füllen in Bechergläser.

Kräuteröl à la Provence für Salate

Ein Liter Olivenöl wird mit einem Eßlöffel in Scheibchen geschnittenem Knoblauch, einem Eßlöffel Rosmarin, Thymian, Bohnenkraut und Majoran, einem Teelöffel Pfefferkörner und etwas Salz angesetzt. Diese Mischung soll anschließend zehn Tage an einem warmen Standort verbleiben, dann wird gefiltert und in eine dekorative, schöne Flasche abgefüllt. Dieses Kräuteröl kann – je nach verwendetem Öl – bis zu zwei Jahren haltbar sein.

Klassische Gewürzmischungen – Fines herbes und Bouquets garnis

„Fines herbes“ nennt man die traditionelle französische Küchenkräutermischung aus getrockneten Würzkräutern. Folgende Arten, auch als die sieben Franzosen bezeichnet, werden aufeinander abgestimmt, gemischt und evtl. im Mörser fein zerstoßen: Basilikum, Bohnenkraut, Kerbel, Majoran, Petersilie, Rosmarin und Schnittlauch. Weitere Kräuter können geschickt hinzugefügt werden. Diese vorzügliche Kräutermischung eignet sich für alle Fleischspeisen, feine Salate, Gemüse und Soßen.

„Bouquets garnis“ sind verschiedene Kräuter gebündelt oder in einem Säckchen (besteht aus drei oder mehr Kräutern), die man vor dem Servieren entfernt. Diese selbst hergestellten Kräutermischungen für Fleischgerichte bestehen aus Basilikum, Bohnenkraut, Dost, Majoran, Rosmarin und Salbei.

Dost – Bestandteil der „Bouquets garnis“

Zur Zubereitung von Hackfleisch, Hackbraten und Frikadellen sollte man u. a. das Gemisch beimengen, Rindfleisch zum Braten vorher damit einreiben, Steaks nach dem Braten würzen, beim Kochen und Schmoren von Fleisch „Bouquets garnis“ während der Zubereitung hinzugeben. Auch für

Fleischsuppen und -brühen sowie für Eintopfgerichte ist diese Kombination hervorragend geeignet.
„Bouquets garnis" für Suppen sind Mischungen aus Basilikum, Bohnenkraut, Estragon, Majoran, Petersilie und Thymian. Während des Kochvorganges der Suppen, z. B. aus Bohnen, Erbsen, Fisch, Fleisch, Geflügel und Kartoffeln, wird dieses Kräutergemisch beigefügt.

Mischungshilfe:
Die angegebenen Mischungen können wir zunächst mit ungefähr gleichen Anteilen herstellen. Entspricht das Ergebnis nicht der individuellen Geschmacksrichtung, betont man einzelne Kräuterarten, z. B. Petersilie, stärker oder verringert andere, z. B. Bohnenkraut.

Gewürzmischung für Pizza, Risotto und Spaghetti

Zu gleichen Teilen werden Origano (Dost), Thymian, Rosmarin, Salbei und Basilikum gemischt und im Mörser zerrieben; schließlich wird etwas Pfeffer zugegeben.
Diese typisch italienische Kräutermischung eignet sich vorzüglich nicht nur für die Zubereitung von Pizzas, Risotto und Spaghetti, sondern auch zum Würzen von Hackfleisch und anderen Fleischgerichten.

Für die Gewürzmischung werden nach eigenem Rezept die passenden Kräuter im Mörser zerrieben.

Gewürzsalz und Pfefferersatz – selbstgemacht

Estragon, Petersilie, Porree, Salbei und Zwiebel, fein gemahlen, werden mit Kochsalz gemischt. Das Gewürzsalz soll kühl im offenen Behälter aufbewahrt werden. Pfefferersatz erhalten wir durch Mischen von Basilikum und Bohnenkraut zu gleichen Teilen mit Zusatz von Rosmarin – je nach Geschmack.

Gewürze für die eigene Wurstherstellung (Hausschlachtung)

Kochwurst: Majoran, Thymian;
Dauerwurst: Knoblauch, Senfkörner, Zwiebel;

Jede Wurst bekommt erst durch die richtige Kräuterwürze ihren typischen Geschmack.

Leberwurst: Basilikum, Bohnenkraut, Majoran, gedünstete Zwiebel;
Fleischwurst: Senfkörner, etwas Salbei und Kümmel;
Blutwurst: Majoran, Thymian, Zwiebel; zum Einpökeln zusätzlich Rosmarin verwenden.

Gewürze für Fladenbrot, Kräuterbrötchen und Kräuterpizza

Fenchel, Koriander, Kümmel, Lein- und Mohnsamen, Rosmarin, Thymian: für Backwaren ferner Anis und Waldmeister.

Welches Gewürz zu welchem Gericht?

Braten: Basilikum, Beifuß, Bohnenkraut, Estragon, Liebstöckel, Majoran, Paprika, Petersilie, Salbei und Thymian

Geflügel: Basilikum, Beifuß, Bohnenkraut, Dill, Liebstöckel, Majoran, Rosmarin, Thymian

Fisch: Basilikum, Bohnenkraut, Dill, Liebstöckel, Meerrettich, Petersilie, Rosmarin, Salbei, Sellerie, Senf (gemahlen), Zwiebel

Wild: Basilikum, Bohnenkraut, Koriander, Liebstöckel, Majoran, Rosmarin, Thymian

Gemüse: Anis, Basilikum, Bohnenkraut, Borretsch, Estragon, Kerbel, Koriander, Liebstöckel, Majoran, Melisse, Petersilie, Salbei, Sauerampfer, Schnittlauch, Weinraute (nur sparsam) und Zwiebelarten

Rohkost: Anis, Basilikum, Borretsch, Dill, Estragon, Knoblauch, Liebstöckel, Meerrettich, Melisse, Petersilie, Pimpinelle, Sauerampfer, Schnittlauch, Tripmadam, Zwiebelarten

Salate: Basilikum, Bohnenkraut, Borretsch, Dill, Estragon, Fenchelkraut, Melisse, Petersilie, Pimpinelle, Sauerampfer, Schnittlauch, Thymian, Tripmadam, Zwiebelarten

Soßen: Basilikum, Bohnenkraut, Dill, Liebstöckel, Majoran, Melisse, Origano, Pfefferminze

Suppen: Basilikum, Bohnenkraut, Dill, Kerbel, Lauch, Liebstöckel, Paprika, Petersilie, Portulak, Sauerampfer, Sellerie

Der Kümmel ist ein unverzichtbares Würzmittel für Wurst und Brot.

Liebstöckel würzt Suppen, Soßen und Kartoffelgerichte.

Pflanzenporträts von A bis Z

Was wir über Kräuter wissen sollten

Unter Kräutern versteht man im botanischen Sinne kurzlebige, nicht verholzende Gewächse. In der Phytotherapie und Würzkunst dagegen hat sich der Begriff „Kräuter" für alle heilkräftigen und würzenden Pflanzenarten eingebürgert.

Je nach ihrer Lebensdauer unterteilen wir die Heil- und Würzpflanzen in ein-, zwei- und mehrjährige Gewächse. Bei den Würzpflanzen kommen als Sondergruppe die zwiebel- und lauchartigen Pflanzen hinzu.

Einjährige

Bei den einjährigen Kräutern, wie z. B. Dill und Kerbel, erleben wir Keimung, Blüte und Samenreife innerhalb einer

Dill zählt zu den einjährigen Kräutern.

Vegetationsperiode. Spätestens bei Frosteintritt stirbt die gesamte Pflanze ab. Ihr Fortbestand wird durch reichen Samenansatz gewährleistet.

Zweijährige

Die zweijährigen Arten, wie z. B. Petersilie und Löffelkraut, bringen im ersten Entwicklungsjahr Blätter und Triebe, dann überwintern die Pflanzen und bilden erst im Folgejahr Blüten und Samen aus.

Mehrjährige

Bei den mehrjährigen Pflanzenarten dagegen kann das Blühen und Fruchten sofort oder später, oft erst nach einigen Jahren, einsetzen, wiederholt sich dann aber jedes Jahr aufs neue. Zur Gruppe der Mehrjährigen zählen Stauden, Halbsträucher, Sträucher und Bäume.

Stauden sind krautartige Pflanzen, deren oberirdische weiche Teile im Herbst verdorren und bis auf die ausdauernden Wurzeln, Rhizome, Knollen oder Zwiebeln absterben. Die Überwinterungsknospen der Stauden, die ein Überleben und das erneute Austreiben im Frühjahr ermöglichen, sitzen meistens an oder direkt über der Erdoberfläche, seltener tiefer im Boden. Besonders erwähnt werden solche Stauden, die ihre grünen Blattorgane auch im Winter nicht verlieren. Es handelt sich im allgemeinen um polster- oder horstbildende Arten.

Halbsträucher, z. B. Ysop, sterben im Winter bis zu den frostwiderstandsfähigen verholzten Teilen ab.

Das Löffelkraut, eine zweijährige Art, entwickelt erst im zweiten Jahr Blüten und Samen.

Die eigentlichen Gehölze, Sträucher und Bäume, verlieren zum Herbst meist ihre Blätter und überstehen die Kältezeit, da sie verholzt sind.

Geschützte Pflanzen – schützenswerte Pflanzen

Zum Schutze der Vielfalt, Schönheit und Eigenart von Natur und Landschaft haben die Bundesländer Naturschutzgesetze und Verordnungen erlassen, die das Sammeln bestimmter Pflanzen untersagen. Wer also zur Er-

Die Echte Schlüsselblume gehört zu den geschützten Pflanzen und darf nicht aus der Natur gesammelt werden.

gänzung seiner Heil- und Würzkräuter des Gartens Pflanzen der freien Natur sammeln will, muß sich vorher vergewissern, ob diese nicht unter Naturschutz stehen oder der Bestand dadurch nicht beeinträchtigt wird. In ausgewiesenen Naturschutzgebieten ist auch das Sammeln von nicht geschützten Pflanzen verboten. Zudem wurden sogenannte Rote Listen der gefährdeten Pflanzenarten nach mehreren Gefährdungsstufen, nämlich ausgerottet – vom Aussterben bedroht – stark gefährdet – gefährdet, zusammengestellt und veröffentlicht. Der Natur- und Pflanzenfreund wird sicherlich auch diese Schutzbemühungen berücksichtigen. Dabei hat er die Möglichkeit, ersatzweise andere ähnlich wirksame, nicht geschützte Kräuter zu sammeln oder auch geschützte seltene Arten, die man aus Staudengärtnereien beziehen kann, im eigenen Garten anzusiedeln.
Kräutergärten, Kräuterwiesen und Kräuterbiotope können auf solche Weise zu bemerkenswerten Rückzugsgebieten und Enklaven existenzgefährdeter Pflanzenarten werden.

Küchenkräuter von A bis Z

Nachfolgend werden Hinweise zur Naturheilkunde gegeben.
In kleinen Mengen verwendet, wie als Gewürz üblich, sind die Kräuter unschädlich. Auch als Salat zubereitet sind manche sehr schmackhaft und zu empfehlen, das eine oder andere Kraut sollte man aber nicht über längere Zeit in größeren Mengen verzehren (u. a. Kapuzinerkresse oder Großer Sauerampfer). Mit einigen lassen sich leichtere Gesundheitsstörungen positiv beeinflussen, sofern diese eindeutig als solche erkannt sind. Bei stärkeren oder länger anhaltenden Beschwerden sollte man ohnehin einen Arzt aufsuchen.

Viele Küchenkräuter wachsen nicht nur im Garten, sondern stehen uns als Topfkultur auch das ganze Jahr über zur Verfügung.

Einjährige Würzkräuter

Anis

Pimpinella anisum

Allgemeines: Doldenblütler; bis 0,80 m.
Merkmale: Samendroge; weiß blühend im Juli/August; ganze Pflanze riecht süß-würzig, typisch nach Anis.

Anis *(Pimpinella anisum)* – Blüte

Kultur: Sonnige, warme Standorte; durchlässige Böden; Aussaat ab April in Reihen mit 0,30 m Abständen, Keimzeit drei bis vier Wochen.
Verwendung: Junges Kraut; Samen.
Küchenpraxis: Kraut für Gemüse, Salate, Soßen, Quark, Samen für Backwaren, Kompott.
Naturheilkunde: Appetitanregend, verdauungsfördernd, blähungstreibend, krampflösend, schleimlösend bei Husten.

Basilikum *(Ocimum basilicum)*

Basilikum

Ocimum basilicum

Allgemeines: Lippenblütler; bis 0,60 m.

Basilikum – rotblättrige Form

Merkmale: Zu unterscheiden sind groß- und kleinblättriger Basilikum, ferner Zitronenbasilikum sowie gekrauste und rotblättrige Formen. Kraut duftet intensiv würzig.
Kultur: Besonders wärmebedürftig; vorteilhaft sind warme, humose Böden; im Sommer genügend Wasser erforderlich; Aussaat erst ab Mai, Lichtkeimer(!), satzweise nachsäen.
Verwendung: Blätter und junge Triebe – frisch, trocknen, frosten.
Küchenpraxis: Hammel- und Schweinefleisch, Fisch, Gemüse, Eintopf, Salate, Rohkost; nicht mitkochen!
Naturheilkunde: Appetit- und verdauungsanregend, bei Völlegefühl und Blähungen, wassertreibend.

Bohnenkraut, Sommer-
Satureja hortensis
Allgemeines: Lippenblütler; bis 0,40 m.
Merkmale: Kraut riecht stark würzig und schmeckt beißend pfeffrig; Blüte Juli bis Oktober in Weiß, Rosa oder Lila.
Kultur: Am besten leichte Böden und warme Standorte; verträgt im Sommer auch Trockenperioden; Aussaat ab April mit Folienschutz, ab Mai ins Freiland mit mehreren Anbausätzen, Lichtkeimer!
Verwendung: Kraut geschnitten – frisch, trocknen, frosten.
Küchenpraxis: Fleisch, Wild, Wurst, Hülsenfrüchte, Pfefferersatz. Sparsam dosieren.
Naturheilkunde: Verdauungsfördernd, verhindert Blähungen.

Sommer-Bohnenkraut *(Satureja hortensis)*

Borretsch
Borago officinalis
Allgemeines: Rauhblattgewächse; 0,50–0,80 m.
Merkmale: Saftige Stengel; borsthaarige Blätter; lockere Blütenstände ab Juni, meist leuchtend blaue Blüten.
Kultur: Liebt nährstoffreiche, kalkhaltige Böden; braucht viel Platz; Aussaat ab April; selbstvermehrend.
Verwendung: Kraut, Blätter, Blüten – frisch.
Küchenpraxis: Kraut und Blätter für Gurken- und andere Salate, „Grüne Soße“, Fisch, Eier, Kartoffeln, Quark, Pilze, Säfte, Apfelwein, Bier; Blüten eßbar, zur Dekoration.

Borretsch *(Borago officinalis)*

Brunnenkresse *(Nasturtium officinale)*

Naturheilkunde: Blutreinigend, harn- und schweißtreibend, stimmungsanregend.

Brunnenkresse

Nasturtium officinale

Allgemeines: Kreuzblütler; 0,20–0,80 m.

Merkmale: Bis 0,80 m lange hohle Triebe, teilweise aus dem Wasser ragend; weiße Blütentrauben von Mai bis September; vitaminreiches Kraut. Brunnenkresse ist eigentlich eine mehrjährige Art, wird aber einjährig kultiviert.

Kultur: Flache Bäche, feuchte Böden, unter Folie; Schlammbecken; Aussaat

Brunnenkresse läßt sich in Schlammbecken im eigenen Garten kultivieren.

in Kistchen im Juni, Pflanzung im August; Ernte Oktober bis Mai.
Verwendung: 10 cm lange Triebe – frisch.
Küchenpraxis: Salate, Preßsaft.
Naturheilkunde: Blutreinigend, stoffwechselanregend, wassertreibend, gegen Hautleiden und Rheuma.

Dill
Anethum graveolens
Allgemeines: Doldenblütler; bis 1,20 m.
Merkmale: Intensiver Duft und Eigengeschmack; Samen schmeckt kümmelartig.

Dill *(Anethum graveolens)*

Kultur: Warme Standorte; Aussaat ab April unter Folie mit mehreren Folgesätzen; Blüte ab Juli.
Verwendung: Kraut – frisch, trocknen, frosten; Samen.
Küchenpraxis: Kraut für Salate, Gemüse, Suppen, Soßen, Rohkost, Gurkengewürz, Tomaten, Fisch, Fleisch. Samen werden wie Kümmel verwendet.
Naturheilkunde: Appetitanregend, verdauungsfördernd, krampflösend, nervenberuhigend.

Gartenkresse *(Lepidium sativum)*

Gartenkresse
Lepidium sativum
Allgemeines: Kreuzblütler; bis 0,50 m.
Merkmale: Schnellwüchsiges Würzkraut; rettichartig scharfer Geschmack; breitblättrige Sorten ertragreicher.
Kultur: Bescheiden an Klima und Boden; gleichmäßige Feuchtigkeit; Direktsaat ab März, geschützter Anbau ganzjährig; Folgesätze nach drei bis vier Wochen, Lichtkeimer; schlechte Vorfrucht. Aussaat auch im Zimmer in

Kapuzinerkresse *(Tropaeolum majus)*

Schalen; Kulturzeit drei bis vier Wochen.
Verwendung: Kraut – frisch.
Küchenpraxis: Salate, „Grüne Soße", Quark, Eierspeisen, Kartoffeln, Rohkost, Brotbelag.
Naturheilkunde: Appetitanregend, verdauungsfördernd, blutreinigend, harntreibend.

Kapuzinerkresse
Tropaeolum majus
Allgemeines: Kapuzinerkressengewächse; bis 0,30 m.
Merkmale: Reichblühende, kriechende Würzpflanze; würziger Geschmack, wie Gartenkresse; Blütezeit ab Juni.
Kultur: Sonniger Standort; Bodenansprüche bescheiden; frostempfindlich; Aussaat ab Ende April oder Vorkultur ab Anfang April, Auspflanzen nach den Eisheiligen.
Verwendung: Blätter, Blüten, Knospen – frisch.
Küchenpraxis: Kraut für Salate, Rohkost, Brotbelag (wie andere Kressearten); Knospen als Kapernersatz, Blüten zum Dekorieren.
Naturheilkunde: Appetitanregend, verdauungsfördernd, antibiotisch, nur sparsam verwenden!

Kerbel
Anthriscus cerefolium
Allgemeines: Doldenblütler; bis 0,80 m.
Merkmale: Schnellwachsendes, stark

Kerbel *(Anthriscus cerefolium)*

aromatisches, süßlich-anisartig schmeckendes Würzkraut mit weißen Blüten.
Kultur: Ansprüche bescheiden, jedoch genügend Bodenfeuchte, sonst frühe Blüte; nicht kälteempfindlich; Direktsaat, nicht verpflanzen; Aussaat ab März mit Folgesätzen; sät sich im Garten auch selbst aus; nach sechs Wochen erntereif.
Verwendung: Kraut (junge Triebe), Blätter – frisch, frosten.
Küchenpraxis: Frühlings- und Kräutersuppen, „Grüne Soße", Salate, Tomaten, Rohkost, „Fines herbes", Kräuterbutter, Käse; nicht mitkochen!
Naturheilkunde: Appetitanregend, blutreinigend, stoffwechselfördernd, harntreibend.

Koriander
Coriandrum sativum
Allgemeines: Doldenblütler; bis 0,70 m.
Merkmale: Samengewürz; Blätter fein gefiedert, unangenehm riechend (Wanzenkraut); weißrosa Blüten im Juni/Juli.

Koriander *(Coriandrum sativum)*

Kultur: Sonnige, warme Standorte sowie warme, durchlässige, humushaltige Böden bevorzugt; Aussaat ab April, Dunkelkeimer.
Verwendung: Samen; ernten vor der Vollreife, frühmorgens, wenn noch tau-

Koriandersamen eignen sich als Backgewürz, z. B. für Printen und Lebkuchen.

frisch; junges Kraut in Rußland als Gemüse empfohlen.
Küchenpraxis: Samen als aromatisches Back- und Einmachgewürz, zu Wild, Wurst, Gulasch, Soßen, Rohkost, Roter Bete, junges Kraut für Gemüse.
Naturheilkunde: Appetitanregend, verdauungsfördernd, krampflösend, lindernd bei Magen- und Darmleiden.

Lein
Linum usitatissimum
Allgemeines: Leingewächse; bis 1,50 m.
Merkmale: Aufrecht wachsend mit hohen dünnen Stengeln; prächtig blau blühend im Juli/August; kugelförmige, erbsengroße Samenkapseln.
Kultur: Günstige sonnige Lagen, die früheste Aussaat ermöglichen; keine sauren Böden, mindestens pH-Wert 6; ab März Aussaat direkt ins Freiland in engen Reihen.

Lein *(Linum usitatissimum)* – Blüte

Lein – Samen

Verwendung: Samen – trocknen, schroten, Leinöl.
Küchenpraxis: Samen unzerkleinert oder geschrotet essen, zu Backwaren.
Naturheilkunde: Durch Schleimbildung reizfreies Abführmittel, immer in

Verbindung mit reichlicher Flüssigkeitszufuhr anzuwenden; zerkleinerten Leinsamen frisch verbrauchen, da das Öl schnell ranzig wird. Zu Breiumschlägen bei Hautkrankheiten und Rheuma.

Majoran

Origanum majorana

Allgemeines: Lippenblütler; bis 0,50 m.
Merkmale: Eiförmige Blättchen an stark verästelten Stengeln; kleine weiße oder rosarote Blüten von Juli bis Oktober in den Achseln von runden Deckblättern; angenehmes würziges Aroma.

Majoran *(Origanum majorana)*

Kultur: Sonnige Standorte; Aussaat ab Mai in Reihen, später vereinzeln.
Verwendung: Kraut, kurz vor der Blüte; drei Schnitte sind möglich; getrocknet durch ein grobes Sieb treiben, um Blätter und Blütenanlagen von den Stengeln abzurebeln.
Küchenpraxis: Frisches Kraut oder gerebelter Majoran zu deftigen Gerichten; zu Kartoffeln, Fleisch, Wurst, Eintopf, Tomaten, Quark.
Naturheilkunde: Appetitanregend, bei Verdauungsbeschwerden mit Blähungen und Krämpfen. Nervenberuhigend, bei Schnupfen; muskelentspannender Badezusatz.

Paprika

Capsicum annuum

Allgemeines: Nachtschattengewächse; bis 0,60 m.

Paprika ist eine beliebte Gemüse- und Würzpflanze mit hohem Vitamin C-Gehalt.

Paprika *(Capsicum annuum)*

Merkmale: Gemüse- und Würzpflanze; Früchte grün, gelb, orange oder rot; hoher Gehalt an Vitaminen C und A.
Kultur: Viel Wärme; nährstoffreiche Böden mit ausreichender Feuchtigkeit; ab März für Vorkultur aussäen, auspflanzen nach dem 20. Mai an geschützter Stelle, auch unter Glas und Folie.
Verwendung: Frische Paprika.
Küchenpraxis: Gemüse und Fleisch, Gulasch, Suppen, pikante Soßen, Quark, Wurst.
Naturheilkunde: Appetitanregend, verdauungsfördernd.

Portulak
Portulaca oleracea
Allgemeines: Portulakgewächse; bis 0,30 m.
Merkmale: Niederliegende Pflanze mit fleischigen Blättern, gelben Blüten.
Kultur: Warme Standorte; durchlässige Böden; mehrere Folgesaaten ab Mai; die sehr feinen Samen nicht mit Erde bedecken, nur anbrausen; nach vier Wochen erntereif.
Verwendung: Junge Triebe, Blätter – frisch, frosten.
Küchenpraxis: Salate, Rohkost, Gemüse, Tomaten, Gurken, Quark, Suppen, Soßen.
Naturheilkunde: Blutreinigend, verdauungsfördernd, harntreibend.

Portulak *(Portulaca oleracea)*

Naturheilkunde: Stimulierendes Mittel bei Frühjahrskuren zur „Blutreinigung".

Rauke *(Eruca sativa)*

Rauke, Rukula
Eruca sativa
Allgemeines: Kreuzblütler; bis 0,50 m.
Merkmale: Schnellwüchsig; aus Blattrosette leierförmig-fiederschnittige Blätter; Blüten hellgelb und violett geädert, ab Juni.
Kultur: Ab Februar im Gewächshaus und Frühbeet, ab April in Folgesaaten im Freien, im Winter in Schalen und Kisten als Zimmerkultur.
Verwendung: Kraut – frisch.
Küchenpraxis: Gewürz mit hohem Vitamin C-Gehalt, für pikante Salate mit Schafskäse, Pizza, Quark, Brotbelag.

Senf, Weißer
Sinapis alba
Allgemeines: Kreuzblütler; auch bekannt unter dem Namen Gelbsenf; bis 1,20 m.
Merkmale: Schnellwüchsig; mit rauhbehaarten Blättern; gelbe Blüten ab Juni.
Kultur: Geringe Ansprüche; Trockenheit führt zu früher Blüte; Aussaat ab März in Folgesätzen.
Verwendung: Junge Triebe – frisch; Samen.
Küchenpraxis: Junge Triebe wie Kresse verwenden zu Salaten, Rohkost; Samen zu Roter Bete, eigener Senfherstellung.
Naturheilkunde: Appetitanregend, verdauungsfördernd; wirkt antibakteriell.

Weißer Senf *(Sinapis alba)*

Barbarakraut *(Barbarea vulgaris)*

Zweijährige Würzkräuter

Barbarakraut
Barbarea vulgaris
Allgemeines: Kreuzblütler; 0,30–0,60 m.
Merkmale: Im ersten Jahr rosettenbildend mit satten, dicken gefiederten Blättern, im zweiten Jahr bereits ab April Blütenstiele.
Kultur: Liebt feuchte, lehmhaltige Böden; auch auf halbschattigen Standorten; die Aussaat von *Barbarea vulgaris* ist im Frühjahr oder auch im Herbst möglich.
Verwendung: Kraut, Blätter (Winterwürzkraut) – frisch.
Küchenpraxis: Durch kresseartigen Geschmack für pikante Salate, auch gedünstet.
Naturheilkunde: Appetitanregend, blutreinigend, harntreibend, wundheilend.

Engelwurz, Echte
Angelica archangelica
Allgemeines: Doldenblütler; bis 2,50 m.
Merkmale: Hohle, kräftige Stengel mit hellgrünen, mehrfach gefiederten

Echte Engelwurz *(Angelica archangelica)*

Eiskraut *(Mesembryanthemum crystallinum)*

Blättern und aufgeblasenen Blattscheiden; grünlich-weiße Blüten im Juli/August, duften nach Honig; Pflanze riecht kräftig würzig; stirbt nach der Blüte ab.
Kultur: Braucht nahrhafte Böden; feuchte, auch halbschattige Lagen; genügend Standraum. Aussaat direkt ins Freie im August/September.
Verwendung: Blätter, Blattstiele, Wurzel – frisch.
Küchenpraxis: Frische Blätter und Blattstiele zum Würzen von Soßen, Suppen und Salaten; Wurzeln zu Kräuterwein, Wurzelernte im Spätherbst.
Naturheilkunde: Appetitanregend, verdauungsfördernd, krampflösend, nervenberuhigend, in der Rekonvaleszenz.

Eiskraut
Mesembryanthemum crystallinum
Allgemeines: Mittagsblumengewächse; kriechend.
Merkmale: Stark verzweigte, fleischige Triebe; weiße bis rosa, gefüllte margeritenähnliche Blüte, die sich nur zur Mittagszeit öffnet.
Kultur: Warme Standorte; am besten Gartenböden; Direktaussaat im Früh-

Eiskraut, aber auch Lavendel, Minze, Melisse, Rosmarin oder Ysop kann man gut durch Stecklinge vermehren.

jahr oder Stecklingsvermehrung; Winterschutz erforderlich.
Verwendung: Triebspitzen und Blätter – frisch.
Küchenpraxis: Salate.
Naturheilkunde: Blutreinigend, appetitanregend.

Kümmel
Carum carvi
Allgemeines: Doldenblütler; bis 1,00 m.
Merkmale: Im ersten Jahr Bildung möhrenartiger Wurzeln und Blattrosette; Blätter zart gefiedert; Blütenbildung von Mai bis Juni des zweiten Jahres.
Kultur: Tiefgründige, feuchte, kalkhaltige Böden sind vorteilhaft, auch feuchtes Klima; Kümmel verträgt sich schlecht mit Fenchel als Nachbarn; Aussaat im Spätsommer; Winterschutz bei extremen Standorten. Kreuzkümmel *(Cuminum cyminum)* im Anbau noch selten, mit ähnlichen Ansprüchen.
Verwendung: Ab Juni/Juli im zweiten Jahr als Samen; Blätter auch schon im ersten Jahr.

Kümmel *(Carum carvi)*

Küchenpraxis: Samen zu Kohl, Sauerkraut, Eintopf, Salaten, Suppen, Fleisch, Wurst, Quark, Käse, Backwaren; Kreuzkümmel ist aromatischer, leicht scharf.
Naturheilkunde: Gegen Blähungen und Appetitlosigkeit, krampflösend, verdauungsanregend.

Löffelkraut
Cochlearia officinalis
Allgemeines: Kreuzblütler; bis 0,30 m.

Löffelkraut *(Cochlearia officinalis)*

Petersilie *(Petroselinum crispum)* mit glatten Blättern

Merkmale: Untere Blätter löffelförmig; ab Mai des zweiten Jahres weiße, duftende Blüten; Blätter schmecken sehr stark kresseartig, auch etwas salzig-bitter.
Kultur: Braucht genügend Bodenfeuchte, sonst bescheiden; Aussaat März/April oder August/September.
Verwendung: Blätter (Winterwürzkraut) – frisch.
Küchenpraxis: Salate, Kartoffeln, Brotbelag; scharfen Geschmack durch Schnittlauch mildern.
Naturheilkunde: Stoffwechselanregend, verdauungsfördernd, geeignet für die Frühjahrskur.

Petersilie
Petroselinum crispum
Allgemeines: Doldengewächse; 0,30–0,90 m.
Merkmale: Wichtigstes Würzkraut; mit glatten oder gekrausten Blättern, möhrenähnlichen Wurzeln und Blattrosette im ersten Jahr; Blattduft herb würzig; grünlich-gelbe Blüten ab Juni/Juli des zweiten Jahres.

Petersilie mit gekrausten Blättern

Kultur: Dankbar für humose, nährstoffreiche Böden; genügend feuchte, evtl. noch halbschattige Lagen; keinen frischen Stallmist geben; Aussaat ab März in Reihen mit Radieschen als Markiersaat wegen langsamer Keimung; Winterschutz mit Fichtenreisig, Folien oder Vliesen, um Ernte zu verlängern.
Verwendung: Blätter von außen wegnehmen, ohne Herzstück zu verletzen – frisch, trocknen, frosten, einsalzen.
Küchenpraxis: Salate, Suppen, Soßen, Eintopf, Kartoffeln, Fleisch, Gemüse, „Grüne Soße", „Fines herbes".
Naturheilkunde: Appetitanregend, verdauungsfördernd, harntreibend, blutreinigend.

Mehrjährige Würzkräuter

Beifuß
Artemisia vulgaris
Allgemeines: Korbblütler; bis 1,50 m.
Merkmale: Heimische Kräuterart an Wegrändern und in Geröllhalden; kräftige, verzweigte Stengel; Blätter ein- bis zweifach fiederteilig; Blütenköpfe in länglichen Rispen; Blüte ab August.
Kultur: Anspruchslos an Standort und Klima, braucht viel Standraum; Vermehrung durch Teilen.
Verwendung: Blütenrispen kurz vor der Blüte ernten und in Büscheln ohne Blätter trocknen; junge Blätter – frisch, frosten.
Küchenpraxis: Fette Braten, Gänse- und Hammelfleisch, Fisch, Pilze, Gemüse; volle Würzkraft durch Mitkochen.

Beifuß *(Artemisia vulgaris)*

Naturheilkunde: Gegen Verdauungsbeschwerden und Appetitlosigkeit.

Bohnenkraut, Berg-
Satureja montana
Allgemeines: Lippenblütler; bis 0,50 m.
Merkmale: Ähnelt in Aroma und Inhaltsstoffen dem einjährigen Sommer-Bohnenkraut, siehe Seite 117; Blüten in Weiß, Rosa und Violett von Juli bis September.
Kultur: Anspruchslos; auch für Steingärten; Vermehrung durch Teilung oder Aussaat, Lichtkeimer; braucht in rauhen Gegenden Winterschutz.

Berg-Bohnenkraut *(Satureja montana)*

Echter Dost, Origano *(Origanum vulgare)*

Verwendung, Küchenpraxis und Naturheilkunde: Wie einjähriges Sommer-Bohnenkraut (siehe Seite 117).

Dost, Echter; Origano
Origanum vulgare
Allgemeines: Lippenblütler; 0,30–0,50 m.
Merkmale: Rötliche, vierkantige Stengel mit zum Teil fein behaarten, unterseits drüsig punktierten, eiförmigen Blättchen; rosa oder weiße Blüten von Juli bis September; sehr würziges, etwas pfefferartiges Aroma; attraktive Steingartenpflanze.

Viele Feinschmecker lieben Pizza – vielleicht gerade wegen der typisch italienischen Würzkräutermischung.

Kultur: Warme, trockene Lagen, sonst anspruchslos; im Frühjahr bis zum Boden zurückschneiden; Vermehrung ist durch Teilen und Wurzelausläufer möglich.
Verwendung: Junge Triebe, Blätter – frisch, trocknen.
Küchenpraxis: Blätter und junge Triebe zum Würzen von Tomaten, Fleisch, Käse, Suppen, Gemüse und Pizza; beste Würzkraft zur Blütezeit.
Naturheilkunde: Magenstärkend, appetitanregend, verdauungsfördernd, krampflösend bei Husten.

Estragon
Artemisia dracunculus
Allgemeines: Korbblütler; 0,60–1,50 m.
Merkmale: Verlangen Sie beim Kauf ausdrücklich Deutschen, keinen Russischen Estragon, damit Sie von Geschmack und Aroma nicht enttäuscht werden. Blätter schmallänglich, spitz und etwas glänzend; ab Juni unscheinbare gelbgrüne Blütenköpfchen; Ausläufer bildend.
Kultur: Deutscher Estragon ist anspruchsvoller als Russischer, liebt warme Lagen und genügend Feuchtigkeit; nur durch Ausläufer oder Stecklinge zu vermehren; Winterschutz(!). Russischer Estragon ist durch Aussaat im zeitigen Frühjahr vermehrbar, während Deutscher Estragon nur selten zur Blüte gelangt.
Verwendung: Junge Triebspitzen, Blätter – frisch, trocknen, frosten.
Küchenpraxis: Suppen, Soßen, Salate, Geflügel, Sauerbraten, Quark, Kräuterbutter, Kräuteressig, Kräuterwein, Einmachgewürz, eigene Senfherstellung; bei Kochgerichten mitkochen.
Naturheilkunde: Verdauungs- und gallenflußfördernd, harntreibend.

Estragon *(Artemisia dracunculus)*

Fenchel, Garten-
Foeniculum vulgare
Allgemeines: Doldenblütler; 0,80–2,00 m.
Merkmale: Lange, rübenförmige Wurzeln, gerillte, markige Stengel; Blätter fein gefiedert; gelbe, kleine Blüten in Dolden von Juli bis Oktober; süßlich würziger, typischer Fenchelduft.
Kultur: Warme vollsonnige Standorte; nährstoffreiche kalkhaltige Böden,

Garten-Fenchel *(Foeniculum vulgare)*

Winterschutz(!); Aussaat ab Ende März; Knollenfenchel als Gemüse wird nur einjährig kultiviert.
Verwendung: Junge Blätter – frisch; Samen – trocknen.
Küchenpraxis: Junge Blätter zu Fisch, Salaten, Soßen; Samen zu Backwaren und Tee.
Naturheilkunde: Auswurffördernd und schleimlösend bei Husten, krampflösend, lindert Blähungen; bei Bauchweh-Beschwerden der Kinder.

Lavendel, Echter
Lavandula angustifolia
Allgemeines: Lippenblütler; 0,30–0,60 m.
Merkmale: Halbstrauch mit schmalen, länglichen Blättern, silbergraugrün; ab Juli an langen Stielen blaue, duftende Blüten in Quirlen.
Kultur: Trockene, kalkhaltige Böden; sonnige Standorte. Vermehrung durch Aussaat (Vorkultur ab März) und Stecklinge. Auch als buschige und hochstämmige Kübelpflanze geeignet.
Verwendung: Junge Triebe – frisch. Blüten in Sträußen trocknen für Duftzwecke, als Badezusatz.
Küchenpraxis: Junge Blattspitzen zum Würzen von Soßen, Eintopf und Fisch (mitkochen!); getrocknete Blüten für Tee und Kräutergeist.

Echter Lavendel *(Lavandula angustifolia)*

Naturheilkunde: Nervenberuhigend, schlaffördernd, blähungstreibend, den Gallenfluß anregend. Lavendelgeist zum Einreiben bei Rheuma.

Liebstöckel
Levisticum officinale
Allgemeines: Doldenblütler; bis 1,50 m.
Merkmale: Verzweigte Wurzelstöcke treiben hohle Stengel mit Fiederblättern, die stark nach „Maggiwürze" schmecken.

Liebstöckel *(Levisticum officinale)*

Kultur: Feuchte Böden; auch halbschattige Lagen; genügend Standraum; Vermehrung durch Teilen, auch Aussaat ab zeitigem Frühjahr (evtl. mit Folie bedecken).
Verwendung: Zarte Blätter, Wurzeln – frisch, trocknen, frosten.

Küchenpraxis: Suppen, Eintopf, Soßen, Fleischspeisen; Wurzeln sind aromatisch, mitkochen!
Naturheilkunde: Verdauungsfördernd, blähungs- und harntreibend; nicht bei Nierenerkrankungen oder Schwangerschaft anwenden!

Meerrettich
Armoracia rusticana
Allgemeines: Kreuzblütler; 1,20 m.
Merkmale: Bis zu 80 cm lange, an den Rändern gekerbte Blätter; 1,20 m

Meerrettich *(Armoracia rusticana)*

hohe, weiße Blütenstände im zweiten Jahr; kräftige, stangenförmige Hauptwurzel; dünnere Nebenwurzeln (Fechser) zur Vermehrung; Geschmack der Wurzel beißend scharf.
Kultur: Nahrhafte, tiefgründige Böden; genügend Bodenfeuchte.

Geriebener Meerrettich ist eine delikate Speisewürze und ein altes Volksheilmittel.

Apfelminze *(Mentha rotundifolia)*

Verwendung: Wurzeln – frisch, reiben, frosten oder für den Winter in Sand einschlagen.
Küchenpraxis: Fleisch, Fisch, Wurst, Eier, Tomaten, Quark; Wurzelstücke zum Einlegen für Sauerkonserven.
Naturheilkunde: Verdauungsfördernd, harntreibend, antibiotisch.

Minze-Arten
Mentha-Arten
Allgemeines: Lippenblütler; 0,40–0,80 m; mehrjährig. Am bekanntesten sind Pfefferminze *(Mentha × piperita)*, Apfelminze *(Mentha rotundifolia)*, Zitronenminze *(Mentha citrata)*, Ananasminze (*Mentha rotundifolia* 'Bowles') und Krause Minze *(Mentha crispa)*.
Merkmale: Stark blattduftende und wüchsige Kräuter; Ausläufer bildend.

Krause Minze *(Mentha crispa)*

Pfefferminze *(Mentha × piperita)*

Kultur: Feuchte, humusreiche Böden; in sonnigen Lagen höhere Gehalte an ätherischen Ölen; Vermehrung durch Ausläufer (Stolonen) gelingt in der Regel leicht.
Verwendung: Kraut, Blätter – frisch, trocknen.
Küchenpraxis: In kleinen Mengen zu Soßen, Suppen, Rohkost, Quark, Eiern, Gelee, Drinks, Kräuteressig, -wein, und -geist; getrocknet für Arznei- und Haustee.
Naturheilkunde: Magen- und Darmerkrankungen, Blähungen und Krämpfe, unterstützend für Gallen- und Leberfunktionen. Pfefferminzöl zum Einreiben gegen Gliederschmerzen.

Origano: siehe Dost, Echter

Pfefferminze: siehe Minze-Arten

Pimpinelle
Sanguisorba minor
Allgemeines: Rosengewächse; 0,30–0,60 m.
Merkmale: Rosetten mit gestielten, gefiederten Blättern; ab Mai bis Juni runde rötliche Blütenköpfchen; duftende Blätter, die frisch-würzig, nußartig schmecken.

Pimpinelle *(Sanguisorba minor)*

Kultur: Bescheiden an Boden und Lage; nach mehreren Jahren evtl. auswechseln oder umpflanzen; Blütenstiele öfter wegschneiden; Aussaat direkt ins Freie von März bis Mai.
Verwendung: Blätter – frisch, frosten.
Küchenpraxis: Salate, Quark, Eier, „Grüne Soße“, Kräutersuppen, Gemü-

se, Tomaten, Fisch, Fleisch; nicht mitkochen!
Naturheilkunde: Appetitanregend.

Rosmarin
Rosmarinus officinalis
Allgemeines: Lippenblütler; 0,40–0,70 m.
Merkmale: Vierkantige Triebe mit immergrünen ledrigen Blättern, stark würziger Duft; im Mai bis Juli blaue bis violette Blüten.
Kultur: Wärme- und winterschutzbe-

Rosmarin *(Rosmarinus officinalis)*

dürftig; sonniger Standort; durchlässige, humose Böden; Vermehrung durch Stecklinge und Aussaat; auch als Kübelpflanze geeignet. Besonders attraktiv sind Hochstämmchen.
Verwendung: Triebspitzen und Blätter – frisch, trocknen.
Küchenpraxis: Zu Fleisch-, Grill-, Kartoffel- und Gemüsegerichten; bei der Zubereitung von Anfang an dazugeben; auch für Kräuterwein, -geist und -tee.
Naturheilkunde: Tee wirkt bei Appetitlosigkeit und Verdauungsstörungen; beliebt als Badezusatz bei Rheuma und Kreislaufbeschwerden. Nicht während der Schwangerschaft einnehmen!

Salbei, Echter
Salvia officinalis
Allgemeines: Lippenblütler; 0,40–0,70 m.

Echter Salbei *(Salvia officinalis)*

Merkmale: Vierkantige Stengel und graugrüne, filzige, längliche Blätter; leicht bitter schmeckend.
Kultur: Liebt sonnige Standorte; durchlässige humose Böden; Vermehrung durch Teilen, seltener durch Samen; Winterschutz in rauhen Lagen nötig.
Verwendung: Junge Triebe, Blätter – frisch, trocknen.
Küchenpraxis: Fleisch, Wild, Geflügel, Fisch, Gemüse, Suppen, Tomatensalat, Quark, Käse.
Naturheilkunde: Zum Gurgeln bei Mund- und Rachenentzündungen, bei mäßigem Schwitzen, Magen-Darmbeschwerden; nicht über längere Zeit in zu hoher Dosis einnehmen!

Sauerampfer, Großer
Rumex acetosa
Allgemeines: Knöterichgewächse; 0,30–0,70 m.
Merkmale: Pfeilförmige, säuerlich schmeckende Blätter; ab Mai Blütenrispen.
Kultur: Feuchte, humose Böden; gedeiht auch noch im Halbschatten; Blütenstiele öfter ausbrechen (!); Vermehrung durch Teilen, Aussaat ab März bis April oder August bis September direkt ins Freie.
Verwendung: Zarte junge Blätter – frisch.
Küchenpraxis: Salate, Suppen, Gemüse, „Grüne Soße“, Fisch, Quark und Joghurt.
Naturheilkunde: Blutreinigend, appetitanregend, insgesamt nur sparsam verwenden, besonders bei Kindern!

Großer Sauerampfer *(Rumex acetosa)*

Thymian, Echter

Thymus vulgaris

Allgemeines: Lippenblütler; 0,30 m.
Merkmale: Stark verästelter Zwergstrauch; schmale, feste, winterharte Blättchen; stark duftend; rosafarbene Blüten ab Mai. Zitronenthymian ist ein empfehlenswerter Thymianbastard.
Kultur: Trockene, sonnige Standorte; Steingartenpflanze; Vermehrung durch Aussaat (geschützte Vorkultur ab Februar, Aussaat ins Freie ab Ende März), Teilen und Stecklinge.
Verwendung: Junge Triebe – frisch, trocknen.
Küchenpraxis: Fleisch, Wurst, Pasteten, Gemüse, Kartoffeln, Soßen, Pizza, Pilze, Hülsenfrüchte, Schmalz.
Naturheilkunde: Auswurffördernd, krampflösend, verdauungsfördernd, Tee bei Husten und Keuchhusten, Magen-Darm-Beschwerden, Gurgelmittel bei Halsentzündungen.

Echter Thymian *(Thymus vulgaris)*

Tripmadam

Sedum reflexum

Allgemeines: Dickblattgewächse; 0,15–0,20 m.
Merkmale: Spitze, fleischige, grüne bis bläuliche Blättchen; gelbe Blüten von Juni bis August.
Kultur: Sonnige Standorte; auf mageren Böden; in Steingärten; Vermehrung durch Teilen.
Verwendung: Triebspitzen – frisch.
Küchenpraxis: Rohkost, Salate, Soßen.

Tripmadam *(Sedum reflexum)*

Waldmeister *(Galium odoratum)*

Naturheilkunde: Blutreinigend, harntreibend.

Waldmeister

Galium odoratum

Allgemeines: Rötegewächse; 0,30 m.
Merkmale: Vierkantige Stengel mit dunkelgrünen, schmalen Blättchen in Quirlen; beim Welken entsteht typischer Cumarinduft; im Mai duftende, weiße Blüten; Bodendecker!
Kultur: Lockere, feuchte Böden und schattige Standorte; Aussaat im Herbst, Frostkeimer.
Verwendung: Kraut, Blätter – kurz vor der Blüte ab dem zweiten Jahr – frisch, anwelken, trocknen.

Waldmeister ist unentbehrlich für die Maibowle. In den Kleiderschrank gelegt, soll getrocknetes Kraut gegen Motten helfen.

Küchenpraxis: Bowlen, Fruchtsäfte, Apfelgelee.
Naturheilkunde: Gegen Nervosität und schlechten Schlaf, krampflösend, wundheilend. Waldmeister kann wegen möglicher leberschädigender Wirkungen nur sehr eingeschränkt und außerdem in sehr geringen Mengen empfohlen werden.

Weinraute
Ruta graveolens
Allgemeines: Rautengewächse; 0,50–1,00 m.

Weinraute *(Ruta graveolens)*

Merkmale: Gefiederte, blaugrüne Blätter; gelbe Blüten in Scheindolden ab Juni; typischer strenger Duft, besonders an warmen Tagen.
Kultur: Bescheidene Ansprüche an Boden; sonnige Lage erwünscht; Vermehrung durch Aussaat; geeignet für

Ysop *(Hyssopus officinalis)*

streng geschnittene Kräuterhecken.
Verwendung: Junge Triebe, zarte Blätter – frisch.
Küchenpraxis: Fleisch, Fisch, Aalsuppe, Soßen, Suppen, Kräuterwein – sparsam verwenden.
Naturheilkunde: Verdauungsfördernd, krampflösend, beruhigend, hilft gegen Mundgeruch. Ist als Tee wegen möglicher Nebenwirkungen nicht zu empfehlen. Auf keinen Fall während der Schwangerschaft.

Ysop
Hyssopus officinalis
Allgemeines: Lippenblütler; 0,40–0,60 m.

<u>Merkmale:</u> Halbstrauch mit vierkantigen Stengeln und schmalen, lanzettlichen, dunkelgrünen Blättchen; ab Juli hübsche blaue, rosa oder weiße Blüten; stark würzende Pflanze.
<u>Kultur:</u> Lockere, trockene Böden; viel Sonne; Vermehrung durch Aussaat (ins Freie ab März), Teilen oder Stecklinge; zum Trocknen kurz vor der Blüte schneiden.
<u>Verwendung:</u> Junge Blätter, Triebe – frisch, trocknen.
<u>Küchenpraxis:</u> Soßen, Suppen, Hülsenfrüchte, Kartoffeln, Sellerie, Tomaten, Braten, Quark, Kräuterwein, Kräutergeist, Kräuterlikör.
<u>Naturheilkunde:</u> Husten, Magen- und Darmerkrankungen; Tee wirkt verdauungsfördernd und schweißmindernd; bewährt als Gurgelmittel.

Zitronenmelisse *(Melissa officinalis)*

Zitronenmelisse
Melissa officinalis
<u>Allgemeines:</u> Lippenblütler; 0,50–1,00 m.
<u>Merkmale:</u> Vierkantige, behaarte Stengel mit eiförmigen, am Rande gekerbtgesägten Blättern; ab Juli weiße bis bläuliche Blüten; beim Zerreiben der Blätter typischer Zitronengeruch.
<u>Kultur:</u> Warme, geschützte Standorte und humose, durchlässige Böden; Vermehrung: Aussaat, Teilen, Stecklinge.
<u>Verwendung:</u> Triebe, Blätter – frisch, trocknen, frosten.
<u>Küchenpraxis:</u> Salate, Quark, Fisch, Geflügel, Leber, Wild – nicht mitkochen! Für Tee kurz vor der Blüte ernten.
<u>Naturheilkunde:</u> Tee und Melissengeist wirken beruhigend, schlaffördernd und krampflösend bei nervösen Kopfschmerzen und Magen-Darm-Beschwerden.

Sondergruppe zwiebel- und lauchartige Pflanzen

Knoblauch
Allium sativum
<u>Allgemeines:</u> Liliengewächse; 0,20–0,70 m; in Kultur einjährig.
<u>Merkmale:</u> Um eine Hauptzwiebel sind Nebenzwiebeln, sogenannte Zehen, angeordnet; schmale, überhängende Blätter; doldenartige weiße bis rötliche Blütenstände von Juni bis August; die

Knoblauch *(Allium sativum)*

Knoblauch-Schnittlauch *(Allium tuberosum)*

ganze Pflanze riecht charakteristisch nach Knoblauch.
Kultur: Vermehrung durch Zehen, seltener Brutknöllchen im Frühjahr oder Herbst; humusreicher Boden ist vorteilhaft; vollsonnige Standorte.
Verwendung: Zehen – frisch, trocknen; Knoblauchgrün – frisch, wie Schnittlauch.
Küchenpraxis: Fleisch, Wurst, Suppen, Soßen, Salate, Rohkost, Gemüse, Quark; geschickt dosieren.
Naturheilkunde: Gärungswidrig, antibakteriell, verdauungsfördernd, galletreibend, blutdrucksenkend, vorbeugend gegen Alterserscheinungen, bei Bronchitis.

Knoblauch-Schnittlauch
Allium tuberosum
Allgemeines: Liliengewächse; 0,20–0,40 m.
Merkmale: Abgeschwächter Knoblauchgeschmack.
Kultur: Muß jährlich ab April neu gesät werden.
Verwendung und Küchenpraxis: Wie Schnittlauch.

Porree, Lauch
Allium porrum
Allgemeines: Liliengewächse, 0,40–0,90 m.
Merkmale: Aus *Allium ampeloprasum* entstanden; alte Kulturpflanze; Schaft-

Porree, Lauch *(Allium porrum)*

statt Zwiebelbildung; milder als Zwiebeln im Geschmack; bildet im zweiten Jahr kugeligen Blütenstand und Samen.
Kultur: Ganzjährig; möglichst freie, sonnige Lagen; kräftige, nährstoffreiche Böden; bei Überwinterung Frostschutz; verschiedene Anbausätze möglich; Direktaussaat oder Vorkultur; geeignet für Mischkulturen, z. B. mit Möhren.
Verwendung: Blätter mit Schaft – frisch, geschnitten trocknen, Einlegen in Essig, Einschlagen in Sand.
Küchenpraxis: Gemüse, Rohkost, Salate, Fleisch, Fisch, Soßen, Suppen.
Naturheilkunde: Stoffwechselanregend, verdauungsfördernd, harntreibend.

Schnittlauch
Allium schoenoprasum
Allgemeines: Liliengewächse; 0,20–0,30 m.
Merkmale: Röhrenförmige Blätter aus dicht bewurzelten Ballen; rötlich-lilafarbene Blüten; mit würzigem Zwiebelgeschmack.
Kultur: Liebt kalkhaltige, feuchte Böden; gedeiht noch im Halbschatten; Aussaat im Frühjahr, auch Teilen möglich; vorzüglich zur Zimmertreiberei geeignet (siehe Seite 45 f.).
Verwendung: Schnittgrün – frisch, trocknen, frosten, einsalzen.
Küchenpraxis: Vielseitig zu Suppen, Soßen, Salaten, Fleisch, Quark, Eiern, Kartoffeln; erst kurz vor dem Servieren zu den Speisen geben, nicht mitkochen!
Naturheilkunde: Appetitanregend, verdauungsfördernd.

Zwiebelarten (Liliengewächse)

Luft- oder Etagenzwiebel
Allium cepa var. *viviparum*
Allgemeines: 0,30–1,20 m; mehrjährig; Vermehrung durch Teilung oder Brutzwiebeln.

Schalotten
Allium ascalonicum
Allgemeines: 0,20–0,80 m; Vermehrung jährlich durch Steckzwiebeln.

Schnittlauch *(Allium schoenoprasum)*

Luftzwiebeln *(A. cepa* var. *viviparum)*

Schalotten *(Allium ascalonicum)*

Als Steckzwiebeln lassen sich Schalotten und Speisezwiebeln leicht vermehren.

Speisezwiebel
Allium cepa
Allgemeines: 0,60–1,20 m; Vermehrung durch Aussaat und Steckzwiebeln im Frühjahr.

Winterheckzwiebel
Allium fistulosum
Allgemeines: 0,30–1,20 m; mehrjährig; Vermehrung durch Teilung und Aussaat.
Küchenpraxis: Der Zwiebelkörper wird bei Speisezwiebeln und Schalotten genutzt, die Zwiebelschlotten bei allen Arten, bei den Luftzwiebeln zusätzlich die Brutzwiebeln.
Verwendung: Vielseitig zu Salaten, Suppen, Gemüse, Fleisch, Wild, Fisch, Pilzen, Rohkost, Brotbelag, Quark, Zwiebelsalz, Zwiebelflocken u. a. m.
Naturheilkunde: Appetitanregend und verdauungsfördernd, harntreibend,

Rechts: Speisezwiebeln *(Allium cepa)*

sekretionsanregend, vorbeugend bei Erkältungskrankheiten, gegen Husten.

Winterheckzwiebeln *(Allium fistulosum)*

Heilkräuter von A bis Z

In den nachfolgenden Pflanzenbeschreibungen werden Hinweise zur Naturheilkunde gegeben. Nur auf die beschriebenen Arten trifft die angegebene Verwendung zu, ihr Gebrauch setzt daher ihre sichere Kenntnis voraus.
Heilpflanzentees sollten immer nur beschränkte Zeit und nicht länger als nötig eingenommen werden, auch Hausteemischungen sollte man öfter wechseln. Behandelt werden dürfen nur leichtere Gesundheitsstörungen, die keiner ärztlichen Behandlung bedürfen. Den Arztbesuch kann dieses Buch auf keinen Fall ersetzen.

Auch Würzkräuter sind wertvolle Heilpflanzen. Mit aromatischen Kräutern werden Nahrungsmittel zu gesundheitlich wertvollen Speisen und Delikatessen. Nicht nur Aussehen und Geschmack können wir mit Kräuterzutaten veredeln, mit ihren wertvollen Inhaltsstoffen wirken sie appetitanregend, verdauungsfördernd und tragen somit wesentlich zu unserem Wohlbefinden und Leistungsvermögen bei.
Ebenfalls als Würzkräuter verwendbare Heilpflanzen finden Sie im Kapitel „Küchenkräuter von A bis Z" (Seite 114 ff.).

Links: Königskerze, Wermut und Salbei – attraktive Heilkräuter im Garten

Einjährige Heilpflanzen

Bockshornklee
Trigonella foenum-graecum
Allgemeines: Schmetterlingsblütler, 0,10–0,25 m.
Merkmale: Zarte, stark beblätterte Stengel; weißliche Blüten; Hülsen mit spitzem Schnabel; starker Geruch.
Kultur: Sonnige Standorte; Aussaat.
Verwendung: Samen für Tee, Breiumschläge.
Naturheilkunde: Husten, kräftigend; Breiumschläge bei Nagelbettentzündungen.

Bockshornklee *(Trigonella foenum-graecum)*

Echte Kamille *(Chamomilla recutita)*

Kornblume *(Centaurea cyanus)*

Kamille, Echte
Chamomilla recutita
Allgemeines: Korbblütler; bis 0,50 m.
Merkmale: Bekannteste einheimische Heilpflanze mit typischem Geruch; erkennbar an hohlem Blütenboden und zartfiedrigen Blättern.
Kultur: Bescheidene Ansprüche, sonnige Standorte bevorzugt; Aussaat in Reihen, auch zwischen Gemüsekulturen.
Verwendung: Blüten für Heiltee, Bäder, zum Gurgeln, Hausteemischungen.
Naturheilkunde: Magen- und Darmerkrankungen, Mund- und Rachenentzündungen (gurgeln), Hausmittel bei Zahnschmerzen, Bronchitis (inhalieren).

Koriander: siehe Seite 121 f.

Kornblume
Centaurea cyanus
Allgemeines: Korbblütler, 0,30–0,80 m.
Merkmale: Steife Stengel, graufilzig, Blüten meist leuchtend blau.
Kultur: Kalkarme Böden; verwildert im Garten; anspruchslos; Aussaat.
Verwendung: Blüten für Teegemische.
Naturheilkunde: Bei Verdauungsstörungen, harntreibend.

Lein, Echter: siehe Seite 122 f.

Malve, Wilde
Malva sylvestris
Allgemeines: Malvengewächse; 0,30–1,00 m; einjährig bis mehrjährig.
Merkmale: Langgestielte, drei- bis siebenlappige Blätter; rosa bis violette Blüten von Mai bis September.

Kultur: Anspruchslos; wie Eibisch.
Verwendung: Blüten und Blätter getrocknet für Tee.
Naturheilkunde: Reizlindernd, entzündungshemmend, bei Magen-Darm-Beschwerden, Husten, auch Gurgelmittel.

Mariendistel
Silybum marianum
Allgemeines: Korbblütler; 1,00–2,50 m; einjährig bis zweijährig.
Merkmale: Kräftiger, aufrechter Stengel; grüne Blätter mit weißer Zeichnung und dornig gelapptem Rand; Blü-

Wilde Malve *(Malva sylvestris)*

Mariendistel *(Silybum marianum)*

ten in purpurvioletten Körbchen von Juni bis August.
Kultur: Nährstoffreiche Böden; genügend Standraum; Aussaat.
Verwendung: Samen, zerstoßen für Tee.
Naturheilkunde: Verdauungsbeschwerden, Leber- und Gallenerkrankungen; Wirkstoffe in Industriepräparaten als Leberschutzmittel.

Ringelblume
Calendula officinalis
Allgemeines: Korbblütler; bis 0,60 m.
Merkmale: Orangefarbene oder gelbe Strahlenblüten von Juni bis September, riechen streng würzig.
Kultur: Anspruchslos; Aussaat an Ort und Stelle, vermehrt sich selbst.
Verwendung: Blüten.
Naturheilkunde: Tee zum Gurgeln bei Halsschmerzen, von alters her bei Gallenblasenleiden. Äußere Anwendung als Salbe zur Wundheilung, bei Sonnenbrand.

Ringelblume *(Calendula officinalis)*

Großblütige Königskerze *(Verbascum densiflorum)*

Zweijährige Heilpflanzen

Engelwurz, Echte: siehe Seite 126 f.

Königskerze, Großblütige
Verbascum densiflorum
Allgemeines: Rachenblütler; 0,80–2,00 m.
Merkmale: Aufrechter Wuchs; Blätter beidseitig wollig-filzig; Blüten hellgelb (Juli); ährenartige Blütenstände.
Kultur: Aussaat im zeitigen Frühjahr (April) am sonnigen, windgeschützten Platz, später auf 0,50 m vereinzeln; anspruchslos; vermehrt sich selbst.
Verwendung: Blüten für Tee.
Naturheilkunde: Wirkt reizlindernd und auswurffördernd bei Husten.

Rechts: Nachtkerze *(Oenothera biennis)*

Mariendistel: siehe Seite 151 f.

Nachtkerze
Oenothera biennis
Allgemeines: Nachtkerzengewächse; 0,60–1,00 m.
Merkmale: Bildet im ersten Jahr Blattrosette, im zweiten Jahr Schaft mit wechselständigen Blättern und gelben Blüten ab Juli; süß duftend.
Kultur: Unproblematisch; Aussaat, selbstvermehrend.
Verwendung: Wurzeln vor der Blüte für Wildgemüseernte; Samen zur Heilölgewinnung.
Naturheilkunde: Blutreinigend, Samenöl in Industriepräparaten gegen Neurodermitis.

Tausendgüldenkraut, Echtes
Centaurium erythraea
Allgemeines: Enziangewächse; bis 0,40 m; geschützte Pflanze.
Merkmale: Zierliche Pflanze mit grundständiger Blattrosette; sitzende Blätter an dünnen, kantigen Stengeln; Blüten rosa in Scheindolden von Juli bis September.
Kultur: Aussaat, Vorkultur; Auspflanzen auf fruchtbaren Böden.
Verwendung: Das Kraut getrocknet für Tee.
Naturheilkunde: Appetitanregend und verdauungsfördernd, vermehrt Speichel, Magensaft und Gallensekretion, soll auch den Kreislauf günstig beeinflussen.

Mehrjährige Heilpflanzen

Alant, Echter
Inula helenium
Allgemeines: Korbblütler; bis 2,00 m.
Merkmale: Bis 0,50 m lange, weich behaarte Blätter; mit starkem, tiefreichendem Wurzelstock; von Juli bis

Echtes Tausendgüldenkraut *(Centaurium erythraea)*

Echter Alant *(Inula helenium)*

September leuchtend gelbe Korbblüten wie kleine Sonnenblumen.
Kultur: Sonniger Stand; nährstoffreicher Boden, am besten Lehmböden.
Verwendung: Teile des Wurzelstockes größerer Pflanzen zur Teebereitung.
Naturheilkunde: Schleimlösend bei Bronchitis und Husten, regt Verdauung und Nierentätigkeit an, in größeren Gaben giftig, außerdem besteht ein gewisses Allergierisiko.

Ananasminze: siehe Minze-Arten, Seite 135 f.

Andorn, Weißer
Marrubium vulgare
Allgemeines: Lippenblütler; bis 0,60 m.
Merkmale: Pflanze mit schwach aromatischem Geruch, graufilzigen, eiförmigen, gegenständigen Blättern und kleinen, weißen Lippenblüten in den Blattachseln.
Kultur: Einzelpflanzen im Kräutergarten; ohne besondere Ansprüche.
Verwendung: Ernte blühender Sproßspitzen für Teebereitungen.
Naturheilkunde: Gegen Husten, Galle- und Leberleiden, Magenbeschwerden.

Apfelminze: siehe Minze-Arten, Seite 135 f.

Arnika, Berg-
Arnica montana
Allgemeines: Korbblütler; bis 0,60 m; geschützte Pflanze.
Merkmale: Rosetten mit drüsig-flaumig behaarten Blütenstengeln und an

Weißer Andorn *(Marrubium vulgare)*

diesen gegenständige, kleine Blättchen; endständige, orangegelbe Korbblüten ab Juni.
Kultur: Sonnige Lagen; nicht zu feuchte, kalkarme Standorte.
Verwendung: Getrocknete Blüten (Juli-Ernte), Wurzelstöcke (ab September ernten).
Naturheilkunde: Entzündungshemmend und wundheilend. Nur zur äußerlichen Anwendung bei Verstauchungen, Prellungen, Blutergüssen und zur Förderung der Wundheilung

Berg-Arnika *(Arnica montana)*

Naturheilkunde: Nervenberuhigend, schlaffördernd, auch bei nervös bedingten Magen-Darm- und Herzbeschwerden, wenn keine anderen Ursachen vorliegen.

Arznei-Baldrian *(Valeriana officinalis)*

(Überempfindlichkeitsreaktionen sind möglich).

Baldrian, Großer; Arznei-Baldrian
Valeriana officinalis
Allgemeines: Baldriangewächse; 0,50–1,50 m.
Merkmale: Unpaarig gefiederte, gegenständige Blätter; doldenartige Blütenstände, weiß bis rosa blühend im Mai bis August; Wurzeln mit typischem Geruch.
Kultur: Sonnige Standorte; humose nährstoffreiche Böden.
Verwendung: Wurzeln für Tee.

Der Duft von Baldrian vermag auf Katzen eine magische Anziehungskraft auszuüben.

Gemeiner Beinwell *(Symphytum officinale)*

Beinwell, Gemeiner
Symphytum officinale
Allgemeines: Rauhblattgewächse; bis 1,50 m.
Merkmale: Starkwachsende Staude mit großen länglichen, eiförmigen Blättern; mit malvenfarbigen oder weißlichen Glockenblüten ab Mai bis August.
Kultur: Ohne Probleme; möglichst in vollsonnigen feuchten Lagen; meist genügt eine Pflanze im Kräutergarten.
Verwendung: Wurzeln.
Naturheilkunde: Äußerlich zu Umschlägen bei Quetschungen, Verstauchungen, Blutergüssen, Rheuma. Von innerlicher Anwendung wird abgeraten.

Dost, Echter: siehe Seite 131 f.

Eberraute
Artemisia abrotanum
Allgemeines: Korbblütler; bis 1,00 m.
Merkmale: Graugrüne, fein gefiederte Blättchen, nach Zitrone duftend; aromatisch mit bitterem Nachgeschmack.
Kultur: Liebt kalkhaltige, humose Böden und trockene, warme Standorte; Vermehrung durch Teilung und Stecklinge; Winterschutz!
Verwendung: Frische Triebspitzen in

Eberraute *(Artemisia abrotanum)*

kleinen Mengen zu Salaten, Soßen und Braten; Schnittgrün für Sträuße.
Naturheilkunde: Magenstärkend, verdauungsfördernd.

Eibisch, Echter
Althaea officinalis
Allgemeines: Malvengewächse; 0,60–1,30 m; geschützte Pflanze.
Merkmale: Untere Blätter handförmig gelappt, obere eiförmig zugespitzt, gesägt; Blüten weiß oder blaßrosa von Juli bis September.
Kultur: Feuchte Böden und warme Lagen bevorzugt; anspruchslos.
Verwendung: Blätter (Mai bis Juli), Wurzel (Oktober bis April) für Tee.
Naturheilkunde: Erkrankungen der Atmungsorgane, Husten, Heiserkeit, Magen- und Darm-Katarrh.

Eisenkraut
Verbena officinalis
Allgemeines: Eisenkrautgewächse; 0,30–1,00 m.
Merkmale: Aufrechtstehend, blüht in blaßvioletten Ähren mit langen, dünnen Zweigen.
Kultur: Sonnige Standorte, sonst anspruchslos; Aussaat.
Verwendung: Blühende Pflanzen für Tee.
Naturheilkunde: Früher bei den unterschiedlichsten Beschwerden sehr ge-

Echter Eibisch *(Althaea officinalis)*

Eisenkraut *(Verbena officinalis)*

schätzt, stoffwechselanregend, harntreibend, bei Heiserkeit gurgeln.

Enzian, Gelber
Gentiana lutea
Allgemeines: Enziangewächse; 0,50–1,50 m; geschützte Pflanze.
Merkmale: Fleischiger, dicker Wurzelstock; aufrechte, hohle Stengel; große, gegenständige, stark bogennervige Blätter; gelbe Blüten trugdoldig in den Blattachseln; Blüte Juni bis August.
Kultur: Tiefgründiger Boden, nicht über pH 6,5; genügend Standraum (über 0,40 m); etwa fünfjährig bis zur Wurzelernte (Kulturzeit vier bis sieben Jahre); Aussaat, Frostkeimer.

Gelber Enzian *(Gentiana lutea)*

Verwendung: Getrocknete unterirdische Organe (Wurzeln und Rhizome) für Tee, Kräutergeist (Enziangeist).
Naturheilkunde: Appetitlosigkeit, Magenbeschwerden, kräftigend.

Fenchel, Garten-: siehe Seite 132 f.

Fencheltee mit Honig hilft bei Husten und Heiserkeit.

Fieberklee *(Menyanthes trifoliata)*

Fieberklee
Menyanthes trifoliata
Allgemeines: Fieberkleegewächse; 0,10–0,30 m; geschützte Pflanze.

Goldmelisse *(Monarda didyma)*

Merkmale: Kriechender Wuchs; Wurzelstock oft unter Wasser; rote Knospen; weiße, gefranste Blüten im Mai und Juni.
Kultur: In sumpfigem Gelände oder Gartenteich, Vermehrung durch Rhizome.
Verwendung: Blätter; getrocknet für Tee, frisch für Essenzen.
Naturheilkunde: Verdauungsfördernd, appetitanregend, bei Galle- und Leberleiden, früher bei Fieber.

Goldmelisse, Indianernessel
Monarda didyma
Allgemeines: Lippenblütler; 0,80–1,50 m.
Merkmale: Kantige Stengel und spitzeiförmige, gezähnte, duftende Blätter; rote Blüten in Quirlen von Juni bis Oktober.
Kultur: Anspruchslos; sonnige Lagen. Vermehrung durch Teilen und Stecklinge.
Verwendung: Blüten, blühendes Kraut und Blätter für Tee, Kaltgetränke.
Naturheilkunde: Verdauungsstörungen, Husten.

Heiligenkraut *(Santolina chamaecyparissus)*

Heiligenkraut
Santolina chamaecyparissus
Allgemeines: Korbblütler; 0,20–0,50 m.
Merkmale: Graufilzige, fiedrige Blättchen, würzig riechend; am niederliegenden Stengel aufgerichtete Zweiglein mit goldgelben Blütenkörbchen von Juni bis August.
Kultur: Trockene, sonnige Lage; anspruchslos.
Verwendung: Blühende Sproßteile und Blätter vor der Blüte.
Naturheilkunde: Früher als wurmtreibendes Mittel verwendet, heute aber nicht mehr gebräuchlich; als Mottenmittel einsetzbar.

Herzgespann, Echtes
Leonurus cardiaca
Allgemeines: Lippenblütler; 0,50–1,50 m.
Merkmale: Vierkantige Stengel; gezähnt-gelappte Blätter; Blüten rosa bis rot von Juni bis September.
Kultur: Einzelpflanzen im Kräutergarten; nährstoffreicher Boden; sonniger und weiter Stand (0,40–0,50 m); Aussaat im Frühjahr.
Verwendung: Blühende Sproßspitzen für Tee.
Naturheilkunde: Beruhigend bei ner-

Echtes Herzgespann *(Leonurus cardiaca)*

vösem Herzklopfen; Blähungen, Verdauungsstörungen.

Holunder, Schwarzer
Sambucus nigra
Allgemeines: Geißblattgewächse; bis über 7,00 m.
Merkmale: Zweigholz mit weißem, weichem Mark; Blüten weiß in Scheindolden; Beeren schwarzviolett.
Kultur: Pflanzung als ein- oder zweijährige Sträucher; sonniger Stand erwünscht; anspruchslos.
Verwendung: Blüten, Früchte.
Naturheilkunde: Schweißtreibend bei Erkältungskrankheiten, harntreibend, keine grünen oder rohen Früchte verwenden.

Schwarzer Holunder – Frucht

Schwarzer Holunder *(Sambucus nigra)* – Blüte

Indianernessel: siehe **Goldmelisse,** Seite 160

Johanniskraut, Tüpfel-
Hypericum perforatum
Allgemeines: Johanniskrautgewächse; 0,50–1,00 m.
Merkmale: Gegenständige Blätter, länglich, ganzrandig, durchscheinend punktiert; Blüten goldgelb von Juni bis September in Trugdolden; beim Zerdrücken der Blüten roter Saft.
Kultur: Anspruchslose Pflanze; trockene Böden.
Verwendung: Blätter, blühende Sproßspitzen zu Tee, Blüten zu Kräuteröl.
Naturheilkunde: Tee bei nervöser Unruhe, Schlaflosigkeit; Öl bei kleinen Wunden, Verstauchungen, bei Nerven- und Rheumaschmerzen.

Tüpfel-Johanniskraut *(Hypericum perforatum)*

Aus den zerdrückten gelben Blütenblättern des Johanniskrauts tritt das sogenannte rote Johannisblut (Hypericin) aus.

Katzenminze, Echte
Nepeta cataria
Allgemeines: Lippenblütler; 0,50–1,00 m.
Merkmale: Behaarte Stengel mit graugrünen, herzförmigen Blättern; Blüten weiß-rosa, rötlich gesprenkelt, von Juni bis September; Pflanzen riechen stark minzeartig.
Kultur: Anspruchslos; auch für Ziergärten geeignet.
Verwendung: Blühende Sproßspitzen für Tee.
Naturheilkunde: Nur noch selten bei Husten und Durchfall.

Echte Katzenminze *(Nepeta cataria)*

Blühenden Lavendel kann man zu Sträußen binden und trocknen, um ihn später z. B. zu Duftzwecken oder als Badezusatz zu verwenden.

Löwenzahn *(Taraxacum officinale)*

Lavendel, Echter: siehe Seite 133 f.

Liebstöckel: siehe Seite 134

Löwenzahn
Taraxacum officinale
Allgemeines: Korbblütler; bis 0,30 m.
Merkmale: Pfahlwurzel; Blätter in grundständiger Rosette; Blütenköpfe gelb (März bis Oktober).
Kultur: Unproblematisch; Aussaat.
Verwendung: Wurzel und Kraut vor der Blüte für Teezubereitung, Wurzel geröstet als Kaffee-Ersatz; junge Blätter im Frühjahr für Salat.
Naturheilkunde: Magenwirksam, blutreinigend, harntreibend, fördert die Gallensekretion; Tee auch bei Rheuma und Gicht.

Malve, Wilde: siehe Seite 150 f.

Minze, Krause: siehe Seite 135 f.

Pfefferminze: siehe Seite 135 f.

Die meisten Minzearten wachsen schnell und bilden viele Wurzelausläufer, die sich zur Vermehrung eignen.

Rhabarber, Arznei-
Rheum palmatum
Allgemeines: Knöterichgewächse; 2,00–3,00 m.
Merkmale: Große, gelappte, langgestielte Blätter, allgemein bekannt.
Kultur: Nahrhafte Böden; ausreichend sonniger Standraum, dekorative Einzelpflanze.

Arznei-Rhabarber *(Rheum palmatum)*

Verwendung: Unterirdische (geschälte) Organe für Tee.
Naturheilkunde: In kleinen Gaben appetitanregend und stopfend, in höheren Gaben abführend. Nicht während Schwangerschaft und Stillzeit.

Sanddorn *(Hippophaë rhamnoides)*

Rosmarin: siehe Seite 137 f.

Salbei, Echter: siehe Seite 138

Sanddorn
Hippophaë rhamnoides
Allgemeines: Ölweidengewächse; 2,00–6,00 m.
Merkmale: Bekannter dorniger Baum bzw. Strauch; Blätter 5–8 cm lang und schmal; zweihäusig, also mehrere Exemplare anpflanzen.
Kultur: Pflanzung als ein- oder zweijährige Sträucher; sonniger Stand, sonst anspruchslos.
Verwendung: Gelbe bis orangerote Scheinbeeren, Ernte im September und Oktober.
Naturheilkunde: Wertvoll durch reichlich Vitamin C; appetitanregend; kräftigend.

Sanddornfrüchte haben einen hohen Vitamin C-Gehalt. Da sie sehr empfindlich sind (platzen leicht), ist bei der Ernte Umsicht geboten.

Schafgarbe, Gewöhnliche
Achillea millefolium
Allgemeines: Korbblütler; 0,50–0,80 m.
Merkmale: Aufrechte, behaarte Stengel; Blätter doppelt gefiedert; Blüten weiß oder rötlich-weiß.
Kultur: Anspruchslos an Boden, wenn genügend feucht; Aussaat.
Verwendung: Blühendes Kraut und Blüten für Heiltee.
Naturheilkunde: Als Tee entzündungshemmend, krampflösend, verdauungsfördernd, Hausmittel bei Darm-, Magen- und Gallestörungen, Menstruationsbeschwerden. Äußerlich als Wundheilmittel und bei Hauterkrankungen.

Gewöhnliche Schafgarbe *(Achillea millefolium)*

Schlüsselblume, Echte
Primula veris
Allgemeines: Primelgewächse, bis 0,25 m; geschützte Pflanze.
Merkmale: Blätter eiförmig und leicht filzig; Blüten dottergelb von April bis Mai.
Kultur: Kalkfreie Böden bevorzugt; Aussaat und Jungpflanzenanzucht im April (Kaltkeimer), Samen werden nicht bedeckt.
Verwendung: Blüten mit Kelchen für

Echte Schlüsselblume *(Primula veris)*

Heiltees; Wurzelstock für Teemischungen.

Naturheilkunde: Schleimlösend, auswurffördernd, harntreibend. Teeaufguß bei Husten, Bronchitis, Erkältungen.

Spitzwegerich

Plantago lanceolata

Allgemeines: Wegerichgewächse; bis 0,30 m.

Merkmale: Grundständige Rosette; lange, am Grund verschmälerte Blätter; Blüten in kleinen, eiförmigen Ähren.

Kultur: Pflegeleichte Pflanzen; durch

Spitzwegerich *(Plantago lanceolata)*

Schmalblättriges Weidenröschen *(Epilobium angustifolium)*

Aussaat vermehrbar; druckempfindliches Erntegut.
Verwendung: Kraut für Tee und Breiumschläge; Preßsaft im Frühjahr bis Blüte.
Naturheilkunde: Reizmildernd, entzündungswidrig, wundheilend, gegen Husten und zum Gurgeln bei Halsentzündungen; Breiumschläge bei Insektenstichen und Quetschungen.

Thymian, Echter: siehe Seite 139

Waldmeister: siehe Seite 140 f.

Weidenröschen, Schmalblättriges
Epilobium angustifolium
Allgemeines: Nachtkerzengewächse; 0,70–1,50 m.
Merkmale: Wechselständige Blätter an steifen Stengeln; hellrosa Blüte; langgestreckte Fruchtkapseln.
Kultur: Anspruchslos; verbreitet sich selbst weiter.
Verwendung: Die Blätter getrocknet für Tee.
Naturheilkunde: Beschwerden bei gutartigen Prostataleiden.

Weinraute: siehe Seite 141

Wermut *(Artemisia absinthium)*

Wermut
Artemisia absinthium
Allgemeines: Korbblütler, bis 1,50 m.
Merkmale: Silbergrau behaarte, fiederteilige Blätter, riechen stark aromatisch und schmecken gallebitter; ab Juli lockere Rispen mit kleinen, gelben Blütenköpfchen.

Kultur: Sonnige Standorte; anspruchslos an Boden; verträgt Trockenheit; Vermehrung durch Teilen; meist genügt eine Pflanze im Kräutergarten.
Verwendung: Frisches und getrocknetes Kraut in sehr kleinen Mengen zu Fleisch, Eintopf (mitkochen), Kräuterwein und -geist.
Naturheilkunde: Gegen Appetitlosigkeit, als Magen- und Gallentee; während der Schwangerschaft überhaupt nicht anwenden. Größere Mengen sind gesundheitsschädlich!

Ysop: siehe Seite 141 f.

Zitronenmelisse: siehe Seite 142

Zitronenminze: siehe Seite 135 f.

Tabellen und Übersichten

Anbau- und Erntetabelle für unsere wichtigsten Heil- und Würzkräuter

Deutscher Name	Botanischer Name	Pflanzenfamilie	Einjährig (E), zweijährig (Z), mehrjährig (M)	Wuchshöhe in cm
Anis	Pimpinella anisum	Doldenblütler	E	30–80
Barbarakraut	Barbarea vulgaris	Kreuzblütler	Z	30–60
Basilikum	Ocimum basilicum	Lippenblütler	E	25–60
Beifuß	Artemisia vulgaris	Korbblütler	M	50–150
Bohnenkraut, Berg-	Satureja montana	Lippenblütler	M	30–50
Bohnenkraut, Sommer-	Satureja hortensis	Lippenblütler	E	10–40
Borretsch	Borago officinalis	Rauhblattgewächse	E	50–80
Brunnenkresse	Nasturtium officinale	Kreuzblütler	E	10–40
Dill	Anethum graveolens	Doldenblütler	E	50–120
Dost, Origano	Origanum vulgare	Lippenblütler	M	30–50
Eberraute	Artemisia abrotanum	Korbblütler	M	60–80
Eiskraut	Mesembryanthemum crystallinum	Mittagsblumengewächse	Z	kriechend
Engelwurz, Echte	Angelica archangelica	Doldenblütler	Z	50–200
Estragon	Artemisia dracunculus	Korbblütler	M	50–150
Fenchel	Foeniculum vulgare	Doldenblütler	M	80–200
Gartenkresse	Lepidium sativum	Kreuzblütler	E	30–50
Kapuzinerkresse	Tropaeolum majus	Kapuzinerkressengewächse	E	15–30
Kerbel	Anthriscus cerefolium	Doldenblütler	E	30–80
Koriander	Coriandrum sativum	Doldenblütler	E	50–70
Knoblauch – Zehen	Allium sativum	Liliengewächse	E	20–60
Knoblauch – Schnitt	Allium tuberosum	Liliengewächse	E	20–40
Kümmel, Gewürz-	Carum carvi	Doldenblütler	Z	40–100
Kümmel, Kreuz-	Cuminum cyminum	Doldenblütler	E	15–50
Lavendel	Lavandula angustifolia	Lippenblütler	M	30–60
Liebstöckel	Levisticum officinale	Doldenblütler	M	100–150
Löffelkraut	Cochlearia officinalis	Kreuzblütler	Z	25–30
Majoran	Origanum majorana	Lippenblütler	E	25–40
Meerrettich	Armoracia rusticana	Kreuzblütler	M	40–120

Platzbedarf		Erntezeit (Monate)	Verwendete Pflanzenteile in der Küche	Anwendung, Lagerung (siehe auch „Küchenkräuter von A bis Z“ ab Seite 114)	Besondere Merkmale
Samen/m² Portion/m² (kleines, käufliches Samentütchen)	Pflanzen-Abstand in cm				
2,50 g	30 × 20	VI–IX	Samen, Kraut	T	
1 Portion	25 × 25	XI–IV	Blätter	F	
0,05 g	30 × 25	VI–IX	Kraut, Blätter	F, T, E	B
0,02 g	50 × 50	V–X	Kraut, Blätter	F, T, E	FN
0,50 g	35 × 35	VI–X	Kraut	F, T	B
2,00 g	30 × 25	V–IX	Kraut	F, T, E	B, Bg
0,50 g	40 × 30	V–X	Kraut, Blüten	F	B, FN, Bg
1 Portion	20 × 10	V–VIII	Kraut	F	
2,00 g	30 × 25	VI–IX	Kraut, Samen	F, T, E	B, FN, Bg
1 Portion	25 × 25	VI–X	Kraut, Blätter	F, T, A	B, FN
4 Pflanzen	50 × 50	VI–X	Kraut	F, T	FN
1 Portion	Breitsaat	V–IX	Blätter	F	
3 Pflanzen	50 × 60	VI–X	Blätter	F	FN
3 Pflanzen	50 × 60	V–XI	Kraut	F, T, E, A	FN
1,50 g	40 × 35	VIII–X	Kraut, Samen	F, T, A	B, FN
0,00 g	Breitsaat	III–XI	Kraut	F	
0,5 Portion	20 × 10	VI–X	Blätter, Blüten, Knospen	F	B, FN, Bg
1–2 g	30 × 10	V–XI	Kraut	F, E	FN
1–2 g	30 × 10	VII–IX	Kraut, Samen	F, T	B, FN, Bg
0,00 g	25 × 10	VII–IX	Zwiebel, Blätter	F	Bg
Portion	25 × 10	VI–XI	Blätter	F	Bg
1–2 g	30 × 15	VI–VII	Samen, Blätter	T (Blätter = F)	FN, Bg
1 Portion	30 × 10	VIII–IX	Samen	T	FN, Bg
5–6 Pflanzen	40 × 30	VI–XI	Kraut	F, T	B, FN
2–3 Pflanzen	50 × 50	V–X	Kraut, Wurzeln	F, T, E, A	
0,50 g	Breitsaat	I–XII	Kraut	F	
1,00 g	25 × 10	VI–XI	Kraut	F, T, E	B, FN
4–5 Pflanzen	70 × 30	XII–III	Wurzeln	F, E, A	FN

endung, Lagerung: F = Frischverzehr, T = Trocknung, E = Einfrieren (Frosten), A = andere.

ondere Merkmale: B = Bienen- und Insektenweide, Bg = Bodengesundende Pflanzen, FN = Futterpflanzen für Nützlinge und seltene Insekten.

Anbau- und Erntetabelle für unsere wichtigsten Heil- und Würzkräuter (Fortsetzung)

Deutscher Name	Botanischer Name	Pflanzenfamilie	Einjährig (E), zweijährig (Z), mehrjährig (M)	Wuchshöhe in cm
Paprika	Capsicum annuum	Nachtschatten-gewächse	E	40 – 60
Petersilie	Petroselinum crispum	Doldenblütler	Z	30 – 90
Pfefferminze	Mentha × piperita	Lippenblütler	M	30 – 60
Pimpinelle	Sanguisorba minor	Rosengewächse	M	30 – 60
Porree (Lauch)	Allium porrum	Liliengewächse	E	40 – 90
Portulak	Portulaca oleracea	Portulakgewächse	E	15 – 30
Rauke, Rukula	Eruca sativa	Kreuzblütler	E	20 – 50
Rosmarin	Rosmarinus officinalis	Lippenblütler	M	50 – 90
Salbei	Salvia officinalis	Lippenblütler	M	40 – 60
Sauerampfer, Großer	Rumex acetosa	Knöterich-gewächse	M	30 – 70
Schnittlauch	Allium schoenoprasum	Liliengewächse	M	20 – 30
Sellerie – Schnitt	Apium graveolens	Doldenblütler	E (Z)	40 – 60
Senf, Weißer	Sinapis alba	Kreuzblütler	E	60 – 120
Tripmadam	Sedum reflexum	Dickblatt-gewächse	M	15 – 20
Thymian	Thymus vulgaris	Lippenblütler	M	20 – 30
Waldmeister	Galium odoratum	Rötegewächse	M	15 – 30
Weinraute	Ruta graveolens	Rautengewächse	M	30 – 60
Ysop	Hyssopus officinalis	Lippenblütler	M	40 – 60
Zitronenmelisse	Melissa officinalis	Lippenblütler	M	40 – 80
Zwiebel, Speise-	Allium cepa	Liliengewächse	E	60 – 120
Zwiebel, Winterheck-	Allium fistulosum	Liliengewächse	M	30 – 100
Zwiebel, Luft-	Allium cepa var. viviparum	Liliengewächse	M	30 – 120
Zwiebel, Schalotten	Allium ascalonicum	Liliengewächse	E	20 – 80

Platzbedarf		Erntezeit (Monate)	Verwendete Pflanzenteile in der Küche	Anwendung, Lagerung (siehe auch „Küchenkräuter von A bis Z“ ab Seite 114)	Besondere Merkmale
Samen/m² Portion/m² (kleines, käufliches Samentütchen)	Pflanzen-Abstand in cm				
10 Pflanzen	30 × 30	VII–X	Frucht	F	
0,50 g	20 × 10	IV–XII	Kraut	F, T, E	FN
5–6 Pflanzen	30 × 40	V–X	Kraut, Blätter	F, T	FN, Bg
8–10 Pflanzen	30 × 30	IV–XII	Kraut, Blätter	F, E	Bg
1,50 g	30 × 15	VIII–V	Kraut	F, T	Bg
10,00 g	Breitsaat	VI–X	Kraut, Blätter	F	Bg
1–2 g	20 × 10	IV–XI	Kraut	F	B
5–6 Pflanzen	50 × 30	V–XI	Blätter	F, T, A	B, FN
1,50 g	40 × 15	VI–XII	Kraut, Blätter	F, T, A	B, FN
2,00 g	25 × 10	IV–XII	Blätter	F	
0,5–1 g	30 × 5	IV–XI	Blätter	F, T	
8–10 Pflanzen	90 × 30	VII–XI	Blätter	F, T, E	Bg
1–2 g	25 × 10	IV–XI	Kraut, Samen	F	B, FN
0,5 Portion	25 × 10	V–XII	Kraut	F	FN
0,5 g	25 × 10	V–XI	Kraut	F, T	B, FN
1 Portion	Breitsaat	V–VI	Kraut	F, T	
0,5 Portion	40 × 15	V–XII	Kraut	F	
8 Pflanzen	50 × 20	IV–XII	Kraut, Blätter	F, T, A	B
5 Pflanzen	50 × 40	IV–XI	Kraut, Blätter	F, T, E, A	FN
1,50 g	20 × 10	V–IX	Zwiebel, Schlotten	F	
2,00 g	20 × 15	III–XI	Schlotten	F	
1,50 g	20 × 20	IV–IX	Schlotten, Zwiebel	F	
200,00 g	20 × 10	VI–IX	Schlotten, Zwiebel	F	

wendung, Lagerung: F = Frischverzehr, T = Trocknung, E = Einfrieren (Frosten), A = andere.
sondere Merkmale: B = Bienen- und Insektenweide, Bg = Bodengesundende Pflanzen, FN = Futterpflanzen für Nützlinge und seltene Insekten.

Kräuter unserer Hausapotheke
(Wichtigste Kräuter für die bekanntesten gesundheitlichen Störungen)

Deutscher Name *Botanischer Name*	**Heilanzeigen**	**Anwendung**	**Empfohlene Tagesdosis**
Holunder, Schwarzer *Sambucus nigra*	Erkältungen, Grippe, schweißtreibend	Teeaufguß von Blüten: 1 TL/Tasse	Blütentee: 3–5 Tassen
		Beerentee: 1 TL/Tasse	Beerentee: 3 Tassen
Johanniskraut, Tüpfel- *Hypericum perforatum*	Nervosität, Schlaflosigkeit nervenstärkend	Teeaufguß: 1 TL/Tasse	2 Tassen (schluckweise)
Kamille, Echte *Chamomilla recutita*	Magen-Darm-Katarrh, Blähungen, Erkältungen, Bronchitis, Entzündungen	Teeaufguß´: 2 TL/Tasse	3 Tassen Rollkur 4–6 Wochen
		Inhalation	mehrmals inhalieren
Minze-Arten *Mentha*-Arten	Magen-Darm-Katarrh, Verdauungsschwäche, Blähungen, gallefördernd; Öl: bei Neuralgien, Rheuma Kopfschmerzen	Teeaufguß: 2 TL/Tasse	2–3 Tassen, nicht länger als 2–3 Wochen hintereinander
		Öl zum Einreiben	nach Gebrauchsempfehlung
Rosmarin *Rosmarinus officinalis*	Magen-, Darm-, Galle-beschwerden; nicht während der Schwangerschaft anwenden. Bad: Kreislaufbeschwerden, Rheuma	Teeaufguß: 1 TL/Tasse	2 Tassen, früh und abends schluckweise
		Bad: 50 g in 1 l Wasser aufkochen	
Salbei, Echter *Salvia officinalis*	Magen-Darm-Katarrh, Halsschmerzen; nicht über längere Zeit in hoher Dosis einsetzen.	Teeaufguß: 1/2 TL/Tasse	2 Tassen, je eine morgens und abends
		Spülen, Gurgeln: 1 TL/Tasse	mehrmals täglich
Schafgarbe, Gewöhnliche *Achillea millefolium*	Magen- und Bauchschmerzen, Übelkeit, Durchfall, Appetitlosigkeit	Teeaufguß: 2 TL/Tasse	2–3 Tassen
Spitzwegerich *Plantago lanceolata*	Husten, Heiserkeit, chronische Katarrhe; Breiumschläge bei Insektenstichen, Quetschungen	Teeaufguß: 1–2 TL/Tasse	3 Tassen
		zerquetschte Blätter als Breiumschläge	mehrmals täglich
Tausendgüldenkraut, Echt. *Centaurium erythraea*	Magenschwäche, Verdauungsstörungen, Gallenbeschwerden, Appetitlosigkeit	Teeaufguß: 1 TL/Tasse, auch Kaltauszug	2 Tassen schluckweise über Tag verteilt trinken
Thymian, Echter *Thymus vulgaris*	Bronchitis, Magen-Darm-Katarrh, Erkältungen	Teeaufgruß: 1 TL/Tasse	2 Tassen (schluckweise tagsüber)
		Spülungen, Gurgeln	mehrmals täglich
Wermut *Artemisia absinthium*	Magenverstimmung, Gallenbeschwerden, Appetitlosigkeit, Blähungen; nicht während der Schwangerschaft anwenden. Größere Mengen sind gesundheitsschädlich.	Teeaufguß: 1/2 TL/Tasse	2 Tassen tagsüber verteilt
		Wein: 15–20 g/0,7 l Wein	1 Likörglas Wein
Zitronenmelisse *Melissa officinalis*	Nervöse Störungen, Schlaflosigkeit, nervöse Magen-Darm-Beschwerden, Kopfschmerzen	Teeaufguß: 2 TL/Tasse	1 Tasse morgens 1 Tasse abends

Weiterführende Literatur

Fischer, S.: Medizin der Erde. Hugendubel, München 1990.
Gümbel, D.: Heilkräuter-Essenzen. Haug-Verlag, Heidelberg 1993.
Hensel, W.: Das Kosmos-Kräuterbuch. Franckh-Kosmos, Stuttgart 1994.
Minter, S.: Der heilende Garten. DuMont, Köln 1995.
Pelt, J.-M.: Pflanzenmedizin. Econ, Düsseldorf 1983.
Seitz, P.: Kräutergarten. Franckh-Kosmos, Stuttgart 1994.

Bezugsquellen

Alles, was Sie zum Gärtnern brauchen, also z. B. Pflanzenschutz- und Pflanzenpflegemittel sowie Gartengeräte, Töpfe und Erden, erhalten Sie im örtlichen Fachhandel (Gärtnereien, Gartencenter u. a.) und teilweise sogar im Lebensmittelhandel. Die Adressen finden Sie im Branchenfernsprechbuch. Die Pflanzen bekommen Sie gleichermaßen an diesen Verkaufsstellen.

In den einschlägigen Gartenzeitschriften und -magazinen können Sie sich über das Angebot von vielen Gartenfachbetrieben informieren – z. B. Kräuterspezialisten. Im Anzeigenteil finden Sie oft das Angebot der einzelnen Betriebe aufgelistet oder können es anfragen.

Register

Die **halbfett** gedruckten Seitenzahlen weisen auf Abbildungen hin.

A

B